バナナのグローバル・ヒストリー

いかにしてユナイテッド・フルーツは世界を席巻したか

ピーター・チャップマン 著
Peter Chapman

小澤卓也／立川ジェームズ 訳
Takuya Ozawa　James Tatsukawa

ミネルヴァ書房

【目次】

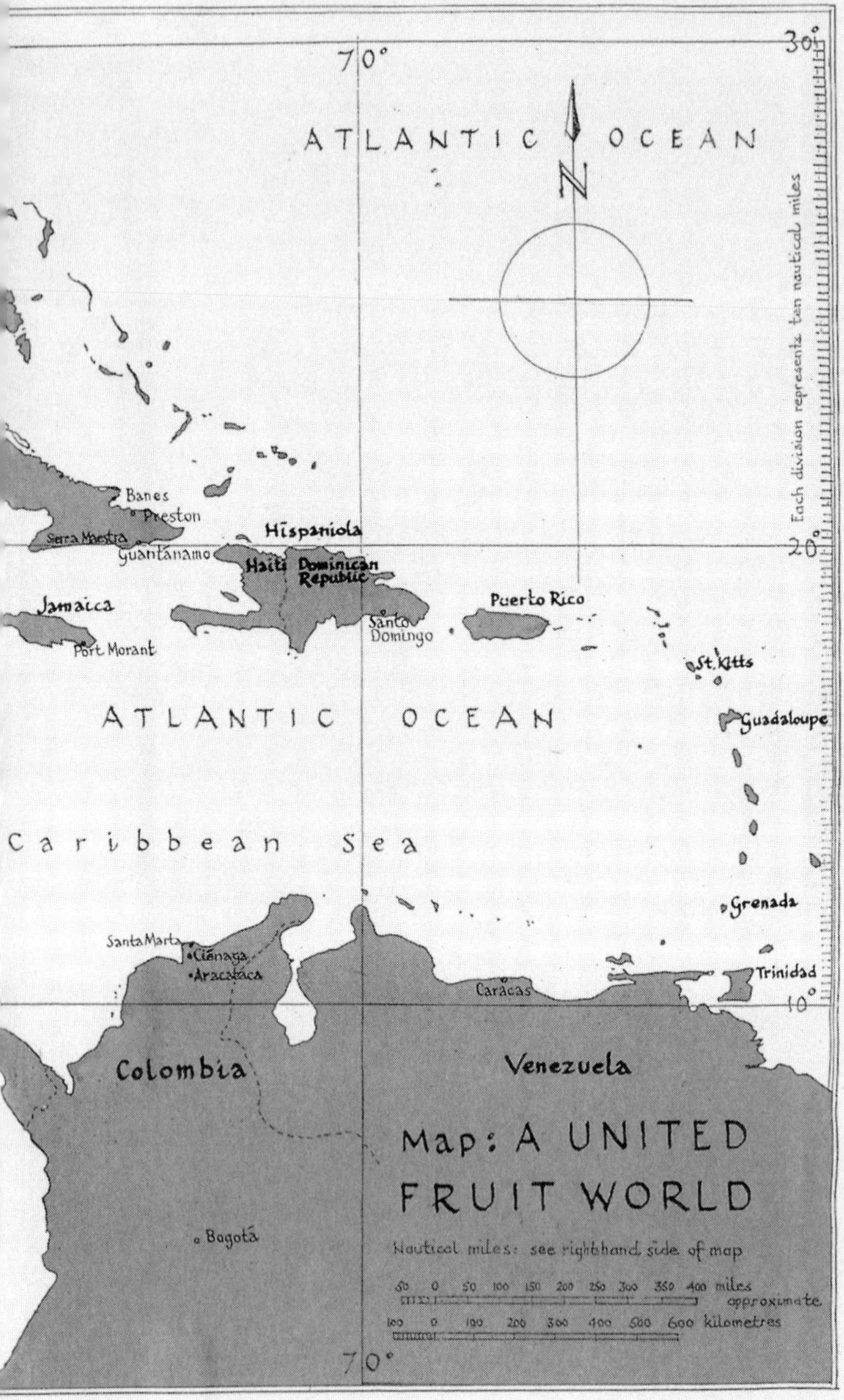

70°
30°
ATLANTIC OCEAN
N
Each division represents ten nautical miles
Banes
Preston
Sierra Maestra
Guantánamo
Hispaniola
Haiti
Dominican Republic
20°
Jamaica
Port Morant
Santo Domingo
Puerto Rico
St. Kitts
Guadaloupe
ATLANTIC OCEAN
Caribbean Sea
Grenada
Santa Marta
Ciénaga
Aracataca
Caracas
Trinidad
10°
Colombia
Venezuela
Map: A UNITED FRUIT WORLD
Nautical miles: see righthand side of map
50 0 50 100 150 200 250 300 350 400 miles
approximate
100 0 100 200 300 400 500 600 kilometres
Bogotá
70°

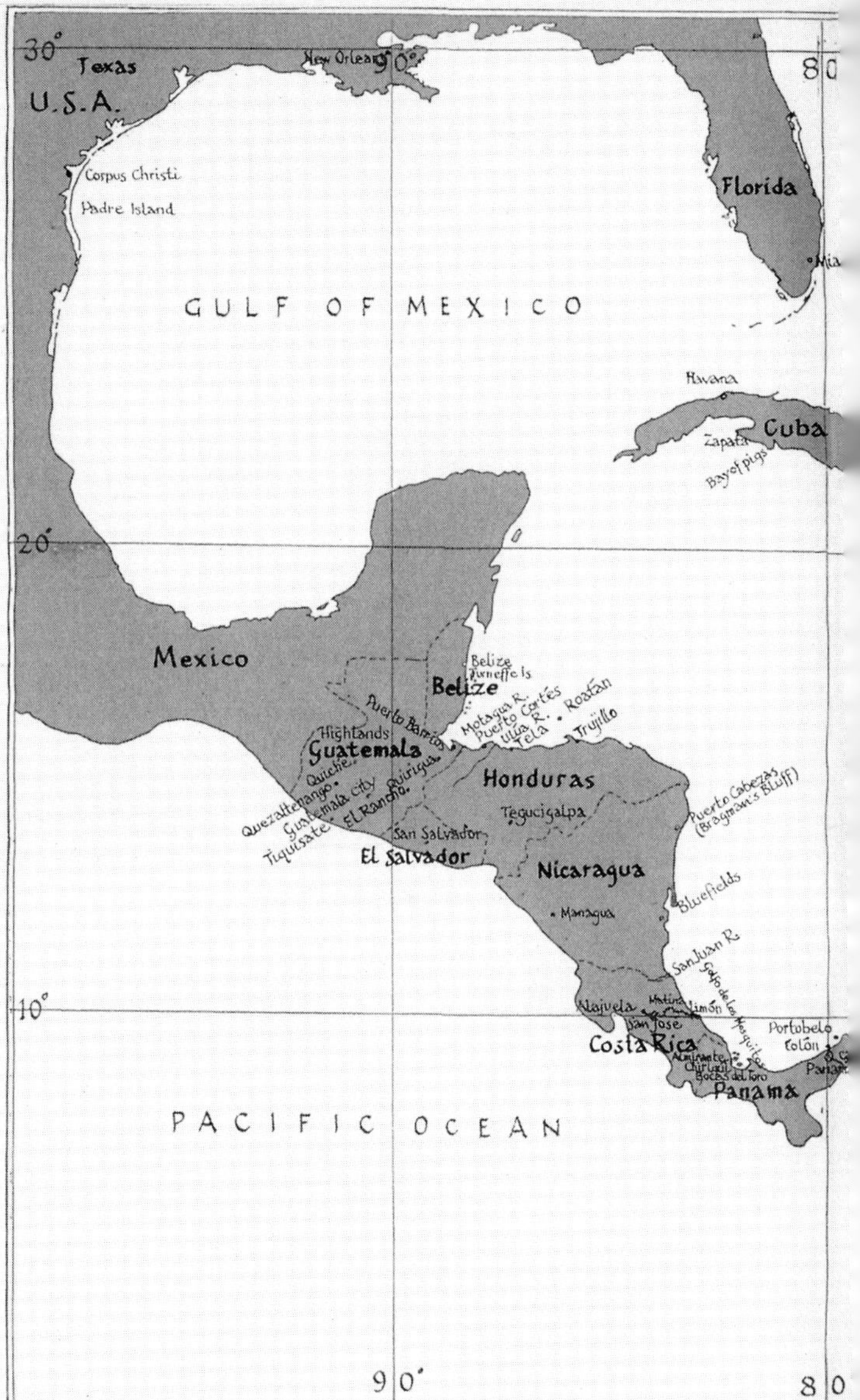
30°
Texas
U.S.A.
New Orleans
90°
80
Corpus Christi
Padre Island
Florida
Miami
GULF OF MEXICO
Havana
Cuba
Zapata
Bay of pigs
20°
Mexico
Belize
Turneffe Is.
Belize
Puerto Barrios
Motagua R.
Puerto Cortés
Ulúa R.
Tela
Roatán
Trujillo
Highlands
Guatemala
Quiché
Quezaltenango
Guatemala city
El Rancho
Quiriguá
Tiquisate
Honduras
Tegucigalpa
San Salvador
El Salvador
Nicaragua
Puerto Cabezas
(Bragman's Bluff)
Bluefields
Managua
San Juan R.
Golfo de los Mosquitos
10°
Alajuela
Matina
Limón
San José
Costa Rica
Almirante
Chiriquí
Bocas del Toro
Portobelo
Colón
Panama
PACIFIC OCEAN
90°
80

第1章　人々の記憶から

一人の警察官が、「投身者」の身勝手が噂される現場へとやってきた。自分の意識の中に閉じこもっていた人々は、地上に横たわる者を気にも留めなかった。ラッシュアワーのマンハッタンで飛び降り自殺をしたこの男は、他の通行人を巻き添えにする可能性もあった。人混みにガラスの破片を降り注がせながら、その飛び降り自殺者は、アメリカ郵便公社の公用車が通るスロープの脇に落下したのである。郵便公社の社員が現場にやってきて、救急隊員に協力しながら現場をきれいに掃除した。

一九七五年二月三日月曜日の明け方、この男はニューヨークのパーク・アヴェニューにあるパンアメリカン・ビルディングの四四階から身投げをした。すぐにこの「投身者」は、大手食品企業のユナイテッド・ブランズで最高責任者を務める五三歳のイーライ・ブラック[1]であることが判明した。その自殺から五年と少し前、ブラックはアメリカ株式市場でもっとも大規模な株の買い占めを行い、ユナイテッド・フルーツ社[2]を乗っ取っていた。ブラックは、悪名高いとは言えないまでも、世界でももっともよく知られた企業の一つをユナイテッド・ブランズへと吸収合併していたのである。

ユナイテッド・フルーツはバナナを取り扱っていた。そして、バナナ・ビジネスを通じて一つの帝国を築いたのである。そのためアメリカ合衆国の南にある中央アメリカの小国家――グアテマラ、エルサルバドル、ホンジュラス、ニカラグア、コスタリカ、パナマ——は、「バナナ共和国」として知られるようになった。さらにユナイテッド・フルーツの支配領域は、かつてのイギリス領ホンジュラスであるベリーズやジャマイカそしてキューバなどのカリブ海の島々にまで及んだ。南アメリカでは、コロンビアやエクアドルがその影響下に置かれることになった。多くの国民国家よりも強大な権力を誇ったこの企業は、それ自体が一つの法律であり、ラテンアメリカの共和主義国家を自社の私的な領土のように見なしていた。

ではなぜブラックは自殺したのだろうか。その頃、バナナ産業はたしかに繁盛してはいなかった。一九七〇年代初頭、バナナを襲う新たな病気がユナイテッド・フルーツ所有のプランテーションに打撃を与えていた。一九七三年一〇月に勃発した第四次中東戦争も、ユナイテッド・フルーツの財政に被害をもたらしていた。産油国のカルテルである石油輸出国機構（OPEC）が数度にわたって石油価格を引き上げて世界全体を打ちすえていたが、特にユナイテッド・フルーツへの影響は甚大だった。ラテンアメリカのバナナ生産国が自ら、バナナ輸出国機構（UPEB）という名のバナナ輸出国間のカルテルを設立したからである。ただちにUPEBはユナイテッド・フルーツに対する「バナナ戦争」を宣言し、この企業からより多くの金を引き出そうとした。ユナイテッド・フルーツは、自社の利益の中からまさしく最小限の金しか生産者に支払わないのがあたりまえだったからだ。一九七四年には大自然もこうした動きを後押しした。ハリケーン「フィフィ」が、ホンジュラスでユナイテッド・フルーツ所有のバナナ・プランテーションを破壊したのである。ハリケーンはバナナ生産という職業につきもののリスクであるが、その中でもフィフィは空前の凄まじさであり、その強風はまるで聖書に描かれる暴風雨のようだった。こうしたすべての要因が、その当時のユナイテッド・フルーツの不調へとつながっていたのである。

奇妙なことに、ビジネス界はブラックの自殺に対してまったく別の見方を提示した。葬儀場や新聞記事、また金融の中心部であるニューヨーク・ウォール街には、ブラックに対する同情の言葉が満ちあふれ、ブラックの道徳心が彼を自殺に追い込んだのではないかと考える者もいた。実際、彼は非常に道徳的な人間だと言われていた。敬虔なユダヤ教徒であったブラックは第一〇世代のラビ〔ユダヤの宗教的指導者――訳者補足、以下同様〕の一人であり、その死の三〇年前にはロングアイランドで聖職に任命され、ユダヤ人コミュニティに奉仕していたのである。才気あふれるセールスマンであり、いくつもの華々しい取引を成功させたブラックは、思い切ってビジネス界に飛び込んだものの、その後も自身の信仰を持ち続けた。

一九七二年のクリスマスには、ニカラグアを襲った地震が首都マナグアを壊滅させた。このときブラックの指揮下にあったユナイテッド・フルーツは、すぐにニカラグアへ救援物資を送った。その当時のアメリカ大衆は、アメリカ国内で貧困とたいへんな低賃金に苦しみながら働いているラテンアメリカ出身の農業労働者を見て、そうした災害はラテンアメリカ出身の農業労働者にとって宿命なのだと理由づけていた。ところが、ブラックはラテンアメリカの農民組合との交渉を開始したので、彼の仕事仲間の多くはブラックのこのあからさまな寛容の精神を狂気的だと見なした。こうしてブラックの死後すぐ、『ウォール・ストリート・ジャーナル』紙上で、妥協の許されない政財界にはブラックのような高い道徳的基準を備えた人間の居場所はなかったに違いないとする記事が掲載されたのである。

一九七五年、私はサセックス大学の学生だった。こう言っては失礼だが、私にはブラックの死は風変わりな喜劇のように感じられた。道徳的な高潔さに動機づけられた人物がユナイテッド・フルーツを経営しているという発想が、私には馬鹿げているように思われたのである。この企業のそれまでの長い歴史は、究極の「企業スキャンダル」を明示し続けてきた。一九五四年にユナイテッド・フルーツの所有する未使用の土地の一部を土地なし農民に分け与えたいと考えたグアテマラ政府が打倒されたように、ユナイテッド・フルーツは自らの気に入らない政権を交替させた。一九六一年には、フィデル・カストロ[3]政権の転覆に協力するために、ユナイテッド・フルーツの船がキューバのピッグス湾まで航行している。一九二八年まで遡ると、この企業はコロンビアでストライキを起こした数百人の労働者の虐殺にも加担した。ガブリエル・ガルシア・マルケス[4]も、『百年の孤独』の中でこのストライキについて書いている。この虐殺の直前に生まれたガルシア・マルケスは、小説の舞台となる架空の町「マコンド」のバナナ生産地帯の名称を、アラカタカにある彼の故郷近くに実在したユナイテッド・フルーツのプランテーション名からとっている。

一九七〇年代には、ラテンアメリカからもたらされる情報はまだ驚くほど不足していた。当時、ニカラグア地震に関するテレビのニュース映像を目にしたが、それ以前の私はニカラグアという国の名前さえ聞いたことがなかった。映像の中である男が、太りすぎのために苦労しながら瓦礫の上によじ登って、希望を失い財産を奪われた人々を慰問していた。彼こそがその当時のニカラグア大統領アナスタシオ・ソモサ(5)だったのである。彼より前にもソモサ家出身の大統領が存在し、彼の息子であるもう一人のアナスタシオも大統領職の継承を待っていた。大統領はニカラグア国内の多くのビジネスを手がけていたにもかかわらず、国を運営する暇があったことに驚いた。彼は世界中から洪水のように押し寄せてくる地震救済基金できっと大儲けするだろうと思われていた。

しばらくして、私は別のテレビ番組を観た。それは中央アメリカ、とりわけホンジュラスに関するBBC制作の珍しいドキュメンタリーだった。私の記憶によれば、これがユナイテッド・フルーツについて言及した最初の番組である。その中でユナイテッド・フルーツは、大西洋沿岸にあるホンジュラスの北東遠隔地のプランテーションに数百マイルにもわたる鉄道を敷設したと語られた。海岸沿いとは対照的に、ホンジュラスの首都テグシガルパは高地の中央高原に位置している。何年もの間、市内における鉄道敷設の約束とひき替えに、テグシガルパはバナナ栽培のための広大な土地をユナイテッド・フルーツに与えてきたが、その鉄道はけっして完成することがなかった。それゆえにテグシガルパは、世界でもほとんど類をみない、おそらく世界で唯一と言ってもいい鉄道駅を持たない首都となった。

バナナについて、私は以前からある程度の関心を持っていた。かつて私は、シリアとヨルダンに国境を接する、イスラエル占領下のゴラン高原南部に位置するバナナ・キブツで二ヶ月過ごした経験があるからだ。そのバナナ・プランテーションはキブツの住居からトラクターで二、三分行ったところにあり、一般的なキブツでの生活から離れた辺境部に一種の独立した飛び地を形成していた。そこは隣接するヨルダンの村にたいへん近く、国境線の鉄条網からわずか二、三ヤードの場所にあった。バナナという植物は約五メートルの高さまで生長し、太陽をさえぎって私たちの頭上に心地よい陽光をたっぷりもたらしてくれるアーチ型の葉をたたえている。しかしながら、ほとんどのプランテーションは、人が汗まみれで作業に耐えなくてはならない世界である。伝えられるところでは、一般に考えられているほど噛んだり刺したりはしないものの、バナナの茎ごとにタランチュラとサソリが潜んでいるという。私たちは落下しているバナナ、特に皮の破れたバナナを食べないように警告を受けた。もしネズミたちが落ちた果実に関心を抱いたら、夜中のうちにプランテーション中に多量の小便をまき散らすと言われているからである。

キブツでの仕事は、一つあたり四〇キログラムほどもあるバナナの茎〔バナナの房がいくつもついている〕を背負い、一日六時間もバナナ農場から貨物トラックへと運ぶことだった。そのプランテーションでの仕事は楽ではなかったが、かといって負担が大き過ぎるというわけでもなかった。それは「労働者の尊厳」について私に考えさせてくれる最初の経験となった。賃金は一日あたり数ペニーに過ぎなかったが、私にとって金銭にまみれた世界の外部で暮らすことはじつに楽しかった。もちろんすべての労働者が私に同意していたわけではなく、ニューヨークのブルックリン出身で私の共同作業者だったアーウィンは、この状況に反抗してよく「いまいましいコミュニストめ！」と言っていたものだ。

こうした世界の経験を経て、私は大学へと進学した。私は政府から授業料を支給され、補助奨学金をもらってサセックス大学へ通ったが、この大学は学ぶ権利において独立した飛び地のような場所で、キャンパスはイギリス南部の海岸にあった森林を開拓して造られており、学問的理論の向上に熱心だった。そこで私は国際関係論に関わる課程を専攻し、最後に卒業論文を書くことになったとき、ユナイテッド・フルーツとバナナ共和国の事例をテーマに選択した。

「バナナ共和国」という言葉は、私には十分に聞き覚えがあった。それは悪気のないジョークのようであり、最悪の場合でもその政治経済的に誤った経営を簡潔に言い表した言葉に思われた。おそらくはその中に満ちあふれた腐敗体質や、さらに国家が強大な外国勢力に依存している原理について表現したものであろう。しかしながら、この「バナナ共和国」という言葉は、少なくともこの言葉が適用されている国や人々の目線からすれば、私が想像していたよりもずっと横柄で侮蔑的な意味を持つことが判明した。それはまるで現地の住民にとって国家そのものであるかのように使用されており、前述したような巨大な外国勢力が現地で暮らす人々の苦境をいかに生み出したり、悪化させたりする役割を果たすかということに関してはほとんど触れていない言葉なのだ。ユナイテッド・フルーツは、その活動を通じてバナナ共和国の概念と現実を創出してきたのである（しかしながら、この厳しい解釈が、よい商業的発想の妨げになると考えてはならない。「バナナ共和国」〈Banana Republic〉という言葉は、ずっと後になって中規模のアパレルチェーン店の名称に採用されている）。

私が研究を通じて学んだことは、バナナ共和国と呼ばれるためには必ずしもバナナを生産する必要はないということである。たとえばニカラグアは、バナナをそれほど大量に栽培してはいなかった。ニカラグアのバナナ共和主義は、この国を支配しているソモサ一家、ユナイテッド・フルーツ、そしてアメリカの間で享受された幸福なる意見の一致へと帰結する。ソモサ一家は、一九五四年のグアテマラにおけるクーデタと一九六一年のピッグス湾侵攻の双方を支援するための軍事活動をいち早く申し出ている。アメリカ政府は、アメリカ製の武器で十分に武装したソモサ軍とユナイテッド・フルーツを、中央アメリカを安定的にアメリカに従属させ続けるための軍事勢力と見なしていた。

私が卒業論文を書いていた一九七〇年代中頃には、多国籍企業がその時代を代表する学術的テーマとなっていた。チリではサルバドル・アジェンデ[1]の左翼政府がアウグスト・ピノチェト[2]将軍の統率する軍隊によって転覆されたが、この事件の背後にはチリに大きな利権を有していたアメリカ企業の国際電話電信会社（ＩＴＴ）の動きがあると考えられていた。同時期にはＯＰＥＣによる石油価格の吊り上げが世界的な危機を引き起こしたが、それでも石油会社は巨額の利益を計上していることが明らかになった。一方でイギリスを拠点とするバークレイズ銀行は、南アフリカのアパルトヘイト〔差別的人種隔離政策〕を利用して大金を稼ぎ出していた。

だが、こうしたあらゆる企業実践の以前に、ユナイテッド・フルーツの存在があったのだ。この会社はカルテル〔国際的企業連合〕を結成するなどという煩わしいことをせず、市場の独占的支配を通じてまさに自力で商品価格の固定化を成し遂げた。お得意のクーデタによって成立させた抑圧的な政府こそが、ユナイテッド・フルーツにとって最良の友であった。おそらくユナイテッド・フルーツは、これまで石油の名において実行されたよりも多く、バナナのための「政権交代」任務に関わったはずだ。

ユナイテッド・フルーツは資本主義モデルを生みだした最初の近代的多国籍企業だった。もちろんそれ以前にも、たとえば一七〇〇年代に絶頂期を迎えたイギリス東インド会社のような古い会社はあった。しかしながら、一九世紀中頃までに東インド会社は王によって資格を与えられた代理企業となっており、イギリス帝国に従属していた。ユナイテッド・フルーツは東インド会社とは異なり、自らが従来のような帝国主義を超えて活動をしていることをよく知っていた。しばしばユナイテッド・フルーツはアメリカ政府やCIAの支援を頼りにしたが、自分たちは「けっして海兵隊員を招き入れることはない」というウソをつき続けたのである。

同じ近代にもユナイテッド・フルーツより古い別の企業はあるが、それらは基本的に自国内にとどまり続けるタイプの企業だった。一九世紀のアメリカの石油、鉄道、鉄鋼、金融に関わる「泥棒男爵」（悪徳資本家）たちは、自国の国境線を越えて他国をさまようことはせずに利潤を得た。最終的に企業の活動を抑制する法律が制定され、罰金を課せられるようになると、これらの企業はある程度「行儀よくふるまう」ことを余儀なくされた。それとは対照的にユナイテッド・フルーツは、拡大するアメリカ国境線の外側で活動していたので、長年こうした運命を回避することができた。ユナイテッド・フルーツは中央アメリカに独自の飛び地、広範なプランテーション間のネットワーク、そして企業のための町を建設した。そこは何者にも妨げられず、監視もされない、資本主義の未知なる領域へと歩みを進めるための実験場だったのである。

ユナイテッド・フルーツは鉄道のそばで数株のバナナを栽培するところから始まり、グローバルな権力を振るう企業となった。この企業はさまざまな形態をとり、スペイン語でフルーツ会社を意味する「フルテーラ」、社名の最初の部分をとった「ユナイ」、あるいは単に会社を意味する「コンパニーア」などさまざまな名で知られた。その中でも有名な呼び名の一つが、あらゆるところに触手を伸ばしているということで付けられたタコを意味する「エル・プルポ」（El Pulpo）である。この企業はどん欲で、何百万エーカーもの土地を支配しておきながら、実際に利用する土地は比較的小さな部分に過ぎない。土地を持たない小農民の多く存在する国でユナイテッド・フルーツは、利用していない広大な土地をライバル会社の排除や万が一の予備のために所有していた。プランテーションの内部やその周辺には全長一五〇〇マイル〔約二四〇〇キロメートル〕にのぼる鉄道が敷設されたが、その大部分は現地国が自ら敷設するか、あるいは資金を払ってユナイテッド・フルーツに敷設させたものである。

ユナイテッド・フルーツの「リーファーズ」〔海軍少尉候補生〕と呼ばれた冷蔵船からなる「グレイト・ホワイト・フリート」〔白い大艦隊〕は、世界最大の私的海軍を形成していた。熱対策のために白く塗られたそれらの船は、ほとんどの人々が夢見ることさえできない場所へと巡航していた。カジノ、売春宿、あるいはその他の娯楽場のあったハバナ、ベリーズの島々、パナマ運河などである。しかし、その組織内のスローガンは、「あらゆるバナナは招待客であり、あらゆる乗客は厄介者である」という商業船としての立場を守り続けるものだったが。

プランテーション内の病院は主にアメリカから現地へと降り立った監督役やマネージャーを治療するために建設されており、世界でも最大級の私的医療システムを形成した。ユナイテッド・フルーツは、グアテマラではキリグア地域のマヤ遺跡をジャングルから保護し、コスタリカの首都サンホセでは市電や街路灯を設置している。ユナイテッド・フルーツは権力そのものだったのだ。

卒業論文の完成に向けて、私はユナイテッド・フルーツに関する資料を手に入れて読んだ。その資料の数は、私の知るかぎり近代における他のいかなる企業よりも多かった。何年にもわたりユナイテッド・フルーツは人々の大きな注目を集めてきたのである。この会社をめぐって数え切れないほどの記事や学術論文が書かれ、左翼と右翼の間で論争が展開されてきた。ユナイテッド・フルーツは、自らそうしようと選択したわけではないにしても、文学の分野に飛躍をもたらしさえした。チリ出身のパブロ・ネルーダ[3]は、ユナイテッド・フルーツの影響力が及ぶ地域からはるか遠い南アメリカで活躍し、一九五〇年になってもなお南北アメリカに関する叙事詩集『大いなる歌』の中にこの会社の批判を盛り込むことで自らを鼓舞していた。このように注目されることを通じて、ユナイテッド・フルーツはラテンアメリカ民俗学の分野にも入りこんだ。その点についてはガルシア・マルケスが一九六〇年代に説明している。またグアテマラ出身のミゲル・アンヘル・アストゥリアス[4]も、小説『緑の法王』の中で自国におけるユナイテッド・フルーツの開発について書き綴り、一九六七年にノーベル文学賞を受賞した。

一九七〇年代中頃までに、ユナイテッド・フルーツが引き起こしてきた敵対的論争は収束した。激しい批判の対象というより、いっそう洗練された考察の対象となる会社へと変貌を遂げている。あえて推察するならば、おそらく「エル・プルポ」はかつてほどには権力に触手を伸ばしていなかったということだろう。そのとき、まるでガルシア・マルケスの作品に見られるマジックリアリズムの仕業のような何かが起こったのである。ブラックが自殺したちょうどその頃、ほとんど暴力的なまでにユナイテッド・フルーツに対する関心が高まったが、それからほどなくしてこの会社は消滅した。

道徳的で、遅咲きで、ビジネスの常道から外れているということで有名なユナイテッド・フルーツの元代表は、実際のところ一般に考えられているような人物ではなかった。ブラックはホンジュラスの軍事政権のメンバーたちを買収した。彼は、ハリケーン「フィフィ」の被害を受けた後のホンジュラスならば、一二五万ドルという少額の賄賂でユナイテッド・フルーツに対して賃金闘争を展開していたUPEBのようなバナナ・カルテルからホンジュラス人を離脱させるよう仕向けられると計算していたのである。

歴史的に見れば、これこそがユナイテッド・フルーツのやり方である。「フルーツ会社が中央アメリカの軍国主義者を買収する」ことは、あまりにもあたりまえ過ぎて長年ニュースの素材にさえならなかった。それでもそうした犯罪行為は非難の嵐、いわば道徳的な怒りの旋風を巻き起こした。ただまったく不思議なことに、この非難はもっとも明確な敵——左翼学生、論争好きの学者、ラテンアメリカのマジックリアリスト——によってではなく、ユナイテッド・フルーツと同質の者たちによってなされたのだった。

ウォール街は憤慨していた。ユナイテッド・フルーツの株が暴落したのである。財務当局が「さらなる法律違反」を避けるために帳簿を押さえようと強引に割り込んだ。その請求によって明らかになったのは、またもやユナイテッド・フルーツが数々の古い悪事に対して責任があるということだった。過去にユナイテッド・フルーツの悪事を調査しようと望んでいた関係者たちが、そうするよう働きかけたのである。その結果、ユナイテッド・フルーツはビジネス界の聖堂から追放されることになった。それはまるでユナイテッド・フルーツが古くから支配する中央アメリカ地域からの暗殺団が、会社そのものを街の裏通りで「消した」かのようだった。過去におけるユナイテッド・フルーツの非民主主義的な体質は、暗殺団による活動を大いに奨励してきた。今や事態はそのよく知られたパターンをなぞっていた。すぐに誰もが犠牲者たるユナイテッド・フルーツに関する内緒話さえしなくなり、やがてまったく言及しなくなった。存在そのものが忘れ去られたようであった。

イーライ・ブラックに関して言えば、彼がいったいどのように人生の終末を迎えたかについてより詳しい事実が明らかになっている。彼はオフィスの窓を割るために、書類と重たい本の詰めこまれたブリーフケースを使った。窓からブリーフケースを投げ捨てたために書類が街の数区画にわたって散らばり、掃除に携わっていた郵便社員や救急隊員によって回収された。発見された一枚の紙切れが、遺書とおぼしき唯一のものだった。ブラックはそこに「五五歳、早期退職」と書いており、彼自身が会社を離れる計画を持っていたか、あるいは他人が彼に引導を渡す計画を持っていたことが示唆されている。

実際、ブラックはシニアマネージャーたちの信頼を失っており、彼らはブラックを会社から排除して引退させようとしていたのだった。ブラックのメンツを立てる方法として、シニアマネージャーたちはアメリカの対外政策や外交を司る国務省に接近し、ブラックのためにどこかの外国の大使職が交代で空かないかどうかを探っていた。それに対する返答としていくつもの国の名前が挙がったが、その中でも一番ふさわしいと思われた国はコスタリカだった。もっとも、ブラックがその職を受け入れたか否か、あるいはコスタリカがユナイテッド・フルーツ出身の大使を承認したかどうかを知る方途は、今となっては残っていない。だが、まさにこのコスタリカという国において、約一世紀前にユナイテッド・フルーツの物語が始まったのである。

ガルシア・マルケスは、世に普及した自身の名作の中でユナイテッド・フルーツの運命を予言していたかのようである。彼は『百年の孤独』に出てくる架空の街マコンドを「鏡の都市」だと説明している。いかにユナイテッド・フルーツがこの街を支配し続けたとしても、それは鏡に映った実態のない行為であり、たくさんの冒険家、ペテン師、慈善家、奇人などによって共有された自信は大いなる幻覚なのだ。それでもなお、何とかしてユナイテッド・フルーツは、一世紀にもわたって非凡なやり方で広大な領域を支配してきた。最終的にこの会社は、マコンドと同じく聖書に描かれたような激しいハリケーンに襲われ、差し迫った天災に見舞われて、生きてそこから逃げられないのを知りながら、その存在の意味を狂ったように探し求めることに終始した。その全盛期においては世界でもっとも恐ろしい会社の一つであったユナイテッド・フルーツは、「風によってなぎ倒され、人間の記憶から駆逐される」のだった。

しかし、駆逐された記憶は蘇ってくることがあるのだ。

第2章　死にゆく果実への嘆き

バナナは安価で私たちにとって身近なものであるが、じつは木になるものではない。バナナは樹木のような幹や大枝のない草本性の植物であり、世界一背の高い草である。ロジャーズ＆ハマースタインが映画『南太平洋』の中で原始的な南の島の楽園、そして「誰もが木から直接摘み取ることができるバナナ」を描出したことによって、この事実は大いに誤解されることになった。実ったままのバナナは十分には成熟せず、酸味が増す傾向にある。そのため、まだ未成熟のうちにバナナを摘みとり、輸送するのが最善だ。普通、バナナはかなり遠国のプランテーションで収穫され、販売に適する時期に合わせて一二日から一三日、すなわち三〇〇時間ほどかけて運ばれてくる。それよりも時間がかかると腐り始めてしまう。圧倒的大多数のバナナは食べ頃に到着し、市場に出荷される前の最後の数日間を販売企業の熟成室で過ごすのである。

バナナは暑く湿気の多い生育環境を好むのだが、そうした環境は熱帯の海岸沿いの低地に見出される。その点で中央アメリカの大西洋沿岸は最適だ。バナナは熱帯以外ではめったに育たない。すぐ近くに間欠泉のあるイスラエルとアイスランドはその例外である。以前、アメリカのフロリダ州をバナナの栽培地にするという試みがなされたが、ときおり発生する降霜によってその実験は失敗に終わった。バナナは砂を含む肥沃なローム土でよく育つが、雨のよく降る地域で生長するためにその土には水はけのよさも必要となる。バナナという植物は湿った環境を好むものの、水に浸ったままで生きることはできないので、実際のところ湿地そのものの中には存在しない。

バナナの偽茎〔葉梢が重なり合って一本の樹幹のように見える部分〕は二・五〜九メートルほどの高さまで生長する。背の高いバナナであればあるほど、ハリケーンに対してぜい弱となる。バナナを栽培するためには、十分に生長したバナナ草本から地下茎の一部〔子株。また、地下茎から伸びた枝を吸枝と呼ぶ場合もある〕を切り取り、植え替えなければならない。一ヶ月後、きつく巻かれた状態の葉が出現する。生長するにしたがい、六〜一二日ごとにその葉はかなりの速度で広がっていき、垂れ下がった大きな羽のように見えだす。柔らかい繊維質のバナナの「幹」は、じつは偽茎と呼ばれる葉の茎なのだ。十分に生長した葉、もしくは葉状体は、長さ三メートル、幅六〇センチメートルにもなり、葉に裂け目ができてだらしなく見えるようにならないかぎり、ある種の完璧な優雅さをたたえている。

一〇ヶ月後には、偽茎の先端部にあるほどけた葉から大きなつぼみが現れる。このつぼみ〔実際には花弁ではなく苞葉〕自体は小さな紫色の葉によって構成されており、このつぼみがめくれると小さな花の房が姿を見せる。やがてこの花房がバナナ房となっていく。実となったバナナの房はその形状から「ハンド」〔手〕と呼ばれ、一本のバナナは「フィンガー」〔指〕と呼ばれる。一つの茎には五〜一〇のハンドがあり、一つのハンドには八〜二〇本のフィンガーがある。全体が重くなってくると茎は湾曲して地面に向かって垂れ下がり、バナナの実は大きくなるにつれて上向きに曲がっていく。

四〜五ヶ月後、バナナの実は茎から切り取られて収穫される。傷つけられた茎からは粘着質の分泌液が出てくる。経験豊富なバナナ茎の運搬人はしばしばバナナ業者の間で「バッカー」〔背負い人〕という名で知られているが、彼らはこの粘液を自分たちの髪に垂らさないように帽子をかぶるのが普通だ。私は毎日この液汁のかかった自分の髪をシャンプーで丁寧に洗い、午後の太陽の下で日光にさらして乾かしていた。しばらくはそれでよいように見えたが、数週間して私の髪の毛は抜け落ちてしまった。

バナナは、人の目に触れず、人の考えも及ばないような神秘的な遠隔地で育つ。しかもバナナは、蚊がいっぱいいで、マラリアにかかりやすい、人間には適さない地域で繁茂する。蚊に刺されたところをバナナの皮の内側でぬぐうとかゆみがとれると言われており、私自身の試したところではたしかにそれは効果があった。私たちはバナナに対して、現実においても想像上でも、あらゆる種類の特性を見出している。

肥満、血圧、うつ病、便秘など、バナナは事実上ほとんどすべての健康問題を解決すると言われてきた。バナナは、エネルギーを持続させる自然の糖分、血糖値を調整するカリウム、そして腸によい繊維質を含有している。バナナは人の気分を高めたり、反対に落ちつかせたりする。これはバナナが神経伝達物質のドーパミンやセラトミンを含んでいるからであり、これらの物質からそれぞれエクスタシー〔PTSDなどの治療薬〕やプロザック〔抗うつ剤〕[5]といった薬剤も複製される。

バナナは「平和と愛」を象徴する。歌手のドノヴァンは、一九六〇年代に「メロー・イエロー」という曲の中でそれについて歌った。その歌詞によると、バナナは「電撃的な」効果を発揮しうるという。その効果を得るために、カウンター・カルチャー〔反体制的な対抗文化〕を実践する人々はバナナの皮に包まれた実をいぶしたり、すり潰したり、乾燥させたりするのだというようなことが表現されていた。

バナナは私たちを笑わせもする。じつに楽天的な見地から精神錯乱と関連づけられることは、一九三五年の『オックスフォード英語辞典』（OED）に慣用語句として「ゴーイング・バナーナズ」（going bananas）〔馬鹿なことをする、気が狂う〕が掲載されたことからもわかる。喜劇にはバナナを使った悪ふざけがたくさん出てくる。チャーリー・チャップリン[6]も他の喜劇役者も、みんなバナナで滑って転んだ。一九二〇年代から一九五〇年代にかけて、ミュージック・ホールでは「バナナを食べろ！」という言葉が流行した。それはバナナを相手に勧める言葉であるが、文字通り本気で受けとるわけにはいかない。この手のバナナに関わる一種のユーモアは、今やもう存在しないクラクトンやボグナー・レジスといったイングランドから手の届く距離の行楽地からよく送られてきた、一九五〇年代の「下品な」ポストカードに特徴的に見られたからだ。

アメリカでは、サンバ歌手のカルメン・ミランダ[6]が、一九三〇～四〇年代に出演した映画の中でバナナを使って歌ったり踊ったりして大喝采を浴びた。その映画の一つ『ザ・ギャングス・オール・ヒア』では、女性コーラスたちがミランダの周りに寝ころび、両脚の間で巨大な作り物のバナナを振り回した。このシーンは、最後にミランダがかぶっていたトゥッティ・フルッティ・ハット〔たくさんの果物で飾られた帽子〕から無数のバナナが爆発するように次々と飛び出す場面で終わる。

バナナは私たち、とりわけ男性の不安感にも訴えかける。あそこはまだ元気か、と。ユナイテッド・フルーツは、こうした不安感を強調して宣伝に利用した。九インチ以下のバナナでは必要条件に満たない、とユナイテッド・フルーツは自慢げに言った。もちろん、この会社は事実に基づく純粋な見解としてこのように述べたのだが、それに対する卑猥な解釈がなされないはずはなかった。ファルス〔男根〕的な象徴主義を念頭に、一九世紀と二〇世紀の世紀転換期の礼儀に関する手引き書は、上品なアメリカの婦人たちにバナナの正しい食べ方について説明している。皮をむいたばかりのバナナをそのまま口に運ぶのは正しい作法ではない。バナナの中身を指で直接触れるのもいけない。銀製のナイフとフォークを使用し、口に入れられる大きさに切って、正しく手早くバナナを食すのである。このような作法を目の当たりにした紳士の中には、居心地が悪くなって席を替わることになった者もいたはずだ。

バナナは見せかけの無邪気な性質で、それが意味する潜在的な側面の多くをうまく覆い隠しもする。一九五〇～六〇年代のイギリスでは、当時まだ目新しいテレビ・コマーシャルが、視聴者に「バナナのジッパーを開く」〔動詞にunzipという単語を使用〕よう勧めていた。バナナのチャックを開くこと〔zipping〕とジッパー〔zippers〕の間にいかなるつながりが描かれているだろうか。私たちが意識的にそのように考えたわけではないはずだ。たとえ、当時はまだジッパー式よりもボタン式のズボンが標準だったとしても。

一九五〇年代末、ハリー・ベラフォンテ[7]が「バナナ・ボート」を大ヒットさせた。これはまさに夜勤を終えようとしているカリブ海の港湾労働者について歌ったカリプソ〔カリブ海域に広く普及している四分の二拍子の音楽〕であり、まるで彼らが大いに楽しんでいるかのように「デーイ・オー」というかけ声が曲全体に響き渡っていた。私がイギリスでこの曲を聴いたとき、なぜこのような楽しげな場所から人々が逃げ出そうとするのか理解できなかった。一九四八年にバナナ・ボートのウィンドラッシュ号が到着し、イギリスでの仕事や新しい生活を求めるカリブ海出身の移民たちを初めて連れてきてからすでに一〇年ほどたっていた。一九五八年にはロンドン市のノッティングヒル地区で「人種暴動」が起こり、住民は移民コミュニティが「私たちの仕事を奪っている」、そして——おそらくもっと重要なことに——「私たちの女を奪っている」と申し立てたのである。

バナナの無邪気さに関して言えば、バナナが栽培されている地域がクーデタや政治的謀略によって混乱しているにもかかわらず、単に私たちがそのことを知らなかっただけだろう。ついでに言っておくと、現地では誰もバナナを笑いはしない。それはいたって真剣なビジネスであって、人々の仕事や生活はこれにまったく依存している。私が中央アメリカで働いていたとき、バナナに関するジョークを聞いたことは一度もない。

バナナは、人間が近代消費社会へと向かっていく想像上の起源説に由来する、私たちの不十分な歴史を補ってもくれる。この問題に関する学問的な研究は、エデンの園でアダムとイヴが恥部を隠すために身につけたのは、おそらくイチジクの葉ではなくてバナナの葉ではなかったかということを示唆している。イチジクの葉がもっともふさわしいように思えるだろうが、これを人間の体に貼りつけることはきわめて難しかっただろう。バナナの葉には物をきれいに覆ったり、巻いたりするのに優れた適性があり、恥部を隠すにはよりずっと適していたのだ。

バナナが現代の私たちにとって買い物での選択肢の一つとなって以来、バナナ以上に人気のあるフルーツは他にほとんどない。私たち人間にとってお気に入りのフルーツとして、バナナの人気がリンゴを上回るようになって久しい。最近、バナナはいっそう人々に求められるようになったと言われており、スーパーマーケットの商品棚の中でもっとも人気のある商品の一つである。ある研究は、牛乳やパンといったごくありふれた基礎的食物を除けば、スーパーマーケットの商品一覧にあってバナナを打ち負かすことができる商品は、おそらくガソリンと宝くじだけであろうと指摘している。これらの商品にスーパーマーケットの商品としての資格を付与しうるかどうかが争点となるだろうが、いずれにせよ、エキゾチックで、明らかに世界の辺境地で育てられているバナナのようなフルーツが、驚くほどに消費者の愛着をわがものとしているのだ。

第二次世界大戦後直後にイギリスの首相を務めたクレメント・アトリー《8》は、一九四五年に彼が思い描く新しい未来構想の先触れをねらってユナイテッド・フルーツの輸送船一隻分のバナナを取り寄せた。これは「社会民主主義」や「福祉国家」と称されることになる構想で、やってきた船が積んでいたバナナはイギリスの子どもや妊婦に一本ずつ配られた。だが、アトリーのふるまいは、思っていたのとは異なるかたちで人々に受け入れられた。小説家のイーヴリン・ウォー《9》は、失われてしまったイギリスの過去の栄光に思いを馳せながら、より憂うつな気持ちでアトリーの行動を見つめていた。バナナが三人の子どもたちに届けられたとき、イーヴリンは妻に命じて貴重なクリームや砂糖を添えてそれらを食卓に出させ、子どもたちの目の前でむさぼるように食べた（彼の息子オーブロンがのちに記述したところによれば、バナナをむさぼるその姿を目にして以来、信仰や道徳について語る父の言葉に耳を傾けることはなくなったという）。

一般的にイギリス大衆は、バナナを慈悲深い国家からの贈り物として受け取るというよりは、いずれやってくるいっそう快適な未来の兆しとして捉えた。人々はしばらく失望したままだったのである。アトリーは大統領選挙における大勝利をもたらした公約を果たすため、その三年後に国家公共医療サービスを開始するのだが、私はちょうどその最初の週に、かつては一般公開されていた田舎の大邸宅を改修したイギリスの病院で生を受けた。その一九四八年には、イギリス人の戦後の禁欲生活が頂点を極め、それに対する民衆のフラストレーションも限界に達していた。そのときまでに、人騒がせなバナナはかろうじてイギリス社会に忍び込んでおり、人々はアメリカでは誰もが持っていると伝えられていたテレビ、冷蔵庫、自家用車、あるいはその他の品物に憧れるようになっていた。

ただし地域によっては、バナナの不思議な魅力が冷戦以降も持続することがあった。東ヨーロッパでは、バナナは「西側」の象徴となっていた。ソヴィエト連邦では、人々は他のどの食品よりもバナナのために長い列をつくって並んだ。東ドイツでは、バナナを積み上げた事実上の祭壇のようなものが造られ、地位の高い客に鑑賞されたり、供されたりするため、できるかぎり長く据えおかれた。たまにやってくる西側からの客は、この見るからに平凡な贈り物を用いた厳かな歓迎セレモニーに当惑させられたものである。

一九八九年にベルリンの壁が崩壊したとき、いち早く自由な立場のご都合主義者たちが破壊された壁の突破口へと押しよせ、バナナとひき替えに東ベルリン市民から五マルクをふんだくった。東ベルリン市民はそのことを気にかけなかった。彼らはバナナを購入して食べた後、ベルリン市の西側へと歩を進めた。そのとき、行進しながら「私の手をとってバナナのある国へ連れていって」と歌ったり、シュプレヒコールをあげたりする者も多かった。

自然の中で太古から存在してきたかのように見えるけれども、じつは私たちの知っているバナナはそうした類の植物ではない。ユナイテッド・フルーツが創造したものなのである。この会社はジャングル――この環境下で特にバナナがよく育つというわけではないけれども――からバナナを持ち出し、その大量生産と大量消費を目的として巨大なプランテーションに移植したのである。

バナナはバショウ〔学名「ムサ」〕属の植物であり、その種類はおよそ三〇〇にものぼる。野生種の一つであるムサ・アクミナタは、多量の固い種子を含有する大きなジャングルの草本であり、人間の食用にはほとんど適さない。ムサ・パラディシアカは、アフリカ系カリブ人の食卓と関係の深い長く大きい実をつけるバナナの一種である。デザート用バナナには、短く太い赤褐色の「レッド・マカブ」や小さく黄色い「レディ・フィンガー」などがある。別種には大胆にも「アップル」と呼ばれているものもあれば、洋なしに近い味がするバナナもある。バナナには短いものや長いもの、まるでEUの理解しがたいほどの厳格な規制に適合するかのようにまっすぐなものもある。どっしりとした四角形をしたバナナさえある。

ユナイテッド・フルーツは、自らの目的のためにこうした多種のバナナを一種類に減らしていった。それが「ビッグ・マイク」と呼ばれるグロスミッチェル種だった。グロスミッチェル種は経済的にも効率がよく、利益が上がる。レッド・マカブやレディ・フィンガーのような新種よりもかなり大きいビッグ・マイクは、単に消費者により多くのバナナを食べてもらうだけでなく、輸送にも耐える。他の種類よりも外皮が厚いため、ビッグ・マイクはあまり痛まずに目的地へ届く。

ユナイテッド・フルーツは、バナナの大量生産を行った先駆者である。万人受けするバナナを扱って、この会社は何年間も製品の規格化の先駆者と信じられてきたヘンリー・フォード[10]を打ち負かした。ビッグ・マイクは二〇世紀への転換期にはすでに商品棚にあったが、これに対してT型自動車が生産ラインで製造されるようになったのは一九〇八年のことである。

　またビッグ・マイクは、一般消費者の好みにもっとも適したバナナであった。それは大き過ぎることもなければ小さ過ぎもせず、黄色過ぎず、甘過ぎない。実際のところビッグ・マイクはやや個性に欠けるのだが、しばらくすると人々はバナナの他種を思い出せなくなり、その違いを本当に知っている者は誰もいなくなった。ユナイテッド・フルーツのバナナは、今日の私たちが知っているような、さまざまな文化の混交によって生まれた泡だったコーヒー飲料や多国籍企業の売るハンバーガーの先駆けとなる商品である。「ビッグ・マイク」は「ビッグ・マック」とも読み替えられるのだ。

　一九〇〇年代に入るまで、バナナはヨーロッパではあまり見かけられなかった。私の祖母は、当時のヨーロッパ人が皮付きのバナナに直接かじりついていたことを覚えている。彼らはバナナの皮のむき方を教えてもらわねばならなかった。現在のイギリス人やアメリカ人は、年間に一人あたり一二〜一三キログラム、すなわち約七〇本のバナナを食べている。開発途上国は、主においしい調理用バナナ〔プランタイン／プラタノ〕を主食として消費している。コメ、小麦、牛乳に次いで、バナナは世界で第四位の主要食料品なのである。

　バナナは、今からおよそ一万年前、石器時代のマレーシア熱帯雨林で穴居人によって発見されたのが起源だと考えられている。「バナナ」という呼称はアフリカに由来する。あるとき、何らかのかたちで、バナナがアフリカ大陸へとやってきた。カメルーンの化石化したごみ捨て穴を調査した専門家は二五〇〇年前と推定されるバナナの細胞組織を発見している。やがてバナナは西アフリカからカナリア諸島へと進出して、その地からスペイン人征服者とともに南北アメリカへと渡ったのである。

一五一六年、征服事業に加わった修道士のトマス・デ・ベルランガは、今ではドミニカ共和国とハイチとに分かれているイスパニョーラ島にバナナを携えて上陸した。カトリック教会組織の出世の階段を上っていた彼は、パナマ司教に任ぜられたとき、カリブ海を西へと渡って中米地峡へバナナを持ちこんだ。

アメリカにおける早い時期の報告書によると、バナナは奇妙な魔女狩りが行われていた一六九〇年代のマサチューセッツ州のセイラム港にもたらされたようである。何者かがそれを豚肉と一緒に調理したことから、悪魔の食べ物のような味がすると判断されたらしい。バナナは一九世紀初頭までアメリカ北東部から姿を消していたが、年齢を重ねた老練な船乗りによって、売り物や容易に納得しない親戚や友人のための贈り物としてふたたびカリブ海域から運ばれてくるようになった。

一九五〇年代、ロンドン北部のイズリントン教会の市場へ向かう途中で、私たちはバナナ売りからバナナを買った。その男は悲しそうな顔をしたイタリア人で、コックニー（ロンドン下町の労働者が話す英語の一種）で「さぁどうぞ、バナナはいかが！」と大声を張り上げていた。バナナの房ごとに張られていた商標には、暗い青色の背景に白い文字で「ファイフス」と書かれていた。私はこれを「イギリス」の企業であると勘違いしていた――私たちの身近にあるアメリカ系企業のウールワースやフォードなどをイギリス企業と見なしていたように。しかし、その当時のファイフスは、ユナイテッド・フルーツの一部だったのである（今日、ファイフスはアイルランドに本社を置く独立した企業となっている）。

バナナの陽気なイメージは霧でどんよりと曇ったロンドンでは理解されないと思われたが、リンゴのような季節のフルーツが手に入らないときでも、バナナはつねにそこにあった。これはすぐに当然のことだとわかった。もしそのことについて思いをめぐらしていれば、すぐに私たちはバナナが暑く貧しい国々からもたらされていることに気づいたに違いない。だが、当時の私たちは、バナナが生産、輸送、分配の集約的過程をたどって自分たちのところへもたらされているということに思い至らなかった。

二〇世紀の大部分を通じて、ユナイテッド・フルーツがバナナ産業を独占したことは偽りのない事実である。今日では、アメリカ系の三企業〔チキータ、ドール、デルモンテ〕、エクアドル系の一企業〔ノボア〕からなる四つの企業がバナナ産業を支配している。ときにこれらの企業全体に向けられる「ならず者たち」という呼び名は、バナナ業界に「無法の実業家」の伝統があることを言い表している。

今やバナナ自体が消滅しようとしている。明らかにバナナそのものの創造者であるユナイテッド・フルーツと同じ道を進んでいる。二〇〇三年、バナナは残りわずか一〇年ほどしか生きられないかもしれないと判明した。熱帯の主要なバナナ栽培地域には、温暖な気候をもつ地域には当然あるべき四季がない。それゆえにバナナはつねに生産を続けねばならず、休む間がない。同じ理屈は、バナナを襲う以外に存在理由を持たない病原菌の誕生にも当てはまる。

萎凋病《いちょうびょう》とも呼ばれるパナマ病は、微生物がバナナの地下茎など下部に侵入することで感染する。この病気はバナナ草本の水分供給を断絶し、枯らしてしまう。フィジーの緑に覆われた渓谷で初めて発見され、その場所にちなんで名付けられたシガトカ菌は、胞子を形成して雨や風に乗ってまたたく間に広がっていく。この菌は葉を攻撃し、結実に不可欠な保護機能を止めてしまうため、バナナは早熟の状態で結実してしまう。黒シガトカ菌という始末の悪い変種も出現している一方、近年では新しい形質を獲得したパナマ病の一種も出てきている。もはやこの新種に対して色彩豊かな名称をつける者はおらず、これは単に「熱帯種四番」という実験室での名称で呼ばれている。

しかしながらバナナは、より深刻なぜい弱さを抱えている。それは遺伝的な問題である。検査されたバナナのほとんどは、悲惨なことに生殖の見地から見ると種子といえるようなものを持たない。バナナは植物学的な交配の過程をへて私たちのもとへ届くわけではない。『ニュー・サイエンティスト』誌は、にわかに話題となったバナナ絶滅のニュースについて無慈悲にこう指摘した。バナナには「何千年間も性別がなかった」と。事実上バナナは、マレーシアの穴居人によって発見されて以来、株分けによって栽培されてきたクローン、すなわち無性生殖性の植物なのである。遺伝子を組換えて新しい配列にするための両性間生殖がないため、バナナは病気に対していっそうぜい弱になった。単一種を至るところで生産するという品種の商業的固定化によって、この状況はさらに悪化した。それ以来バナナには、あらゆる潜在的な疫病からの攻撃を受ける準備が整っている。疫病がバナナに対する猛攻撃を実行しようとつねに進化の道を探っている傍らで、バナナの方はまったく進化していないのだから。

もうずいぶん前のことになるが、ビッグ・マイクは一九五〇年代に病死した。その後、別種のキャベンディッシュが見出されてビッグ・マイクにとって代えられ、「病気に耐性がある」と言われてきたが、今ではこの後継種も前者と同じ運命に直面している。キャベンディッシュをさいなむ疫病は、人々が知らないうちに何年もかけて脅威となってきている。パナマ病が一〇〇年以上も前にパナマにあるユナイテッド・フルーツのプランテーションに打撃を与え、シガトカ菌が一九三〇年代の中央アメリカを打ちすえたように。

そのためユナイテッド・フルーツやその継承者たちは、より大量に殺虫剤や殺菌剤を投与することでバナナの天敵に対する戦争を遂行してきた。世界の主要な穀物の中でもバナナはもっとも化学的な処置を受けており、それゆえ私たちはバナナ外皮の病気を予防する潜在力を大いに信頼しているのだ。しかしながら、バナナの敵に対する対処策として化学薬品はそれほど効果的ではないことがわかってきており、バナナ企業がこれを撃退するための新しいアイデアに枯渇してしまった二〇〇三年、ついにバナナが危機的状況にあると公表されたのである。

バナナ企業が、自ら疫病に対する新たな解決策を模索するための資金に不足し、バナナ生産国を離れるようになって久しい。今日では、遺伝子組換えに熟達した科学者たちが、――遺伝子の神秘的な組合せを発見するために――バナナを救済するための新たなクローンを造ろうと遺伝子を操作する努力を続けている。

だが、科学者たちがバナナを増やし、新たなクローンを造っていくにつれ、バナナは死滅していく。何世紀にもわたって続けられてきたこの過程は、ユナイテッド・フルーツとその同業者によって一段と加速された。ユナイテッド・フルーツは、ジャングルの外にバナナを連れ出し、自然の農産物だったバナナを人間にとっての「必需品」、すなわち大衆市場で取引される商品へと変えていったのである。その結果としてバナナは、生存するという本分に適わない植物になってしまった。

ユナイテッド・フルーツ自身の消滅は、私たちに供されるバナナの消滅に三〇～四〇年先行して起こった事件であるように思われた。おおかたの評価によれば、ユナイテッド・フルーツの存在意義を物語るその商業的実践は、歴史のごみ捨て場へ投げ込まれたとのことである。しかしながら近年、企業界において古いタイプの会社が企業モデルとして再出現するという兆候が見られる。ユナイテッド・フルーツがかつて維持していた企業精神は、私たちがグローバリゼーションの時代を生きるために必要とされる奇跡的な秘訣として、修正を施されたうえで私たちに提示されるようになってきている。

じつは一四〇年前、ユナイテッド・フルーツのすべての商業活動は一つの偶然から始まったのだ。

第3章　帝国の起源

一八七一年八月一八日の正午、コスタリカ最高裁判所判事のホセ・マリア・カストロ博士[7]は、スピーチを行うために自席から立ち上がった。コスタリカで高い地位にある人物たちが、立派な木製の演壇に立つカストロ博士の背後に集まってひとかたまりとなった。そこには、東へ一五マイルのところにあるこの国の首都からやってきたサンホセ大司教、今日もまだ権力を持ち続けていると思われる大コーヒー農園主たち、演説者の妻でありコスタリカ国旗のデザイナーでもあるパシフィカ・フェルナンデス夫人などが、カストロの一五人の子どものうち数人とともにいた。カストロ夫人の隣に座っていたのが、名誉ある来賓のトマス・グアルディア[8]新大統領であった。グアルディアはこの式典の前年、「寡頭政治体制を打破」し、「民主主義を確立する」と宣言して、権力を掌握した。この言葉を実現するためにはコスタリカが世界とのつながりを持つ必要があった。

カストロ博士は二度この共和国の大統領となり、二度とも軍部によって免職させられている。コスタリカの富を支配するコーヒー産業を後ろ盾にした寡頭政治家たちは、自分たちの望み通り大統領を就任させたり、罷免したりするために、軍部と協調するのが常道だった。グアルディア将軍は、こうしたことを二度と起こさせないと誓いながら大統領職を引き継いだばかりだった。コスタリカが鉄道を手に入れようとしたのは、まさにこうした理由からだった。

　コスタリカの高原地帯である中央盆地。その西端にあるアラフエラ市の小さな街から、鉄道が敷かれることになっていた。その場所は東に向かうと大西洋の海岸まで一〇〇マイルのところにあった。普段は誰も訪れないような場所だ。パシフィカ夫人がデザインした国旗――このとき、雲一つなく晴れ渡ったコスタリカの祝日に吹くそよ風にさらされ、アラフエラの細い道や街の広場に面したバルコニーや電柱から吊されていた――は、コスタリカの抱える問題を表していた。国旗の中央にある幅広い水平の赤い帯は、ほとんどすべてのコスタリカ人が生活する中央盆地を暖かくする太陽を意味していた。白い帯は、その肥沃な火山性の土壌に降り注ぐ雨をもたらす、太陽の周りの雲を意味していた。そして国旗の外縁にある青い帯は、コスタリカの太平洋と大西洋の海岸を象徴していたのである。

　太平洋側には素晴らしい港があった。そこからコスタリカ産コーヒーが世界に向けて送り出されていた。問題だったのは、輸出されるコーヒーも富裕なコスタリカ人も、アメリカ東海岸やヨーロッパに向かうためには危険なホーン岬〔南米大陸の最南端〕をまわって航海しなければならなかったことである。もしすべてがうまくいったとしても、この旅は数ヶ月かかる。これを回避する唯一の選択肢は、パナマを横断する鉄道を利用することだった。この鉄道は一八五〇年代のゴールドラッシュ時代にアメリカによって敷設されたものであり、ポンコツの車両は金鉱へと押しよせる荒々しい労働者たちで満杯だった。

　一五〇二年、四回目の航海においてコロンブスは大西洋岸に上陸し、その地をスペイン語で「豊かな海岸」を意味する「コスタリカ」と名付けた。その命名は希望的観測によるものだった。スペインに帰国したコロンブスは、自らの所有物を現地で売り過ぎてしまったと彼の冒険の後援者たちに報告しなければならなかった。後援者たちはコスタリカを「価値のない、豊かだと思い違いをされている土地」と呼んでいた。コロンブスはコスタリカを出立し、それまでの航海でもっとも惨めな思いをすることになる場所へと向かっていた。コロンブスの率いる船団は、彼が中国へと通じていると考えていた海路を探しながら、北方からやってきた嵐に逆らって重々しく進んでいた。ところが彼は、関節炎と船を傷める海虫に苦しめられ、引き返して帰国することになったのである。

コスタリカの大西洋側にある大きなリモン県には、その後も人がほとんど居住しないままであったが、ホセ・マリア・カストロが聴衆に保証したように、その状況はすぐに変化することになる。コスタリカ人口の一二分の一にあたる一万二〇〇〇人がアラフエラ市に押しよせ、カストロが将来の計画について話すのを聞いた。スペインからの独立より五〇年が過ぎ、リモン県に横たわる湿地や荒れ地は、開発の力に屈しようとしていた。

鉄道を敷設する仕事は、それにもっともふさわしい適任者に委ねられた。その人物こそ、当時ペルーに住んでいた大物のアメリカ人鉄道建設業者、ヘンリー・〝ドン・エンリケ〟・メイグス[11]であった（「エンリケ」とは「ヘンリー」のスペイン語名）。鉄道敷設の契約が交わされ、誓約が行われて、鉄道は三年間で完成されることになっていた。神とグアルディア将軍の恵みによって、いずれコスタリカ人は自らの住む山から下りて海へと導かれていくはずだった。

カストロの演説が喝采を浴びたあと、大司教が賛美歌を歌った。グアルディアは演壇から降り、特別にあつらえた銀色のシャベルを手にとり、鉄道敷設計画の最初の一歩として土のかたまりを掘り返した。そのときスコールがいつもより少し早めに降り始め、昼寝を済ませたあとの群集は、曲芸の巡回団や音楽演奏者を見に通りへとやってきた。要人のためのパーティーや舞踏会は、翌朝の五時まで続けられた。

ところが、鉄道敷設の責務を負わされていた当事者たちは、まだコスタリカには到着していなかった。三二歳のヘンリー・キースと九歳年下の弟マイナー・キース(9)は、いまだ海上にいた。彼らはニューヨークから南下する汽船に乗り、パナマでゴールドラッシュ時に造られた鉄道に乗って中米地峡を横断しようとしていた。太平洋側に着いた二人は北上してコスタリカへ向かう船に乗ったが、彼らが「早駆の馬に乗って」中央盆地へと到着したのは、鉄道敷設事業の公式的な開始から三週間後のことだった。

キース兄弟を通じて、二人の叔父である〝ドン・エンリケ〟・メイグスは、丁重に断りの意を伝えた。メイグスは別の仕事に従事していたため、コスタリカで自ら鉄道を敷設する時間はないというのである。彼はペルーでリマ市からアンデス山脈へと伸びる鉄道敷設工事に取り組んでおり、こちらはコスタリカよりずっと大規模で油断のならない事業だったのである。けれども彼の甥たちは、家族経営による会社の一員として、鉄道敷設事業を遂行するためのあらゆる技能を身につけてきた。だからメイグスは全面的にキース兄弟を推薦するというのである。

技師としてのあらゆる能力を備えていたメイグスは、当初、才能あふれる政治的フィクサーだったが、やがていかさま師として窮地に陥った。ゴールドラッシュを追ってブルックリンを旅立った彼は、サンフランシスコ市沿岸の土地への投資で財をなした。やがて市の公的資金の着服や株取引における詐欺行為で訴えられたメイグスは、南アメリカへ逃亡した。しかし彼はチリやペルーの海岸を走る鉄道の敷設でさらに何百万ドルも儲けたうえに、ペルーの海岸沿いのチンチャ諸島で採れる農作物用肥料の重要な原料となる堆積したグアノ〔鳥のフン〕に大きなビジネス・チャンスを見出すことになる。これらの不安定な事業からメイグスが得た財産は五億ドルにのぼると見積もられているが、これは今日では信じられないほどの巨大な額であり、もしこの数字が真実ならば、メイグスはよく言われる「鳥のフンまみれの億万長者」になろうとしていたということだろう。彼はペルー、チリ、ボリビアの政府閣僚について調査し、ある程度の資金準備を進めながら、自分にとって有利なように税率を調整した。

鉄道事業の契約が成立したとき、ヘンリー・キースは叔父とともにペルーに滞在していた。契約が取り交わされた後、コスタリカ人に向かってヘンリー・キースは、鉄道をどこに敷いたらよいかはわかっていると自信を持って語った。資力の大小にかかわらず、あらゆる建設会社が中央アメリカを横断する運河の建設には関心を持っていた。パナマは運河建設の候補地の一つであったが、より好ましい候補地はコスタリカとニカラグアを隔てる国境線であり、大西洋に注いでいるサンフアン川であった。自身の弁によれば、ヘンリー・キースはその場所に滞在し、リモン県の海岸沿いを測量したことがあったそうである。彼はこの先にいかなる危険が降りかかってくるかを理解していた。それを論拠に、コスタリカで鉄道を完成させるには三年かかるとしたのだった。

キース兄弟はブルックリンの出身で、父親は富裕な材木商人だった。数世代さかのぼった彼らの祖先はスコットランド人で、一族に伝わる話によれば、一一世紀には当時の王だったマルコム二世と親しい間柄だったそうである。伝えられるところによると、彼らは王室の称号とスコットランド南部・東ロージャン地方の土地を要求したこともあるそうだ。同族のメイグス家の方は、彼らの言い分によればもともとイングランドの家系であり、一六三五年にイングランド南部のドーセット郡から移民してきたということである。

キース兄弟のうち年下のマイナー・クーパー・キースは、一つの仕事に落ち着くことがなかった。ぜいたくな教育を受けたマイナーは、一週間に三ドルの給料でブロードウェイにある紳士服店で働く経験もした。あるときマイナーは父親――すでにテキサス州の海岸から一〇〇マイル先まで達する砂州を有するパドレ島を購入していた――とともに森へと出かけたが、このとき父は牧場を経営させるためにその島をマイナーにプレゼントした。豊かな水、野生のフクロウ、そしてシカに囲まれたマイナーは一人暮らしを楽しんだが、すべてが順風満帆というわけではなかった。家畜の市場価格は期待されていたほどに高くならなかったうえに、メキシコ湾沖で発生したハリケーンが彼の飼育する一〇〇〇頭もの牛を海へと吹き飛ばしてしまったのである。兄のヘンリーがマイナーに手紙を送り、一生パドレ島で働くよりも多くの金をコスタリカで三年以内に稼ぐことができると伝えると、マイナーは簡単に説得されてしまった。明らかにエル・ドラド〔黄金郷〕を探し求めていたマイナーは、兄の後を追って旅立ったのである。

コスタリカの中央盆地では、兄のヘンリーが楽な方の仕事を引き受けた。機関車がレールの上に乗せられ、数週間のうちには人々を怯えさせながらアラフエラ市を走り回るようになった。蒸気と炎を吐き出すエンジンに関する報告書によれば、「コスタリカの人々は機関車が本当に自分たちに襲いかかってくると考えた」からである。ヘンリーはこの機関車を「リモン一号」と名付けた。

マイナーの方はラバや案内役とともに急いでリモン県へと送り出された。ある記述によれば、そこで彼を待っていたのは「人が住んでいない数マイルにわたるもの寂しい海岸」であり、「カリブ族やその他の先住民族の小屋ぐらいしかない」環境だったという。そこには新鮮な肉も野菜もなかった。絶えることのない暑さに満ちており、「果てしなく続く湿地」が横たわる地域だったのである。

マイナー・キースの仕事は、雇われた人たちを管理することであった。マイナーは労働者を雇い入れたり、会社が経営する売店で労働者に商品——服、基本的な食料品、そして目の前に広がるジャングルと接近戦を行うのに必要なマチェテ〔ジャングル・ナイフ〕など——を売ったりしなければならなかった。彼はパナマを通過してコスタリカに向かう途中で手に入れたバナナの切り株を持っていた。キースがそのバナナ植えたところ、それはあっという間に生長し、人々に売ることができるようになった。

ジャングルや湿地を切り拓くためにすでに若干名の〔厳しい環境に適応できて英語も話せる〕ジャマイカ人が雇われていたが、マイナーはその手の仕事に慣れたアメリカ人労働者を必要とした。そのために彼はニューオーリンズへ蒸気船を派遣し、海岸沿いの酒場や安宿で労働者を勧誘した。食事付きで一日に一ドルという雇用条件であったため、ニューオーリンズの刑務所から出所した多くの元服役囚たちも、その仕事を得ようと熱心に働きかけてきた。元囚人が乗船しようと波止場で列をなしていたとき、警察署長は彼らを地元から排除できるという信じがたい幸運を感じていたのだった。

キースが雇った者の中には、アメリカ南北戦争の退役軍人がかなりの数含まれている。また、かつてウィリアム・ウォーカー《12》に従軍しながら、熱帯で働いていた経験を持つ者もいた。ウォーカーはキース兄弟と同じくスコットランド移民であり、一八四〇年代にアメリカにやってきた。彼もまた、中央アメリカで一か八かの幸運を手にしようと旅立ったのである。アメリカの国境線を拡大しようとするウォーカーの手法は、一八五〇年代に彼が自らニカラグアの王であると宣言したことが示すように、新世界的というよりは旧世界的なものであった。ワシントン市のアメリカ政府は、この堂々たる考え方に魅了され、彼を支援している。

ウォーカーが犯した過ちは、大実業家のコーネリアス・ヴァンダービルト《13》を敵に回したことである。ヴァンダービルトはアメリカの鉄道および海運事業の有力者であり、中米地峡を横断する運河の建設を企てつつこの地域で影響力を強めていた。ウォーカーがニカラグアとコスタリカの間にあるサンファン川を航行するヴァンダービルトの船に向けて発砲した際、ヴァンダービルトはこれに報復するために中米出身の傭兵を雇った。そのためウォーカーは、アメリカの小型砲艦に乗ってアメリカへと避難した。後にウォーカーはふたたび王を自称するために中米地峡まで戻ってきたが、ようやくたどり着けたのはニカラグアの北方にある隣国ホンジュラスまでだった。一八六〇年、その地でウォーカーは壁の前に引きずり出されて射殺されたのである。

キースが新しく雇った者たちの多くは、砂糖を運ぶために招集がかけられた最初の港ハバナで下船した。夜の嵐に見舞われて船がユカタン半島沖のチンチョーロ洲で座礁したとき、キースと数人の忠臣たちは、救命ボートに殺到する残りの乗員たちに銃を向けて寄せつけないようにしなければならなかった。次の日に嵐が落ち着いてから、不平を言う者たちをなんとか説得して、よけいな積荷の投棄と船の離礁を手伝わせたのである。

このとき荷投げを手伝った者やその後の船旅についてきた者たちのほとんどは、リモン県で働いているうちに死ぬことになった。正式な記録は残されていないが、コスタリカ鉄道の最初の二五マイルを敷くのに四〇〇〇人の命が犠牲になったと見積もられている。当時は誰も大西洋岸特有の伝染病を媒介する蚊の果たす役割について知らなかったため、マラリアと黄熱病が主な死因だった。ニューオーリンズ港での志願労働者が次第に減っていく中で、キースの下で働くのは止めた方がよいという噂が広まっていった。このためキースは、ほとんどもっぱらジャマイカ人の雇用に取り組まざるを得なかった。

この鉄道は初年度にはわずか四マイルしか工事が進まなかった。工事のためのしっかりとした測量もなされていなかったし、ロンドンにおける誤った債権処理のせいで資金も底をついていた。時代背景としてちょうどその頃に南北戦争があったため、アメリカは融資を受けるには都合の悪い状況にあった。また、普仏〔プロイセン・フランス〕戦争はヨーロッパ大陸の銀行家をその代理業から撤退させていたので、イギリスの銀行家たちにはキースとコスタリカ人が自分たちに接近してくることがわかっていた。調達された貸付金のほとんどは、利子の支払いに充てられた。

一八七三年には市場が大暴落した。ヘンリー・キースはアメリカに帰国し、コスタリカ国家が彼に借金をしていると主張して、この件に関するアメリカ政府の介入を要求した。いまだ南北戦争後の国家再建に専心しなければならない時期だったため、アメリカ政府は丁寧な照会状を送ることしかしなかった。やがてヘンリーは、病気で倒れゆく群集の一人となるためだけにコスタリカへと戻っていった。彼はこの世を去り、鉄道も弟のマイナーも取り残されてしまったのである。

一八七六年のアメリカ独立一〇〇周年記念万国博覧会における最大の目玉は、ジョージ・H・コーリス《14》の素晴らしい発明だった。ロードアイランド出身のエンジニアが創作した、円筒形バルブを使用して摩擦を軽減した蒸気エンジンは、まるで当時のアメリカ自身のように世の注目を集めた。ボストンの雑誌『アトランティック・マンスリー』の小説家兼編集者だったウィリアム・ディーン・ハウエルズ《15》が、「その蒸気エンジンには一オンスも不必要な金属がない」と記述しているほどである。その五六トンもある弾み車は、「全体をぶるぶると振るわせながら蓄えられた力で」ぶんぶんと音を立てて回転した。現実にはこの蒸気機関が力を蓄えることはできなかったが、毎日ではないにしても他の出展者にそのエネルギーを無料で供給した。コーリスがこの機械の使用を許可しない日曜日には、万博会場が閉鎖された。

すでに南北戦争が終結してから一〇年が過ぎており、この万博の主なねらいは、戦禍から再建したアメリカがエリート工業国の一員に加わったと来場者に見せつけることだった。六七の建築物が建ち並んだ会場は、一平方キロメートル、すなわちアメリカン・フットボールのスタジアム二〇〇個分の広さがあった。五月から一一月まで開催されたこの万博は、人口四六〇〇万人だったアメリカに、八〇〇万人もの「しゃれた身なりで、自信に満ちあふれた、栄養状態のよい」人々を呼び集めた。この時代にはほとんどのアメリカ人が、日に一〇時間、週に六日間働き、有給休暇も与えられていなかった。そのため多くの来場者は無給となる休暇をとってまで来場したのである。

入場料は、平均的な労働者の日給が一ドル二一セントだったこの時代に五〇セントした。出入口で五〇〇万ドルが回収されたが、そのうちの一〇〇一ドル分は偽札だった。五〇四人の子どもが迷子になり、そのほとんど全員はその日のうちに家族の元へ戻ったが、五名は翌日になってから帰宅することになった。暴力事件によるものではない四人の死亡者が出ている。六七五人の逮捕者が出たが、そのうちの一四人はスリによるものだった。一名が姦淫罪で逮捕されているが、相手が誰かについては証拠が残されていない。

『ロンドン・タイムズ』紙は「アメリカ人はギリシア人が彫刻したり、イタリア人が絵画を描いたりするように発明をする」とし、イギリスの技術的優位が失われることを憂慮した。スコットランド人のアレクサンダー・グラハム・ベル《16》は、万博の直前にボストンに引っ越しており、新しい発明品である電話機を展示した。トーマス・エジソンは電信機を紹介した。タイプライターや、オーティス兄弟の発明した蒸気エレベーター装置が初めてお目見えした。当時二二歳だったジョージ・イーストマン《17》は、ニューヨーク州ロチェスター市の実家に住む母親に宛てて、会場の「すべての通路を通る」つもりだと手紙を書いている。これは並大抵の偉業ではなかった。主要な展示ホールを見るだけでも、距離にして一一マイルに達する。イーストマンは、その五年前から柔軟性のあるロール・フィルムを使用した携帯用カメラを完成させる努力を続けていた。

ウルフ式アンモニア・コンプレッサー〔圧縮装置〕は、人工的な製氷技術における重要な発明だった。同じように、腐りやすい荷物のための新式の冷蔵鉄道貨車も陳列された。マサチューセッツ州の実業家であるジョゼフ・タフトは、十数年後にはコカ・コーラ社に便益をもたらすことになるソーダ・ファウンテン〔清涼飲料水を供給するための簡易装置〕を展示している。

外国からの展示物はあまり質の高いものとは見なされなかったが、当時のアメリカにとって姉妹のような共和国であり、歴史的に親密な友好国のフランスは別だった。フランスは自由の女神を組み立てるための最初の完成部品である右腕とたいまつを送ったのである。五〇フィートの高さになるその部品は、その他の外国からの贈り物を目立たなくした。トルコはスカーフを身にまとった踊り子たちを派遣した。ドイツは在米ドイツ大使クルップの好意で数台の機械を送ったものの、彼はこれらの展示物ではプロイセンの劣ったイメージを払拭することはできないと不満を述べた。ウィリアム・ディーン・ハウエルズも注目したように、日本は美術品と工芸品を送り、「細い切れ長の目でときおり観客を苛立ったようににらむ」「婦人のように小さな手の大工」によってその製作過程を実演して見せた。

独立一〇〇周年記念万博の主催者は先住アメリカ人を出演させる民俗学部門も企画していたが、内務省がこれに異議を唱えた。主催者側は、英語の話せる、子どもや犬ないしポニーを連れた「もっとも清潔で見た目の美しい」先住民族だけを出演させると申し出たが、それでもその提案は却下されたため、等身大の石膏像を製作しなければならなかった。このことだけでもハウエルズをうんざりさせるには十分過ぎるほどだった。「赤い皮膚の野蛮人の根絶」によって「多くのアパッチ族やコマンチ族が殲滅されたことをほとんど誰も後悔していない」と彼は書いている。ハウエルズがこの記事を書いたのは、同じ一八七六年の六月末にリトル・ビッグ・ホーン川でジョージ・カスター大佐と二〇〇名の騎兵隊が先住民族に虐殺されたとの知らせが人々の間に浸透する以前のことだった。

サウス・ダゴタ地区から伝えられたこのニュースは、七月四日に催されたアメリカの共和制制定一〇〇年記念式典をほとんど台無しにしてしまった。とは言え、実際にはこの頃にフロンティア（開拓地と未開拓地との境界地帯）はほぼ平定された。一八六九年にはアメリカ大陸横断鉄道も完成していた。一八七三年には有刺鉄線も発明され、東部と西部の間のとてつもなく広大な空間が鉄線によって囲われた。西部山地の外側では、コロラドが万博の開催中にアメリカ合衆国の第三八番目の州となっている。

独立一〇〇周年記念万博には、アメリカの躍進と有望な将来性を意味するメッセージが込められていた。大衆的なイベントの中には、イチゴの陳列、自動刈り取り機の試運転、ヒツジ、ブタ、ヤギの品評会など、産業化される以前の田園風景にアメリカ的イメージを求めるものもあった。しかし、中西部の起伏や石のない平野部は、アメリカの穀倉地帯へと変貌を遂げていた。サイラス・マコーミック[18]が革新的な刈り取り機を発明してから、すでに四五年が経過していた。あるいはマコーミックは刈り取り機の製造を手伝ったヴァージニア州の奴隷からそのアイデアを盗んだのかもしれない。いずれにしてもこの機械は、数年にわたって激しい法廷闘争の主役となっている。このときマコーミックが雇った者の中に、イリノイ州の若き弁護士だったエイブラハム・リンカンがいた。

独立一〇〇周年記念万博の時期までには、アメリカにおける発明の時代もまた見え透いた情報操作の結果ではないかと問われる事態となっていた。一〇年に一度のペースで市場の大暴落が起こっていたし、「小者」は最終的に破産するのがお決まりだった。[19]一八七三年の大暴落の際には、南北戦争のリーダーであり英雄であったユリシーズ・S・グラント大統領が在任中に商売人からの収賄で告訴された。ヴァンダービルト、ジェイ・グールド[20]、ダニエル・ドリュー[21]、あるいはジェイムズ・フィスク[22]のような泥棒男爵たちは非難されていた。彼らのお気に入りの敬称は「産業の指導者」であったのだが。グールドとフィスクは、ニューヨーク市にあるすべての黄金を買い占めようとしており、実際にそれはほとんど成功していた。新聞はグールドをアメリカでもっとも嫌われている男と呼んだ。これに対してドリューは、アメリカは民主主義的になり過ぎたと口を挟んでいる。

　あり余るエネルギーを排出する活動の温床が、アメリカのどこにあったのか。過去一〇〇年のほとんどを通じて、アメリカは旧世界に背中を向け、国内の発展に取り組み、西部地域へ領土を拡大していった。だがまたアメリカは、より広範なフロンティアの見取り図も描いていた。一八二三年に打ち出されたモンロー・ドクトリンは、南北アメリカの周りに境界線を示す囲いのロープを投げかけ、外国人に「立入禁止」の合図を出すものだった。外部世界の影響――キューバにおけるスペインの影響、ジャマイカや他のカリブの島々におけるイギリスの影響など植民地時代の名残――はいまだに残っていたが、それらの権力はすでに衰えていた。

　その頃までには、南北アメリカ地域においてアメリカによるいっそうの貢献を要求する動きもあった。一八六九年には、苦しい財政状況にあったドミニカ共和国政府がアメリカに助けを求め、自国のアメリカへの売却を申し出ており、グラント大統領はその併合のための条約案を練っていた。しかしながら、この構想は却下されることになった。とりわけ南北戦争の終戦直後だったこともあり、多くの黒人人口を抱えるカリブ海の共和国を、その独立を覆してまでアメリカへ編入してしまうのは間違いだとするアメリカ国民の不満があったからである。

独立一〇〇周年記念万博でもっとも美しい建物は園芸ホールであった。草と鋼鉄に囲まれたこの建物は、小さな池や花壇に取り囲まれた二〇世紀的なムーア風様式を採用しており、「ヴィクトリア時代の自然に対する情熱の反映」だった。大衆雑誌『レズリーズ』は、来訪者たちが万博会場の中でも最高の展示だと見なしていた、エキゾチックな――気味が悪いとさえ言える――自然物の展示に注目した。また園芸ホールには、会場の無駄な空間を省いたり、管理しやすくしたりする利点があった。園芸ホールを見てまわるということは、一キロメートル弱歩くことに等しい。見学者たちは、ラン、オレンジ、ナツメヤシ、イチジク、パイナップルなどを眺めるために群をなしたが、その中でもある品目が特別な注目を集めていた。一〇代のときにこの会場を訪れたフレデリック・アップハム・アダムズの観察によれば、それこそが「ちっぽけなバナナの木」だったのである。《23》彼は遠くイリノイ州から父親と一緒に旅行し、この会場に来ていたのである。

そのバナナは三・五メートルの高さがあり、取り囲んだ群衆が引っ張ってバラバラにしてしまわないように、警備員が見張りに立たなければならなかった。見学客はバナナの実――「まだ小さ過ぎるバナナの房」――を引きちぎったり、その「外皮」を剥がし取ったり、根を持ち去ったり、バナナの植えてある土でさえも持ち去りかねなかったのである。この群衆の行動は、アダムズがそれからおよそ四〇年後の著作で記録した考えを裏づけている。すなわちその園芸ホールは、「私が見た記念万博のあらゆる巨大な建物の中にある、数え切れないほどのすべての展示物の中でももっともロマンチックだった」というのである。それ以前のアダムズは、「花でいっぱいの湿地を歩き回り、それをよりどころに生きる以外にすることのない幸福な先住民族」の登場する、地理学や宗教関連の教科書中の絵で描かれたバナナしか見たことがなかった。もっとも実際には、ボア科のヘビが不運な先住民族を餌食にしながらその周辺をうろついていたのだが。

アダムズの父は中央アメリカや西インド諸島で働いていたことがあり、「熱病に襲われる地域」で採れるバナナやその他の果物についてよく話していた。園芸ホールでも彼は長々と語り、素直で好奇心のあるアメリカ人群衆がその周りに集まった。ほとんどのアメリカ人は世界中の遠方からやってきた者――あるいは彼らの両親がそうであった者――であったが、バナナについてはあまりよく知らなかった。ここに園芸ホールで何が起こっていたのかをうかがい知るヒントがある。アダムズの父は、会場の所々に置かれたバナナと「赤道近くの暖かく湿気の多い沿岸地帯」育ちでより豊かな実を付けたバナナの違いについて詳細に説明した。

その晩、アダムズ一家はフィラデルフィア市の商業地区を抜けて、桃を買うためにある店に立ち寄った。桃を買おうとした彼らは、スズ製のホイルに包まれた小さい円柱形の品物が入ったバスケットを目にした。「たいへんぜいたくなバナナでございますよ」と店主が言った。「わたくしどもはこのようなバナナを取り扱うフィラデルフィアで唯一の店なのです」。そのバナナは一本あたり一〇セントであったが、六本まとめて買えば五〇セントだという。「何本かお包みいたしましょうか?」。

その値段は「バナナを育てた先住民族が一ヶ月間で稼ぐことができる金額よりも高い」とアダムズの父は語ったものの、結局半ダースのバナナを購入した。ホテルの部屋に戻ってからフレデリック少年が最初のバナナの包みを開封したところ、中身は真っ黒だった。これは完璧な状態ではなかったが、何はともあれバナナには違いなかった。彼が「まさに皮付きのままバナナにかぶりつこうとしていた」とき、父は彼を制し、その皮のむき方を教えたのだった。

六本のバナナのうち二本は腐敗が進んでいた。すべてが小ぶりで、三本合わせても後年に市場の露店で売られていたバナナ一本と同じくらいの大きさだった。アダムズはむいたバナナの皮を中西部の自宅へ持ち帰ったが、それは黒く変色してしまったため、学校の同級生たちはそれを見ても感動しなかった。

例のごとく、ウィリアム・ディーン・ハウエルズは、なおいっそう懐疑的であった。彼は、園芸ホールで「植物学に関心のない」目を通して見たものをまずそうな食物と評価しつつ、ボストンへと出発した。彼の目には、ヤシやサボテン、あるいはどうせ「手に入らないバナナ」は、退屈なものだったのである。

コスタリカに鉄道を敷設しようと、徐々に別の工事請負業者たちもやってきていた。マイナー・キースは現地にとどまり、ユナイテッド・フルーツの経営する商店と労働者を管理していた。キースは線路脇の開拓された一帯により多くのバナナを植える計画を持っていたが、彼が思っていたほどバナナはたくさん売れなかった。ジャマイカ人が自分たちでバナナを栽培し始めたからである。

キースにとっては幸運なことに、他の場所でバナナ市場が活況を呈した。一八七〇年、スクーナー船[24]〔二本マスト以上の縦帆式帆船〕の船長だったマサチューセッツ州コッド岬出身のロレンツォ・ベイカーは、オリノコ川を遡上する途中でアメリカの黄金探索者たちを船から降ろした。ベイカーは新たな積荷を探しつつ、ベネズエラからジャマイカ経由で帰路に就いた。彼は砂糖やラム酒、あるいはココナッツなどの輸送を思い描いていたが、ポートモラントの波止場でバナナを見つけたのである。

ベイカーはそれ以前にもバナナを見たことがあったが、ときおりアメリカに出まわっていたバナナの多くは、市場周辺では「キューバン・レッド」〔キューバ産の赤い皮のバナナ。中身は普通のバナナと変わらない〕として知られるタイプだった。このときベイカーが目にしたバナナは黄色いもので、茎の部分の緑がかった品種だった。彼はそれらを数ペンスで購入し、その後何度となく足を運ぶことになるニュージャージー州で一一日後に販売して利益を得たのである。ただし、気まぐれな風や潮に行く手を阻まれた場合、彼は腐ってしまった積荷を海に投げ捨てなければならなかった。そのためベイカーは、より高速で航行できる船を購入するための資金を特に必要としていた。こうして彼は、ボストン出身の当時二〇代半ばだった生産販売業者、アンドリュー・プレストン(10)の一団に加わった。一八七一年、彼らは最初の積荷となる「ジャマイカ・イエロー」のバナナを一杯に積んだ船をボストン市の埠頭、ロングワーフに接岸させた。

マイナー・キースの方は、パナマ生まれのバナナ生産者、グスタフ・フランクとの商売に取りかかった。フランクは、一八七一年にパナマを抜けてコスタリカへ行く途中のキースにバナナの切り株を分けてくれた人物である。彼は帰化したアメリカ人で、以前にはヴァンダービルトが経営する太平洋郵便社の汽船でボーイとして働いていたことがある。南北戦争後、フランクはカリブ海地域からアメリカへバナナの束を持ち帰り始め、そのときから彼はパナマの大西洋岸沿いにいくつかの小さなプランテーションを創設していったのである。キースはパナマで適度な分量の積荷を乗せるために鉄道計画で利用していた船をニューオーリンズへ向かわせた。

また、キースは、沿岸をさらに北上したところにある、ニカラグアのブルーフィールズ市に造られたばかりの港の自ら創設した商業地区で、サルサ根、バニラ、あるいはベッコウなどを船に積み込んだ。中央アメリカの大西洋海岸線を北上南下できるこの場所は、その昔海賊の国だった。ここを拠点としたフランシス・ドレイク卿[25]は、パナマのポルトベロ港沖の海で水中に葬られた。まさにヘンリー・ニューボルト卿の詩「ドレイクの太鼓」の中で、「船長、貴殿はその海の下に眠っているのですか?」と語りかけられている通りである。スペイン語だけでなく英語も同じように通じるニカラグアのプエルト・カベサス港は、かつてはブラグマンズ・ブラフ〔ブラグマンの絶壁〕と名付けられていた。ミスキート先住民族が暮らしているため、やがてこれらの大西洋岸一帯はモスキート海岸という名前で呼ばれるようになった。中米地峡諸国のどの首都からも遠くにあるため、この地域にはくり返しバカニーア〔海賊〕風の外国人が流入し、その多くが現地に身柄ひき渡し法がないことを喜ぶようなアメリカ人だったのである。

しかし、一八七〇年代末までに、キースはアメリカに帰国するまさに瀬戸際に立たされていた。カリブ海の嵐は、彼が沖合に造ったウミガメ養殖場を奪い去ったのである。彼はいまだに労働監督役を務めていたが、鉄道敷設資金はふたたび枯渇し、最後まで残っていた工事請負業者も去っていった。キースは、鉄道も、牧場も、ウミガメ養殖場も経営することのできない無能な放蕩息子として、ブルックリンに戻ることになる可能性と向き合っていた。ところが、グアルディア大統領が、いわば自暴自棄状態にあった彼に接近してきた。グアルディアは、キースにはまだ成功の可能性があるとほのめかしつつ、こう語った。「鉄道を完成させる事業を続けましょう」。

キースはこの機会をしっかりと手にした。彼は鉄道工事の完成には広大な土地が必要だと主張した。鉄道の存続のためには運送貨物が必要であり、輸出用のバナナはもっともその望みにかなっていたからである。キースはロンドンの海運会社と提携し、グアルディアはコスタリカの国庫から引きだした一〇〇万ドルをキースに渡した。そのような作業が進められていた一八八二年、コスタリカのリーダーたるグアルディアが急死した。

その他のいろいろな要素がキースにとって有利に働いた。科学の分野では、一八八〇年代初頭にドイツのロベルト・コッホ[26]が、さまざまな細菌が病気の原因となることを発見した。イギリスのジョゼフ・リスター[27]とフランスのルイ・パストゥール[28]が、コッホの理論を裏付けた。清潔さを保つことが目標となり、アメリカでは家政学がブームとなった。食事によって引き起こされる家族の健康危機や、室内トイレのような家庭内設備のより清潔な状態での維持に関して、妻や女性が責任を負うことになった。新聞や雑誌上では、それまで軽視されてきた「食事」という主題に関する議論を促す記事が急増した。より多くの者が読み書きできるようになっており、そうした記事を読んだ。食に関するかつての権威ある者は、新鮮なフルーツは「消化器官の働きを乱す」傾向にあると公言していたものだ。ところが今や、新鮮なフルーツは「健康を達成するために不可欠」なものとなったのである。

工業化は急速に進み、ニューヨーク市は一〇〇万人以上の人口を抱えるようになっていた。厚みを増した中間層は、金持ちの食事を模倣し、貧者の食事を拒絶するなど、自らを定義するために食物を利用した。より美味しい食事をとるために中間層の人々は見栄を張り、豚肉、黒い蒸しパン、濃厚なスープ、ドライフルーツのパイなどを基礎的食品として多く消費した。バナナもその食品リストに少しずつ入り込んでいった。たとえばリンゴのような他の果物は自宅でも育てられるものであり、貧しい者でも簡単に手に入れることができたのに対し、バナナには熱帯産の食品としての社会的地位があった。

同時に、さらに工業化が進むということは、ますます労働者階級の人々が増えることを意味する。ニューヨーク州とペンシルヴェニア州の諸都市、そしてニューイングランド地方の工場地区には、余分なお金をほとんど使うことのできない住民がいた。彼らの生活はその日暮らしであったが、今や彼らには小さなぜいたくを通じて自らの気分を高揚させる余地があった。いまだにバナナはぜいたく品と考えられていたが、それは以前よりも大量に売られるようになり、値段も下がり続けていた。

コスタリカはグアルディアの死去によって実力者不在の状況となり、キースが重要な地位を占めるようになった。彼はコスタリカの将来がかかっている〔鉄道とバナナという〕二つの産業を支配した。鉄道は、コスタリカ内陸部や、マティナ川とセント川の緑で覆われた渓谷へと伸び続けた。キースはどの丘からも眼前の地形を測量することができた。彼は鉄道事業をコスタリカ国民の手から引き離すよう申し出た。コスタリカ人はたいへん喜び、使い切れないほどの広大な土地をキースに譲渡した。こうして彼は巨大な〔バナナ〕プランテーションの創設に取りかかったのである。

またコスタリカは、財政の支配権、あるいは少なくとも外部世界との関係において肝要な財政部門をキースに手渡した。鉄道はいまだに敷設資金に充てる融資を必要としており、キースはコスタリカの対外債務について再交渉するためにロンドンへ出発する準備を整えた。

もう一つ別の仕事が残されていた。三五歳のとき、突如として莫大な財産を手にしたキースは、コスタリカ上流層の一人と婚約したのである。クリスティナ・カストロ・フェルナンデスは、ホセ・マリア・カストロ博士とパシフィカ夫人の一二番目の子どもである。その出自が物語るように、クリスティナは「よい教育を受けた」女性であったが、それは同時に二人の間で交わされるコミュニケーションの負担が主に彼女にのしかかることも意味していた。コスタリカに来て一二年経っても、まだキースは最低限のスペイン語しか話さず、その後もそれはまったく進歩しなかったのである。

一八八三年、ブルックリンで二人の結婚式が挙げられた。この夫婦は、開通したばかりの、世界第八番目の不思議と賞賛されたブルックリン橋を眺めた。このときマイナー・キースはより広い展望を持っていた。コスタリカ大統領を二度経験した父とコスタリカ国旗をデザインした母を持つ新妻を連れ、キースはロンドンに向けて船で旅立った。

第4章　独占企業

一八八五年までに、ロレンツォ・ベイカー船長は、大量のバナナを好きなだけ船でボストン港へ運ぶことができるようになっていた。今や彼には、ジャマイカ、キューバ、そしてドミニカ共和国からカリブ海を渡ることのできる、合計一一隻の以前よりも大型で高速の船があった。ベイカーはこれらの船をスペイン語で「グレイト・ホワイト・フリート」を意味する「ラ・グラン・フロータ・ブランカ」と呼んだ。

ボストン市の輸入業者であるアンドリュー・プレストンは、ベイカーが実行できないほど多くの指令を与えた。プレストンはアメリカの北東海岸沿いにバナナを発送し、それらを新式の冷蔵貨物列車で内地へと運んだ。ボストン港からバナナを運びながら、プレストンは効率よく全事業をコントロールしていた。そして彼は、ボストン市の有力な名士たちを一つに束ねてボストン・フルーツ社を創設する。他方でベイカー船長は、農園から運ばれてくるバナナを管理するために、カリブ海地域に住みつくことを幸福に感じていた。

完成へ近づくにつれ、コスタリカの鉄道敷設事業は破産の脅威にさらされるようになった。コスタリカの南にある隣国パナマが開発されていったからである。フランス人のフェルディナン・ド・レセップスは、エジプトでのスエズ運河建設で成功を収めた後、パナマを横断する水路の建設を開始した。ド・レセップス[29]は一日五ドルの賃金を差し出したが、これはキースの支払う賃金の五倍にあたるため、キースの下で働いていたジャマイカ人労働者は大挙してパナマへと旅立った。

　キースは納得のいく代わりの労働者をカリブ海の他地域で見つけられず、北部イタリアから労働者を連れてくるという一風変わった計画を実行した。一八八七年、キースはピエモンテ州出身の労働者を二〇〇〇人雇用した。彼らはけっして工事現場に定着せず、ただの一日もつるはしを振り下ろさず、よく知られているようにコスタリカで最初の労働者ストライキを行った。中には抗議のためにサンホセ市まで行進した者たちもいる。彼らの多くはジャングルへ逃げ込んだが、そのうち約六名はマングローヴ林で溺死した。キースが後年に雇った年代記編者は、この事態に関して信用できる説明に行き着いた。すなわち、イタリア人は自らの「秘密社会」と「家族や村の間での争い」をコスタリカに持ち込んだというのである。何はともあれ、どうしてアルプスの麓からやってきた労働者たちがリモン県の暑い低地でせっせと生産的に働くに違いないなどとキースが思い描いていたのかについては、推し量ることが難しい。

　キースは、ド・レセップスの進めていたパナマ運河建設計画の突然の破綻に救われた。それによって数百人のジャマイカ人がパナマの丘陵地帯に取り残され、自活しなければならなくなったからである。キースはさまよえる労働者を自らの手に取り返すため、パナマに船を差し向けた。

　コスタリカの鉄道は一八九〇年に完成するまで一六年もかかり、その頃までにキースの社会的地位は、「がんばり屋の商店経営者」から「生きた伝説」にまで高まった。ブロンドの髪で青い目をしたやせ型で中背のキースは、労働者たちに命令を下すために大股で現場を歩き回った。労働者たちがこのリーダーにとても魅了されていたことを示す逸話がいくつか残されている。資金が不足してくると、労働者たちは無休で仕事をやり抜いた。労働者の仮設小屋でキースは、労働者たちと一緒にたらふく安酒を飲んだ。それこそが湿地での過酷さに耐えるための唯一の効果的な「クスリ」だと考えていた。鉄道は数千人もの命を奪ったが、他方でキースは熱病にも耐え、「病気で休むようなことは一日もなかった」のだった。彼はコスタリカの主要河川であるレベンタソン川の荒々しい激流へ頭から飛び込み、馬の背中にまたがっていた聖職者を救出しようという実を結ばない悲しい努力をしたこともある。渡っている途中で橋が激流の中へ崩れ落ちながらも、かろうじて生きていた聖職者を助けようとする行為だった。鉄道工事の末期には、レベンタソン渓谷に最後まで残された未踏の峡谷に架けられた橋を最初に渡らなければならなかった汽車の運転士が、キースが率先して汽車に乗り込まないかぎり自らの仕事を拒否すると言い出した。このときキースは、――少なくともこの出来事について描いた絵画を信じるならば――汽車の先端部にある排障器に乗り、手にした星条旗を振ったそうである。

このような調子で次々とバナナはアメリカに届けられ、その食卓における地位を急速に変化させていった。かつてブルジョワの食物だったバナナは、もはや疑いなく労働者の食物となった。これに伴ってさまざまな雑誌が、バナナには他のフルーツとはまったく比較にならないほどたくさんの栄養素が含まれていると宣伝するようになった。それらの記事は、家族に栄養のある食事を与えようと努力している多忙な母親に対して、バナナを肉の代用品と見なすように促している。

一八九三年に起こった恐慌の際には、四〇〇〇万人もの人々が職場から投げ出された。ホワイトハウスのグロヴァー・クリーヴランド[30]大統領は、自らの職務に対してしっかりとした評判を得ていた。彼は自分自身で電話を取って直接応対することさえした。しかしながら、彼と話した者たちの中にはよからぬ者たちもいた。クリーヴランドは、減っていく国家の準備金を支えるために、銀行家のJ・P・モルガンから融資を受ける準備をした。クリーヴランドの批判者は、東部の資産家に「国を売り渡した」とこの行為を非難している。

その少し前に泥棒男爵たちが問題であることがはっきりしてから、その論争にはあまり進展がなかった。個々の泥棒男爵に関する議論は少しずつ減っていったが、制度に関わる議論は危険なほどに増えていた。かつてのアメリカでは、モルガン、ロックフェラー、グールド、あるいはその他の名士たちは、毎朝全人類を騙してやろうと心に決めてベッドから起き出すと考えられていた。彼らの仲間には、おそらくそうしていた者もいたことだろう。だが、その頃までには、大銀行と大企業からなる「組織」によって生みだされる何かに欠点があるのだとする認識が広がっていた。そうした組織は「トラスト」〔企業合同〕として知られるもので、経済学の専門家による定義では、大規模な産業および金融業の独占をしばしば意味していた。

まさしく「トラスト」（trust）という名前そのものが、いかにこの企業合同や経済学が一筋縄ではいかないものであるかを示している。この単語には、とりわけ企業を豊かにするという意味で「信頼される」（trusted）存在であるという思いが込められている。その結果として、ワシントンのアメリカ政府は一八九〇年にシャーマン反トラスト法を導入し、その後も続けざまにたくさんの法的規制を実施した。当初、それらの法律は企業間の共謀を禁止するものであり、価格操作と独占的活動を誘導するような企業連合やそれに類するものの結成を阻もうとするものであった。「自然法」にしたがうなら、この法律は必要なかったはずである。経済学者アダム・スミスの言う「見えざる手」が動かす市場には、つねに悪行を正すような介入があるからだ。しかし明らかに、いかなるときでもこうした介入は起こる気配がなかった。アダム・スミス理論の支持者たちは、たとえば大量の失業者といった被害者に対して希望を喚起させながら将来を予測していたはずだった。ところが大暴落は起こり、その度に失業者たちがどっとあふれ出したのである。だが、今や「反トラスト」的思考によれば、本来の企業家精神と相対するものとなった資本主義システムに組み込まれている不自然な階層が存在するというのだ。そうした考えが、市場を監視することを前提とする新種の「調整役」を生みだした。その調整役は自分たちが監視される側の人々と同じくらい資本主義的だと主張していたが、監視される側から見れば、調整役の者たちは自己の利益のためにジャングルをきれいにするハイエナも同然だった。

少なくともキースは、本物のジャングルの中にその燃える情熱をとどめ置いており、そのジャングルは資本主義の純粋な精神が自然の力と調和して栄える資本主義システム周辺部のさらに外側に位置していた。キースは、カリブ海沿岸のサンタマルタ市の近くに広大なバナナ栽培地を購入しながら、コロンビアの中心から離れた辺境地へと分け入った。一五二五年に制定されたサンタマルタ市は、スペイン人が築いた南アメリカ大陸で最古の入植地の一つであり、かつての冒険者たちがエル・ドラドを探しに内地へ旅立っていく拠点だった。キースは、すでに出来上がっていたこの遺産を偶然に手にすることで、カネの成る鉱脈に突き当たった。コロンビア商人たちはすでにサンタマルタのバナナ生産地帯を開発し、自らの手で鉄道を敷いてさえいたが、国際的な商業関係を確立するための人脈を欠いていた。彼らは、自分たちの力だけではプレストンやキースのような商人と渡り合うことはできなかった。まるでカッコウのように、キースは他者の築いた巣の中へ入り込んでいったのである。

コロンビアの支配者たちは、キースがそれまで放置されていた北部の土地を占有するのを見て大いに満足していた。アンデス山脈にある首都ボゴタは、カリブ海からは非常に遠いところにあるため、コロンビア政府は歴史的に首都からは遠方にある地域を無視する傾向にあったのだ。一八九七年、キースは別の国へ進出するという次の策略を立てた。それがパナマであり、厳密に言うと当時はコロンビアの統治下にあったが、ボゴタからはさらに遠いところにある地域だった。キースが購入した土地は、コスタリカにある彼のプランテーションからパナマ国境を渡ってすぐのところに位置する両国間の係争地だった。それにもかかわらず、その一帯における新しい真の権力者が誰かということについて議論はなされなかった。

キースは、アルミランテ湾とチリキ環礁の周辺にあるパナマのボカスデルトロ地域に、数千エーカーの土地を購入した。その土地はコスタリカよりも多量のバナナを産みだしたが、小生産者――その多くは中断したド・レセップスのパナマ運河建設事業で職を失った後にバナナの生産を開始した――というキースにとっての新しいライバルが出現した。間もなくキースは、その小生産者たちを強制的な経済的合理化へと導いていった。すなわち乗っ取りである。

コロンビアやパナマにおけるキースの投機的事業は、ロンドンにおける彼の見事な人脈を通じて行われていた。キースはコスタリカの負債問題のために長旅をくり返しながら、他方で自分自身が利益を得るための取引をした。しかしながら、彼がロンドンのシティで展開される男の世界へ出かけている間、キース夫人の生活は、実家のあるコスタリカで大家族とともに過ごすのと比べてはるかに孤独で寂しいものだった。彼女がロンドンのメイダヴェイル地区にあるホテルに滞在していたとき、エレベーターの床で意識を失っていたところを発見されたことがある。おそらく自殺しようとしたのではないかと思われるが、数時間も発見されなかったにもかかわらず、彼女は生き延びた。

やがてキースは、アンドリュー・プレストンのボストン・フルーツと非公式の提携関係を確立した。ボストン・フルーツが所有するカリブ海の土地では、アメリカ北部で急速に拡大するバナナの需要に応えることができなかった。キースが所有する中央アメリカのプランテーションは、ニューオーリンズ港やメキシコ湾にあるいくつかの港を通じて、あり余るほどのバナナをアメリカ南部に供給していた。キースは要求に応じて、プレストンに余剰バナナを送ったのである。

新たに成立した反トラスト法に照らしてみれば、この新しい共同事業者たちは、それぞれ別の地域において自主的にバナナを販売しないことに密かに合意したということになる。事実上、彼らはアメリカ市場を二者間で都合よく分割していた。嵐の発生する場所であり、「大西洋の墓場」と称されたノースカロライナ州のハッテラス岬に、二人はアメリカ市場を二分する線を引いていたのである。しかし、キースとプレストンは互いに調整しながら、将来に向けたより危険の少ない道を確保しようとした。騒ぎ立てはしなかったものの、市場を調整するハイエナたちが明らかに存在していたからである。ハイエナたちは、国内でよりわかりやすく目立った活動をしていた鉄道、鉄鋼、石油、金融関連の巨大企業に関心を向けていたのだった。

ほとんど行き詰まっていたキースが立っていたのは、偶然にも反トラスト法が逆流する地点であった。この法律は、会社が共謀したり、陰謀を企てたりすることはできないと定めているが、会社同士が助け合うことについては触れていない。その結果、一八九〇年代には企業合併の大波が押し寄せることになる。一八九三年の大暴落以降に数年続いた難局を、キースはますます繁栄に向かう状態で乗り切ろうとしていた。ちょうどそのとき、ニューオーリンズにある彼のバナナ会社が、経営権を引き継ぐことが困難なほど多額の借金を残して破綻したのである。

コスタリカ政府がキースのためにはせ参じ、銀行家たちに借金返済ができるよう、国庫から引き出した多額の金をキースに渡した。コスタリカ憲法の専門家はこの行為は違憲だと考えたが、実際にこれを阻止しようとする者はいなかったため、バナナ共和主義はまた一つ歩みを進めることになった。コスタリカからの援助によってキースは銀行に借金を返すことができたが、それでもキースの抱える心配事はなくならなかった。彼は日々のビジネスを進めるための現金に不足していたのである。

ニューオーリンズの海岸周辺には、たしかに企業合併の波が押し寄せていた。バナナ貿易に従事する会社の数は減り、過去には一〇〇あった小企業が、一二ほどの大企業にとって代わられた。彼らにとってキースは一番の攻撃目標となっていた。その機先を制するように、キースはつねに気にかけていたプレストンに近づいたのである。

新たに誕生したユナイテッド・フルーツは、六つの国家――コスタリカ、パナマ、コロンビア、キューバ、ジャマイカ、そしてドミニカ共和国――にまたがってそびえ立つ存在だった。この会社は、かつて海賊の黒髭やヘンリー・モーガンのたまり場だったモスキート海岸から、ドレイク一味が一五八七年に手中にした現在のドミニカ共和国の首都サントドミンゴ――ドレイクはこの地にある大聖堂に自分が横になって休むためのハンモックを吊した――まで勢力を拡大した。

それはほぼ二五万エーカー、つまり一〇〇〇平方キロメートルにのぼる巨大農園だが、耕地はそのうちの三分の一だけだった。ユナイテッド・フルーツは、つねに土地に栄養分をたっぷりと蓄えておくために、また将来的な災害に対する防衛策という意味でも広大な土地を必要とした。同時にこの会社は、土地が自らの手にあるかぎり、ライバル会社がその土地を奪取することはできないと考えていた。じつはその頃、この新しい会社はさし迫った競争相手に直面していなかったので、ライバル会社という考えはまったく非現実的なものであった。すでにユナイテッド・フルーツは、バナナ市場の四分の三を支配していたのである。

一八九九年三月三〇日、一平方インチの控えめな新聞発表が、ユナイテッド・フルーツの誕生を世に知らせた。またもやこれは、控えめに表現するというこの企業の方針を反映していた。プレストンがこの新しい巨大企業の社長に、そしてキースが副社長に就任した。これは、この合併が非友好的な乗っ取りになってしまわないように、キースが恭しくプレストンへと接近したことの反映だと受け取ってよいだろう。とは言え、彼らは互いを必要としていた。ジャマイカでは、少し前に発生したこの国の伝説的な強風が、プレストンのプランテーションを破壊していた。カリブ海の島々は他地域に比べて限られた領土しかなく、たった一度でその土地を一掃してしまいかねないハリケーンにさらされやすい。これに対して中央アメリカは、その当時は無限であるかのように思われた広大なジャングルを抱えていた。

また、この二人の職業的肩書きは、それぞれ異なった大志を抱いていたことを物語っていた。キースは鉄道業者と自称しており、熱帯のジャングルに一人でいるときほど幸せなときはまずないという男だった。今や彼は、メキシコの国境線からパナマまで鉄道を敷き、中央アメリカを「鋼鉄で結びつける」ことを心に思い描いていた。企業合併にあたり、ますます彼はその実現は可能だと考えるようになり、キューバ東部にあるプレストンの鉄道を改良するためにカリブ海を渡る計画に取りかかった。

社交的で野心の強いプレストンは、自国にとどまることを好んだ。ボストン市の「ブラーミン」〔エリート意識の強い知識層〕はこの街を支配する閉鎖的な集団だったが、プレストンはその仲間に加わることを望んでいた。何世代も前からブラーミンは存在してきた。「ワスプ」（WASP）――プロテスタントのアングロサクソン系白人――はほとんどがイングランド出身であるが、その指導的一家の一つであるカボット家は、一七〇〇年にチャンネル諸島のジャージー島から移住してきた。ブラーミンの家族はたいてい富を追求して奴隷貿易を行っていたが、中には東インド諸島へ向かう船の年老いた艦長たちを襲撃していた家族もいくつかある。別の数家族は、ニューファンドランド島のグランドバンクでトロール漁業を営むためにその周辺に居住した。そのため、「タラ貴族」（Codfish Aristocracy）という言葉がブラーミンの総称の一つとなった。ローウェル家はマサチューセッツ州に彼らにちなんで名付けられた工場街を所有し、ピーボディ家はロンドンの貧民たちに住まいを提供した。これらの家族は知られているように都合よく婚姻関係を結び、支配層を形成してきた。ジェファソン・クーリッジ一族やカボット・ロッジ一族はその代表例である。このようにしてブラーミンは、彼らの好きな食べ物の一つにちなんで「ビーンタウン」（豆の町）として知られたり、世界の中心であるという考えから「ハブ」と称されたりしたボストンの政治、経済、社会生活を仕切った。地元の有名な言葉には次のようなものがある。「まさにここが古きよきボストンです。豆とタラの町であり、ここではローウェル一族はカボット一族に語りかけ、カボット一族は神だけに語りかけるのです」。

本人はまったく気づかなかっただろうが、プレストンは好機を逸していた。彼はボストン市の海辺に多額の投資をしていたのに、南北戦争から数年後にはボストンの有力者が自分たちの集団に入ろうとするこの新参者を静かに閉め出した。批評家のサミュエル・ジョンソンの定義によれば、プレストンはかつてのブラーミンとは異なり、「遠方の国に向けて売買を行う」者であった。今ではそうした商人が「一般的な貿易業者」となっていたが、彼は利益を追求することに関して思慮のなさ過ぎる者たちの一人と見なされた。プレストンは、「間違った」時代に現れた「正しい」貿易業者だったのである。

しかし、だからといって、そのことがボストンの「古くからの富裕層」が財政的に好ましい事業を見抜く妨げにはなっておらず、彼らはプレストンの投機的な事業を支援した。そしてプレストンは、たとえどんなにブラーミン率いるエリート界とのつながりを欠いていたとしても、キースには農業に対する才覚があると知っていた。その能力がキースを「大きな草」へと向き合わせ、巨大なプランテーションを造らせたのである。これらのバナナ・プランテーションではしだいにビッグ・マイクが主流となっていき、一八九〇年代を通じてより大きく青っぽい皮をした品種がレッド・マカブや、その他のそれまで市場を独占していたはずのバナナに取って代わった。新聞には消費者がいかにその新しいバナナを好んでいるかに関する記事が掲載されたが、消費者は自らが納得したものを受け入れたのである。消費者の時代が到来するずっと前に、キースとプレストンは消費者の中に内包された力強さを本能的に理解していた。ビジネスと経済学の世界では、消費者の需要は何らかのかたちで突然高まるものだと信じられていたし、その後も長年そう信じられ続けることになる。だが、ヘンリー・フォードとの共著もある著述家のサミュエル・クラウザー[31]は、その著書『アメリカ熱帯地域のロマンスと隆盛』の中で、ユナイテッド・フルーツのこうした初期の時代をそれからおよそ二〇年後に振り返り、この会社によって発見されたのは「需要は創出されなければならない」ということだと賞賛を込めて記述している。

少年の頃、フィラデルフィアの独立一〇〇周年記念万博に展示された「ちっぽけな」バナナに魅了されたフレデリック・アップハム・アダムズは、ユナイテッド・フルーツに対する畏敬の念を抱いて自著を執筆した。彼は「バナナが揺れている巨大なプランテーション」という新しくもロマンチックな光景を読者にイメージさせた。そして、これは幻想ではなく、中央アメリカでは日常の光景であると、『熱帯地域の征服――ユナイテッド・フルーツによって行われた創造的事業の物語』という著書の中に書き留めている。「商業用バナナ」は、人間の「自然に対する完全な勝利」を象徴した。もしユナイテッド・フルーツがなければ、バナナは暗がりから表舞台に出てこなかっただろうし、すべての人々が手に入れやすいような価格で売られるほど大量に生産されることもなかっただろう。それまで需要と供給の法則は神聖なものと考えられていたから、このように市場システムに干渉できたということは、すでにユナイテッド・フルーツが超自然的な力を発揮したということになるのだ。そうだとすれば、アダムズが提案したように、需要と供給の法則は有益なかたちで疑問視されることもあり得るし、抑制されることもあり得る。

ユナイテッド・フルーツは「マシーン」、すなわち機械であり組織であった。コーリスの蒸気エンジンのようなマシーン、あるいはもしかするとアメリカ合衆国自身のようなマシーンだったかもしれない。それは「無用な動作をしない」し、「さまざまなパーツの寄せ集め」であると、アダムズは書いている。それ以前には、疫病の発生する遠方の国々が、アメリカのニューヨークやその他の大都市と結びつけられることはなかった。未開の熱帯地域はその発展過程で「文明化」されることになるのだが、当時のアメリカの国状に合わせて、その文明化の過程は行き過ぎたものになるのだった。ユナイテッド・フルーツが誕生したのは、「発明の時代」であると同時に「パニックの時代」でもあった。この時代には、「取るに足りない」無計画で無駄な競争の重圧を受けて、市場の自然な秩序は定期的に崩壊した。しかし、ユナイテッド・フルーツにはある計画があった。それは混乱の中から秩序を創りあげる「効率的な独占企業」になることだった。この会社は、資本主義を救済することこそが自らの運命であると考えていたようである。

かくしてユナイテッド・フルーツは、ただちにライバル会社の排除に着手した。かつてニューオーリンズではライバル会社が不運なキースを苦しめていたが、今度はユナイテッド・フルーツの方が彼らをつけねらうことになった。ユナイテッド・フルーツは海運会社や輸入会社を乗っ取ったり、ビジネスの世界から追い出したりした。利益を奪われたことに反発し、反ユナイテッド・フルーツを旗印とする「抵抗戦線」を結成したライバル企業もある。これらの企業の船が埠頭にやってきても、そこではユナイテッド・フルーツが利益を上げられる限界以下に商品価格を下げているため、結局これらの会社は損失を出すしかない安い値段で商品を売ることを余儀なくされた。こうして、ライバル会社が積荷を売り終えた後に、ユナイテッド・フルーツは商品価格を引き上げたのである。ユナイテッド・フルーツには価格を維持するためにバナナを腐らせても構わないほどの余裕があり、他社のバナナ販売を阻止するためには自社バナナを無料で配ることもできた。このような手段を使って、この会社はバナナ市場における自社のシェアを八〇〜九〇％まで高めた。つまり、ユナイテッド・フルーツがほとんどすべてのバナナを仕切ったのである。

コスタリカで働くジャマイカ人バナナ栽培者は、すべてをキースに売り払わなければならなかった。もし彼らがキースによって設定されたバナナの買い取り価格を嫌がれば、キースから鉄道使用料が請求されることになる。自らが有していた価格に関する自由選択権を行使すれば、結局ジャマイカ人栽培者はバナナを放置して腐らせることになるわけだ。パナマのアルミランテ湾とチリキ環礁の周辺では、キースは自社バナナをより安い値段で売ったり、農地を買いとったりすることで、小生産者をバナナ・ビジネスから追い出した。一方で、小作農のために公的に用意された安い土地の一画は、ユナイテッド・フルーツが現地で雇った弁護士たちによって購入された。彼らはその土地を自分の家族や友人の名義で買い取った後、キースへ転売したのである。

ユナイテッド・フルーツはその頃の時代精神をつかんでいた。その少し前まで、アメリカ外交は過去の歴史によってコントロールされていた。一八九三年、主にアメリカ出身者からなる大農園主の一団がハワイのリリウオカラニ女王を打倒し、この島々を併合するようアメリカ政府に求めた。このときクリーヴランド大統領は、アメリカのような反植民地主義の大国がそうした行動を取ることはあり得ないとしてこの要請を拒絶している。ウィリアム・マッキンリー大統領にはこうした良心の呵責はなく、一八九八年、ハワイのアメリカへの併合を推進した。同年、マッキンリーは一一三日に及ぶ米西〔スペイン－アメリカ〕戦争に勝利し、スペインをキューバ、プエルトリコ、そしてフィリピンからはじき出した。スペイン帝国を継承しただけのアメリカ支配に対してフィリピン人が抵抗したとき、マッキンリーは「彼らを知的に高め、文明化し、キリスト教化する」決心を固めたのである。《32》

ユナイテッド・フルーツはアメリカ国民の心と考え方を把握することに専心した。この会社が生まれてすぐにキースは、米西戦争当時にはまだ完全に整備されていなかった海軍から四隻の新しい船を借りた。それらの船はユナイテッド・フルーツの所有する他の船よりもずっと大型だったので、キースは積荷を運ぶだけでなく、料金を取って客を乗せることもできる船へと改造した。キースは熱帯地方の魅力をよく知っており、それが大衆の間で人気を博することを期待していた。この船団「グレイト・ホワイト・フリート」とともに、ユナイテッド・フルーツは「アメリカの世紀」へと突入していったのである。

一八九八年二月、現職の独裁者の暗殺を受けて、グアテマラの内閣は後継者を選ぶための非常事態に入った。このとき内閣への参入を拒否されていた人物の一人が、軍隊の長を務めていたマヌエル・エストラーダ・カブレラ将軍であった。(11) こうした状況に憤ったエストラーダ・カブレラは、後継者選びに悩み苦しむ者たちを「救ってやろう」と、引き抜いたピストルを手に激しい勢いで彼らの元へ飛び込んでいった。

ブラジルの国際的なコーヒー市場への新規参入は、コーヒー価格の急落をもたらした。その結果としてグアテマラは、負債の急増と激しいインフレーションの危機を迎えた。コスタリカと同じようにグアテマラも、コーヒー貿易からの利益を資金として、自国に鉄道を敷設しようとしていた。

鉄道は国民間の階級的、人種的隔たりを解決するために用いられる予定だった。グアテマラ人口の大多数はマヤ系インディオ〔先住民族〕であった。彼らは国の北西部の山岳地帯――インディオ高地〔先住民が多く居住する高地〕――にあるキチェ県やケツァルテナンゴ県のような貧しい地方に住んでいた。マヤ人はさまざまなコミュニティ、アイデンティティ、そして言語によって構成されているが、自分自身の心の中で自分らしさを保ちたいとの願いを抱いている点については全員が一致している。「グアテマラ」という国家は、マヤ人にとっては他者によって考案され、押しつけられた空論であった。ここで言う「他者」の大部分は体格の大きい「ラディノ」――あるいは「メスティソ」――であるが、彼らはインディオとスペイン人の混血であり、数の上では少数派である。ラディノはマヤ人を後進的で向上心のない人々と見なしていた。スペイン、イギリス、あるいはスカンジナヴィア諸国の家系出身の独裁者や、富裕なドイツ人コミュニティからなる「白人」エリート層がグアテマラを支配していた。

すでに鉄道システムは、グアテマラ西部の太平洋岸から、両大洋岸のほぼ中間に位置する首都のグアテマラ市まで到達していた。鉄道線路が東側にある大西洋からグアテマラ市に近づいてくるにつれ、コーヒー貿易で得た資金は払底していった。ついに鉄道工事は、目的地まで六〇マイル手前のエル・

ランチョという町のごく小さな居留地のあたりで止まってしまった。そこでエストラーダ・カブレラは、この工事を完遂させるためにマイナー・キースを招聘したのである。

鉄道はその時代でもっとも高度な技術を必要とするため、鉄道を完成させることはグアテマラにとって自らの運命を決する重要なステップとなるのだが、これに対してキースの提示した工事の条件は比類のないものだった。彼はあからさまに現金を要求するよりも、むしろそれと同価値のバナナを栽培しうる土地だけを求めた。キースの計画は、グアテマラ人にとっては友好的に感じられたのである。コスタリカでもそうだったように、バナナが鉄道事業をめぐる損失を埋め合わせた。キース以外の外国の請負業者は、単に鉄道を敷設する方法に熟練しているだけで、キースのように包括的な工程を提示することはできなかった。最後の報酬としてキースは、工事完成後の一〇年間にわたって大西洋側鉄道を運営し、そこから利益を得ることになった。その一〇年が過ぎた後、少なくとも原則として鉄道はグアテマラ人の管理下に置かれるはずだった。

キースの影響力は本国アメリカで見逃されることはなく、『ニューヨーク・タイムズ』紙はその見出しで「アメリカ人がグアテマラで勝利」と書いている。莫大な量のブラジル産コーヒーが世界に流通していたために経済破綻していたグアテマラでは、キースと契約した一〇年間が経過しても大西洋鉄道の経営を引き継ぐことができるほど満足に経済が回復しそうになかった。最終的にこのきわめて重要なインフラストラクチャーは、管理義務の不履行を理由に、キースとユナイテッド・フルーツの手に渡ることになる。

契約が交わされ、鉄道敷設のために三年間の工事期間が認められたが、精算日はすぐにやってきた。

この鉄道事業には、大雨、洪水、そして労働問題がつきまとった。エストラーダ・カブレラ大統領は、労働者を強制的に招集することができる旧法を復活させた。その労働者の多くはインディオ高地の出身であり、しばしば隆盛していたコーヒー・プランテーションへと差し向けられ、湿気のある東部低地で病に冒されたり、死亡したりする者も少なくなかった。そうなりたくない者は隣国のベリーズへ逃亡した。キースはアメリカ出身のアフリカ系カリブ人だけでなくジャマイカ人も雇ったが、エル・ランチョからの鉄道延伸工事は予定より遅れることになった。彼は契約された三年の期限の延長を要求した。

エストラーダ・カブレラは国家的行事を仕切る独裁者として自らの役目をしっかりと果たそうとしており、外国の企業と対立している現状からではなく、むしろ自らの内閣がますます成功するための戦略という見地から、その問題を力ずくで解決しようとした。彼はキースとの大西洋鉄道工事契約を解除し、別の工事請負人を呼び寄せてもいいと考えていた。イギリスやフランス、そしてドイツには、この工事に関心を持つ鉄道敷設業者がいたからである。だが、それでもまだ大統領には疑問が残った。彼らの中にバナナについて知っている者がいるだろうか。

キースに指名されたグアテマラにおける代理人、パーシヴァル・ファークアーがこの件を担当した。キューバにあるプレストン所有の鉄道を改修していたとき、キースは他社で働いていたファークアーと出会った。ファークアーは交渉の場において説得力のある言葉で語りかけていた。ファークアーがハバナ市の市電を電化する契約を勝ち取った後で、その批判者たちが賄賂や誘拐未遂のような策略をめぐらせたかどで彼を告訴したこともある。グアテマラでのファークアーは邪悪な手段に訴えることを以前より控えていたが、それはキースがコスタリカで偶然に手がかりを得たもっと簡単な策略があったからである。それは多くの多国籍企業の一般的な武器の一つでもあろう。つねに会社というものは、自らが留まっている国がどのような国であろうと、そこから立ち去るという選択肢を持っている。つまりファークアーは、単純にキースとユナイテッド・フルーツがグアテマラから撤退してしまうぞと脅したのである。

ある朝、ファークアーが荷物をまとめ、朝食をとるためにグアテマラ市中心部にあるホテルのロビーから出かけようとしたまさにそのときだった。国の至るところに張りめぐらされていることで悪名高いエストラーダ・カブレラのスパイが、ちょうどその街区周辺にあった大統領官邸へ戻ってくるようにファークアーに伝言したのである。その日の正午に大統領と面会する手はずが整えられた。

一九〇四年に署名された計画において、ユナイテッド・フルーツはその条件をはっきり定めている。それによるとキースは、グアテマラの大西洋側に敷かれる鉄道を完全に統制した。これには全車両、駅、電線に加えて、建設されたばかりの大西洋港であるプエルト・バリオスも含まれた。これらすべてはグアテマラの国費で建設されたものである。ユナイテッド・フルーツは新たに広大なバナナ栽培地を獲得した。話題にするほどの税金を払うこともなかった。どうやらグアテマラ政府は税金の査定方法を知らなかったようだ。政府はこの会社の帳簿を閲覧する権利をすべて放棄したのである。

間もなくユナイテッド・フルーツは、グアテマラの太平洋側の鉄道も支配下に置くことになる。当時の鉄道所有者たちは、喜んですべてをこの会社に売り払った。なぜなら彼らは、グアテマラの太平洋側の地域に多く居住している経済的な大打撃を被ったコーヒー生産者から、ほとんど鉄道使用料を徴集することができなかったからである。将来的にはいかなる生産者――グアテマラ西部のコーヒーやその他の生産品を手がける者だろうが、大西洋岸にごく近い東部のバナナを扱う者だろうが――も、ユナイテッド・フルーツによって決定された料金でキースの鉄道を利用することになる。事実上この会社は、グアテマラの経済生活のほとんどを主導していた交通・輸送手段の実権を握ったのである。

合意の後すぐにファークアーは、ビールを飲み夕食をとりつつ集まった寡頭政治家たちにその経緯を説明するために、ドイツ公使館へ招かれた。飲物をふるまわれた寡頭政治家たちは、口々に自分たちの大統領が国民の利益を守ることができなかったことを激しく非難した。賄賂は要求されなかったとファークアーがしらふで主張すると、出席者からは爆笑が湧いた（賢明にもこのドイツ公使館での夕食会に出席しなかったエストラーダ・カブレラは、後日、自分の名声を守ってくれたファークアーに感謝した）。

陽気なドイツ人たちは調子づいていたが、結局のところ本当に笑われていたのは自分たちであるとわかった。エル・ランチョから六〇マイルの鉄道欠落部分を穴埋めするために、かつてのグアテマラにおけるエリート支配層だった彼らとその仲間たちは持っていた権力のほとんどを失ったのである。工事契約に関しては、ほぼ賄賂は必要とされなかった。比較的少額の報酬が大統領の手に渡ったことは明らかになったが、それは飲物一杯の価値にしか相当しない鉄道の株券が数株だけだった。エストラーダ・カブレラの判断では、グアテマラには鉄道が必要であり、ユナイテッド・フルーツだけがそれを準備するための方策を持っているとされた。それから後の二〇年間の大部分においてエストラーダ・カブレラとユナイテッド・フルーツは、どのように国家を運営するかという点で幸福にも見解の一致をみることになった。

この合意から五〇年後、ミゲル・アンヘル・アストゥリアスは、小説『緑の法王』の中で架空のアメリカ人鉄道事業家によって画策された契約について描いている。アストゥリアスはその人物をジョージ・メイカー・トンプソンと名付けているが、これはどうもマイナー・クーパー・キースのことだと解釈してよさそうである。グアテマラでの大胆な行動により、キースはなおいっそう社会的地位を高めた。彼は熱帯の森林地帯を開拓してプランテーションを生み出す鉄道敷設業者から、現地国で政府を樹立することもできる「緑の法王」へと出世したのである。

第5章　バナナマン

マイナー・キースとアンドリュー・プレストンが二〇世紀初頭にユナイテッド・フルーツ帝国を創りあげたのだとすれば、それに続くこの会社の約五〇年間にわたる運命と発展はサム・ゼムライの手に握られた。(12)

一八七八年に生まれたサミュエル・ズムーリ（Samuel Zmurri）は、ロシアに併合された黒海沿岸のベッサラビアで育てられた。今日、この地域はモルドバとルーマニアの領土となっている。一九〇三年、彼の住んでいたキシニョフ〔キシナウ〕市でロシアが最悪のポグロム〔ユダヤ人に対する集団的迫害行為〕の一つとされる行動をとったため、ロシア系ユダヤ人は自分たちのコミュニティを防衛するための最初の反乱を起こしている。この事件が起こる一一年前、一四歳だったサムは、叔母とともにニューヨークのエリス島に到着した。そこでアメリカ移民局員がサムの名前を聞き間違えたうえに綴りを誤ったため、後に彼の元には新しい名字が届けられることになった。彼とその叔母はアメリカ南部へと進み、いくつかの記述によると彼の叔父が雑貨屋を営んでいたらしいアラバマ州のセルマ市へとやってきた。しばらくの間ゼムライは、一三〇マイル離れたメキシコ湾岸に面するモービル市の港に働きに行っており、そこでバナナ輸送船のデッキをモップで掃除していた。その後、主に叔父が出資したわずか一五〇ドルの資金を使い、彼は鉄道貨車を十分に満たしてしまうほどのバナナを買った。ところが彼はバナナの熟成具合を見誤ったため、セルマ市へ戻ってくる前に暑さでそれらを腐らせてしまう危険に直面した。ゼムライは二、三束のバナナを渡して鉄道警備員を説得し、まだ新しい発明品だった電報を使わせてもらい、商売人たちに鉄道に沿って設置されている駅へやってくるように指示した。こうして彼はバナナをすべて売り払い、三五ドルの儲けを手にして帰宅したのである。

バナナの「熟成」とその危険性への対処は、ゼムライの得意とするところだった。まだ一七歳だった一八九五年、ゼムライはニューオーリンズ市の海岸でバナナの競りを行っていた。「五〇束だ、俺は五〇束買うよ！」。彼はロシア風だともルーマニア風だとも言われるきついなまりで話した。彼が人目を惹きつけた主な理由は、六フィートを超える一九〇センチメートルもの長身のためだった。ゼムライは大会社が欲しがらない熟れ過ぎのバナナ――彼はこうしたバナナを安く購入したり、ときにはただでもらったりした――を取り扱った。彼は熱狂的な「バナナマン」であった。彼はバナナをすばやく買い上げ、すばやく売りさばき、すぐに大企業の利益を侵食し始めた。

彼はアメリカ南部で快適に暮らしていた。反ユダヤ主義は一般的な傾向だったが、肌の色による差別の方がそれよりもずっとひどかった。バナナ売買において突出していたイタリア人もまた、偏見にさらされていた。バナナが疫病をもたらすのではないかという恐怖が、反イタリア人感情をかき立てた。はるか北に位置するイリノイ州においても、黄熱病が発生していたときにはバナナを積んだ列車とイタリア人乗務員は通過を許されなかった。

すぐにゼムライは金を払って母親、祖父母、そして六人の兄弟姉妹たちをアメリカへ呼び寄せた。

彼は成功を成し遂げた典型的な移民であった。低い身分の人間が「自分自身の力で」それを達成したというわけである。しかし、彼は困っているマイナー・キースを友として助けたように、じつに抜け目のない男でもあった。ゼムライは冒険的な投資によって現金不足に陥っており、一八九九年にユナイテッド・フルーツが創設されるとすぐに、自社株の六〇%、つまり彼の会社を完全に支配できるだけの株式をユナイテッド・フルーツに買ってくれるよう提案した。

ゼムライは、ユナイテッド・フルーツが進出したがっていたホンジュラスにねらいを定めていた。ユナイテッド・フルーツはホンジュラス湾岸諸島からのバナナの海上輸送を独占していたが、そのほとんどはホンジュラス本土産のバナナであったため、自らそれを生産したがったのである。ホンジュラスにおけるバナナの生産量は中央アメリカのどの国よりも多く、それは主にアトランティダとして知られる北部海岸地帯の一〇〇マイルにも及ぶ地域で働くホンジュラス人やイタリア人の小自作農によって作られていた。この地域は、特にプエルト・コルテス港の海岸にある砦の周辺を中心に、にわか景気に沸いた。鎌のような形をしたその岬にある港は、商魂たくましい特殊なタイプの人々を惹きつけた。ホンジュラスの多様で途切れがちな鉄道敷設計画に何年も従事したアメリカ人技師、フランスのマルセイユ港からやってきて堕落した人生を歩む売春婦、そしてアメリカの法から逃れるためにやってきたろくでなしなどである。

ユナイテッド・フルーツからの資金提供によって、ホンジュラスのバナナ産業は合理化されていった。生産者たちは「艀《はしけ》」にバナナを乗せて水上に浮かべ、櫂《かい》を使って人力で推進する伝馬船でそれをウルア桟橋に錨を下ろしている大きな船へと運ぶ。このときバナナはすでに茎から切り離されて数日経っているので、メキシコ湾を渡ってきて進行を妨げる向かい風がバナナに損害を与えかねない。そのため、投資を受けたテラとトゥルヒージョのような小規模の居留地が、バナナ輸送船が寄港するための完全な一人前の港として開発されるべきであった。

バナナマン・ゼムライは、海岸周辺部から内陸部へと進出した。彼は流ちょうなスペイン語を習得した。彼は生産者によい対価を支払い、大物の商人がそうするようにバナナの品質に関してつべこべ言うこともなかった。この手の商人は、自らが買い取りを拒否した荷物をたくさん積んだ艀を自分たちの船から追い返すのが習慣となっていた。対してゼムライは敏速にバナナを買い取り、それをすばやく運び出した。彼は不定期の蒸気貨物船の運行を開始し、やがてユナイテッド・フルーツの支援を受けて、リヴァプールとブエノスアイレスの港を結ぶその当時最速の貨物船を二隻運行させた。すぐにゼムライは、自分自身のプランテーションを手に入れたくてたまらないという思いにとらわれた。

サム・ゼムライは手にした仕事にとても熱心に取り組むのだが、後のことについて注意深く考えないタイプだと言われていた。個人的な記録が残されていないので、彼の人生の前半部はあまりよくわからない。劇作家のアーサー・ミラー《33》は、戯曲『セールスマンの死』の中で、ウィリー・ローマンの兄ベンの幽霊のような声を通して、ゼムライについて語っている。ベンは次のように言う。「私は一七歳でジャングルに入り、二一歳のとき、神のおかげで金持ちになった」と。

ユナイテッド・フルーツは一九〇三年に初めて大打撃を受けた。それはパナマのプランテーションが、その国名を冠した病気に襲われたときのことだった。厳密に言えば新しかったのはこの病気の方ではなく、ユナイテッド・フルーツが創設した大型のプランテーションの方だった。小規模の区画された土地や耕地においては、あるいはジャングルにバナナが散在する状況においては、パナマ病はどこにも行く場所がなくなって死滅してしまう。ユナイテッド・フルーツの巨大プランテーションは、この病気が流行する地理的な誘因を増長させていたのである。すぐにパナマ病はコスタリカとの国境を飛び越え、北上してニカラグア以北へと広がっていった。

また同年、ユナイテッド・フルーツやアメリカの観点からすると、パナマにおける土木開発事業の進展が見られた。アメリカの後援を受けたパナマ人反乱者たちが、コロンビアからの独立を宣言したからである。コロンビア人はこれとは違った見方をしていた。彼らは自国の進むべき方向性を決するために中央集権主義者と連邦主義者の間で戦われた「千日戦争」（一八九九〜一九〇二年にかけて与党の保守党と野党の自由党の間で戦われた内戦。一〇万人以上の死者が出た）にかかりきりであり、パナマは自分たちから離れて我が道を行くのだと考えていたようである。

ホワイトハウスには、前ニューヨーク知事のセオドア・ローズヴェルト(13)大統領がいた。一八九八年、ローズヴェルトは米西戦争の英雄としての役割を果たすという国家的職責のために時間を割いた。キューバでは、彼は「ラフ・ライダーズ」（〈荒馬乗りたち〉という意味。第一合衆国義勇騎兵隊の愛称でもある）と呼ばれる軍隊を率い、サンフアン高地を猛攻撃して勝利した。一九〇〇年、彼は帰国して大統領選挙でマッキンリー大統領の副大統領候補となり、翌年にマッキンリーが暗殺されると政治的指導力を発揮するようになった。死去した前大統領はアメリカを帝国の道へと向かわせており、テディ・ローズヴェルト（〈テディ〉は彼の愛称）はその冒険を継承する決心を固めたのである。

パナマを横断する運河の建設工事を再開するように、ローズヴェルトはコロンビアに対して強く迫っていた。それが太平洋と大西洋の間をアメリカ海軍の軍船がすばやく移動するための重要な航路となるからである。アメリカのその地域への干渉が強まることを恐れるコロンビアは、パナマにおける水路の完成を躊躇していた。

それでもやはり、ローズヴェルトはこの件に干渉した。一九〇三年末に起こったパナマ人の「反乱」は、そのおよそ六ヶ月前、アメリカの新聞上での公告によってすでに伝えられていた。この反乱が勃発すると同時に、アメリカ海軍は湾岸地域にコロンビア軍を近づけないように準備を進めた。ユナイテッド・フルーツの艦隊までが、反乱者を支援して物資補給するために出航した。この戦いが最小限の規模で終了したとき、パナマは自国の独立と同時に〔アメリカの運河地帯での支配権を承認するというかたちで〕その独立の放棄を宣言するという、じつに珍しい国家の事例として歴史に記録されることになった。

このような事態になっても、パナマを横断する運河はユナイテッド・フルーツにとっては重要ではなかった。この会社のプランテーションは、将来的に運河が建設される場所からはるか遠くの北東部にあったからだ。ユナイテッド・フルーツにとっては、造られる運河の近くにあるパナマ市から厳しい陸上運送路をたどるよりも、ボストンから船で自社プランテーションにたどり着く方が簡単だったのである。後にパナマ運河はカリフォルニア州へ行くのに役立つ交通路となるのだが、この時期のカリフォルニア州はユナイテッド・フルーツにとっては他州と比較して未開拓の市場だった。

運河計画はすぐにローズヴェルト大統領とユナイテッド・フルーツの間のすさまじい衝突へと発展

した。大統領は疫病の発生する熱帯の環境で喜んで働く者は誰もいないと考えていたので、キースがジャマイカ人労働者を雇用した先例に倣おうとした。しかしながら、キースもグアテマラの鉄道工事にジャマイカ人労働者を必要としていたので、ジャマイカのイギリス人に対して、ジャマイカの人々がパナマのような「酷い場所」に行くのを止めさせるよう働きかけた。ローズヴェルトはこのキースの反逆に憤慨した。

それ以前のユナイテッド・フルーツは、アメリカ政府の眼中にはなく、意識もされていなかったが、このとき突然にアメリカ政府の視界に入り込んできた。この会社は通常の商業的慣行を逸脱し、政府の「戦略的利害」の領域に踏み込んでしまったのである。

ローズヴェルトのユナイテッド・フルーツへの対処方法はじつに狡猾だったと言えよう。彼は自身の考え方そのものがふたたび人目にさらされていることを知っていたので、この会社がアメリカの帝国的使命の実現を邪魔して立ちふさがっているなどと安易に主張するわけにはいかなかった。パナマにおけるローズヴェルトの暴力行為は多くの批判的な新聞から注目を浴びており、彼を貧しく小さいコロンビアにのしかかる丸々と太った「ラフ・ライダーズ」の一人と表現する風刺画も掲載された。そこに描かれた彼は、アメリカには他に取るべき行動の選択肢がないのだと怒鳴り散らしている。「運命によって私たちに下された決定だ」というのである。こうした批判に続いてジョゼフ・コンラッドは、一九〇四年に発表した小説『ノストローモ』の中で、登場人物の一人として風刺画に描かれたローズヴェルトに共鳴するかのようなアメリカ人の大資本家を描いている。「世界が好むと好まざるとに関わらず、我々は世界のビジネスを動かすことになるだろう……世界がそれをやめさせることはできない……そして、それは我々にもできないと思うのだ」。

しかし、いわゆる「棍棒外交」で知られる対外強硬派のローズヴェルト大統領は、ユナイテッド・フルーツを攻撃するための別の棍棒を持っていた。ニューヨーク知事だったとき、彼は「トラスト・バスター」〔トラスト破壊人〕と評されていた。彼は一八九〇年代に制定された新しい反トラスト法を熱心に取り入れて、独占的行為を行っている大企業を攻撃したのである。今やそのときと同じ行動をくり返す好機だった。ユナイテッド・フルーツを何としても戒めようと、ローズヴェルトはこの会社に反トラスト法調査員を差し向けた。

通常、キースが熱帯地域に滞在してアメリカを留守にしている間、アンドリュー・プレストンがアメリカ側の敵意から自社を防御する責任を負っていた。プレストンは回避行動を取りながらアメリカ政府の敵意を和らげた。その少し前にユナイテッド・フルーツは、サム・ゼムライの会社を含むいくつかの企業の経営権を獲得していたが、経営そのものは日毎にキースとプレストンの手を離れていた。そこでプレストンは、買い取った会社の経営権をふたたび元の所有者に買い戻させる手続を行った。イタリア人を経営者としてホンジュラスを中心に操業していたその中の一企業は、ユナイテッド・フルーツのライバル企業となるには小規模であったにもかかわらず、野心的なことにスタンダード・フルーツと名乗った。ゼムライの会社も買い戻されることになるのだが、彼はユナイテッド・フルーツの株式を買うための現金に不足していた。そこで彼はユナイテッド・フルーツに借金をし続け、未公表ではあるがその提携企業となった。

一九〇七年は、サム・ゼムライとユナイテッド・フルーツ双方のホンジュラス進出の野心が大きく打ち砕かれた年だった。ホンジュラスの大統領であり独裁者であったマヌエル・ボニージャ[34]将軍が打倒されたのである。彼はホンジュラスの大西洋海岸地帯で操業し、繁栄していた外国人事業家コミュニティの友人だった。ニカラグアのブルーフィールズを始め、グアテマラ、コスタリカ、パナマに交易所を設置していたマイナー・キースのような中米海岸地帯における開発の先駆者とも交流したが、とりわけゼムライと親しい関係にあった。

ボニージャ大統領には、このような商才のある人材の保護とひき替えに十分な報酬を得ているという噂があった。それはボニージャの権力と地位に対する謝礼として、当然支払われるべき単なる贈り物であると考える者たちもいたが、批判者たちはこれを賄賂だと乱暴に騒ぎ立てた。ホンジュラス国軍内部から起こった反乱は明確な反ボニージャ戦線を結成し、南の国境線を越えて侵攻したニカラグア軍の後押しを受けつつ、一九〇七年にボニージャを強制追放したのである。アメリカの小型砲艦がボニージャを密かにホンジュラス国外へと連れ去り、すぐに彼はニューオーリンズ市に姿を見せた。この街のヴューカレ地区のバーやその他の娯楽施設あたりで、彼はグレーの髪に口ひげを生やした初老のよく知られる顔となった。

ホンジュラスとニカラグアの二国は、大西洋岸沿いで活動する外国人ビジネスマンに関して異なる意見を持っていた。ときとしてこれらの国外在住者たちは、その海岸地域がまるで一つの独立国家であるかのようにふるまいたがっているように見えた。

大西洋側が「グリンゴ」〔アメリカ野郎〕の企業によって好きなように利用されてもよいかどうかに関して、ホンジュラスでは異論があった。たとえば、鉄道を敷設する場合、その地域には数十マイルの線路が敷かれることになるが、それらは地元にある曲がりくねった河川の進路をなぞることになる。アメリカ人鉄道業者のジョン・C・トラウトワインがこうした路線の多くを敷設した。トラウトワインに対してホンジュラス人は、首都テグシガルパに到達するよう内陸部へ向かって線路を敷くことを依頼したが、その際に彼に対して一マイル毎に報酬を支払うという失敗を犯してしまった。彼は首都に達する急斜面での工事を慎重に避けながら、海岸の平地だけに曲がりくねった線路を敷いた。契約金が使い果たされると、トラウトワインは大金を抱えて帰国してしまった。そして彼は、「永遠なる道」を築くための技術に関するベストセラーのマニュアル本を執筆しさえした（彼の著書を読んだ者は多くいても、彼を真似た者はほとんどいない。世界の鉄道はほぼ標準軌か狭軌のどちらかで敷かれているが、トラウトワインは「粗悪軌」と呼ばれた独自の規格だった）。

このトラウトワインの計略のせいで、テグシガルパ市はホンジュラス高原地帯に取り残されてしまった。テグシガルパは三つの峰に取り囲まれ、月明かりの照らされた夜に教会の鐘の音が優しく響き渡るじつに心地よい都市である。だが、ほとんど一国の首都には見えないような都市と化してしまった（現在、この都市は世界でもっとも治安の悪い都市の一つとして知られるようになっている）。

対外交易の運営に関してユナイテッド・フルーツは、すぐにふたたび過激なやり方へと回帰した。ヨーロッパにおけるビジネスが上り調子となっていた一九〇三年、ユナイテッド・フルーツは、ハリケーンによってジャマイカのプランテーションに酷い被害を被っていたイギリス企業のファイフスが所有する同社の株式を半分買い占めた。ファイフスはイギリス市場にバナナを供給していたうえに、カナリア諸島にはプランテーションを所有していた。一九一〇年、ユナイテッド・フルーツは、この会社の完全なる経営権を獲得した。

　これと時を同じくして、カリブ海諸島が問題となっていることが明らかになった。その島々には小自作農がたくさんおり、ユナイテッド・フルーツの基準からすれば非能率的な生産様式を採用していたが、それでも自らのバナナ商業にとっては目障りな存在であった。しばしば小自作農たちはユナイテッド・フルーツの高圧的なあり方について自国の政府へ苦情を訴えた。そのためキューバにおいてユナイテッド・フルーツはバナナ栽培を中止し、その代わりにサトウキビを植えた。こうして、この企業のバナナ生産は、キューバの西側にある中央アメリカのより開放的な空間へと移っていき、その傾向は以後も続くことになる。

　ユナイテッド・フルーツは、パナマでの争いにも出かけていった。その地はコスタリカとの国境紛争が起こっていた場所の近くだった。それはじつに簡単にユナイテッド・フルーツの領土であると見なせる地域だったにもかかわらず、アメリカのライバル企業の中にはそのように見なさないと決めた企業もあった。挑発的なことにアメリカン・バナナ（ABC）と名乗った企業が、コスタリカとの国境沿いの、ユナイテッド・フルーツのプランテーションに近いパナマ領で商売を始めようと企図したのである。ジャングルを見事に切り拓き、鉄道を敷いたABCは、しかしながら、パナマの一般情勢に関する下調べを怠っていた。ある日、コスタリカ軍が現れてABCを追い出し、そのすべての資産をユナイテッド・フルーツへ譲渡したのである。

　ABCはアメリカ国内で法的な救済を模索し、そのチャンスは十分あるように思われた。一九〇九年、アメリカの政権はテディ・ローズヴェルトからウィリアム・タフト大統領へと引き継がれており、タフトには大企業による弱い者いじめに厳しく対処するための準備があった。事実、一九一一年にはスタンダード・オイル社が解体させられることになる。だが、ユナイテッド・フルーツはどうだろうか。タフトはオハイオ州出身の弁護士だった。彼はけっして大統領職を欲してはおらず、ホワイトハウスを去って自宅へ戻る日を待ち望んでいたと言われている。彼は外務にはほとんど関心を持っておらず、ましてや中央アメリカが置かれている特殊な状況には興味がなかった。こうした背景を持つタフト政権に働きかけて、ABCは何とかユナイテッド・フルーツを最高裁判所へ引きずり出そうとした。ところが、この申し立ては却下され、遠隔地で起こっているそのような企業間の小競り合いは、アメリカの法の「管轄外」であるとの判断が下されたのである。

このときユナイテッド・フルーツは、今こそもう一度ホンジュラスで攻勢に出るチャンスだと感じた。パナマ病は中央アメリカを横断してますます拡大しており、ついにグアテマラにまで達していた。ホンジュラスだけが、この疫病を免れている唯一の主要なバナナ生産国だったのである。

マイナー・キースは、彼の十八番をしっかりと手にして、勇んで出かけていった。すなわち、ホンジュラスのための鉄道敷設事業である。それにより、ホンジュラスはテグシガルパに到達する鉄道を手に入れ、人々は事実上どこでも行きたいところへ行けるようになり、キース自身もこの国の広大な土地を手中にするというわけである。しかしながら、そのときまでにホンジュラス人たちは、その結果として自国がどうなるのかを判断しうるコスタリカとグアテマラの実例を知っていたため、キースの申し出を断ったのである。

それゆえユナイテッド・フルーツは、一九一〇年、ホンジュラスへの別の接近方法を選んだ。サム・ゼムライが突如としてホンジュラスにやってきた。ある意味で自分自身の任務を行うためでもあった。ゼムライはふたたびジャングルに戻り、自分自身でバナナを生産して大金を手にすると決意していたのである。ところが彼はユナイテッド・フルーツに多額の借金をしており、借用書だけで自分の会社を買い戻させてくれたユナイテッド・フルーツへの返礼として秘密裏に同盟関係を結んでいた。

ゼムライは投資用に二〇万ドルを準備しており、その中にはモービル、ニューオーリンズ、そしてニューヨークから調達してきた資金も含まれていた。その他の資金は「二次的な金融業者」から調達されたものであり、五〇パーセントもの利子が課せられるような搾取的貸付であった。彼は広大な処女地を購入し、普通税の割引を求めるためにテグシガルパ市へ向かった。税の割引なしでは、ジャングル開拓の仕事も、排水路と潅漑路の整備も、鉄道と労働者用住居の建設も、そしてバナナ生産に関わるその他諸々の仕事も、すべて不可能になってしまうと主張したのである。

交渉にあたったこのバナナマンやユナイテッド・フルーツから見れば理解しがたい何らかの理由により、ホンジュラスはその申し出を断った。特に当惑したのはゼムライであった。彼はまさしく財政的破綻に直面していたのである。

オー・ヘンリー(14)は、唯一の長編小説『キャベツと王様』（一九〇四年）の中で、初めて「バナナ共和国」という言葉を使用した。この人気があって多作のアメリカ人短編小説家は、ホンジュラスをイメージ化したアンチュリアという「近海のバナナ共和国」について言及している。彼はその国を人なつこい先住民たちや、主にアメリカ合衆国出身の愛すべきゴロツキたちの住む場所だとしている。

オー・ヘンリーは港町のプエルト・コルテスに住んでいたことがあり、実際にこれらのゴロツキたちに出会っている。彼は法の網をくぐって逃亡中であり、後に彼は事務員として働いていたテキサスの銀行における資金横領の罪と向き合うためにアメリカへ戻ることになる。彼は三年にわたって刑務所で服役したが、その後になって彼の罪は犯罪というよりは簿記上の誤りであったことが示唆されている。オー・ヘンリーが『キャベツと王様』を書き上げ、その中の登場人物たちに対する寛大さを表していたとき、彼自身も彼らと同じような罪からの救済を模索していたのである。

オー・ヘンリーはその小説の結末で、「ヴェスヴィアス・フルーツ」という企業にお膳立てされたアンチュリアでのクーデタ事件について記している。この企業について彼は、穏やかな批判ではあるけれどもそのすべてを理解している語調で、「人をたしなめる笑顔をたたえながら永遠に立ちはだかり、アンチュリアを優等生のクラスに閉じこめて指導し続けるのにまったく苦労しない権力者」と書いている。そして、そのクーデタにはもっともらしい理由があった。つまり、独裁者を追放するという行為はヴェスヴィアス・フルーツからの贈り物であり、正しい人間が独裁者にとって代えたのは、誰に対しても最大の利益をもたらす人物だったというのである。

この物語は読者に広く浸透した。中央アメリカにおけるユナイテッド・フルーツとアメリカ合衆国の役割を肯定するこの当時の一般的見解を発展させていったのはアメリカの世論だとしても、その枠組みを形成する役割を果たしたのはオー・ヘンリーであった。

プエルト・コルテスで、彼はルイジアナ州バトンルージュ市近くの綿花農園主の息子であるリー・クリスマス[15]のような人々と出会った。クリスマスはジョン・C・トラウトワインの鉄道に列車を走らせるためにホンジュラスへやってきたが、合図と旗に大きく依存する仕事にあって彼の色覚障害は不利に働いた。彼は傭兵へと転職し、その才能を発揮したうえに、尋常ではない幸運も手にした。ある反乱において、クリスマスは敵の捕虜となり、最前線で戦う部隊の前に引き出された。彼は処刑前の最後の願いを聞かれ、「俺の死体を埋めないでくれ」と答えた。「そうすればハゲタカに喰われてクソになった俺が、お前たちの頭の上に降りかかるからさ」と減らず口を叩いたそうだ。クリスマスを捕えていた者たちはその態度に感心し、おそらくは処刑する気が失せて、彼を解放したのだった。

　クリスマスはボニージャ元大統領のために働いていたが、今や追放される身となった。以前の彼は将軍に取り立てられ、祭日にはパリで仕立てられた濃紺の制服を着用して白馬にまたがっていた。彼はボニージャ元大統領の警備隊長としてテグシガルパに住んでいた。文書によると、クリスマスは一度ボニージャに対する陰謀を未然に防止し、議会を激しく攻撃して数人の議員を逮捕し、収監している。しかし、彼にとっては、汗ばむ気候の海岸にいる方が気楽だった。ユナイテッド・フルーツが雇っていた者の中には、ニューオーリンズ市出身のガイ・〝マシンガン〟・モロニー〈35〉もいた。モロニーは、世紀転換期の南アフリカで勃発したボーア〔ブール〕戦争の間、イギリス人とともに戦うために現地へ向かった。二度負傷し、一度は致命傷を受けて帰国せざるを得ない状況にありながら、彼は矢継ぎ早に起こっていた中央アメリカの革命運動に加わるために自らの情熱を売り込んだ。クリスマスとモロニーの二人はそうした戦いを好んでいた。彼らにとって問題だったのは、自分たちに融資してくれる人物を見つけ出すことだけだった。

　一九一〇年、サム・ゼムライが二〇万ドルを元手にホンジュラスでジャングルを開発するという夢を実現させたとき、彼の提示した減税の要求を完全に拒絶したのはホンジュラス人自身ではなかったことが明らかになった。単にホンジュラスはアメリカ政府によって描かれた筋書きにしたがっていたにすぎない。ユナイテッド・フルーツとゼムライが次に行うべきは、自国の政府に対して戦争を仕掛けることであった。

　ボニージャ元大統領を退けた革命や、鉄道業者のトラウトワインを金持ちにしたような謀略によって、ホンジュラスはとりわけヨーロッパの銀行家に対して巨額の負債を抱えることになった。アメリカ政府は、そうした銀行家たちの母国が利益を求めてホンジュラスに軍事介入し、金銭を徴集したりしないかと恐れていた。

　この脅威を未然に防ぐために、アメリカは当時実行中だった「ドル外交」の一部としてある計画を思いついた。アメリカ政府に任命された評判の高い代理人たちがホンジュラスの関税局を支配し、現地国の完全なる同意のもとで税収入を最大化させ、借金返済のための資金を捻出させようとしたのである。事前に定められた高価な報酬とひき替えにこの代理人たちは、外国の銀行家やその他の債権者に借金を返済し、彼らがホンジュラスに対する攻撃的な干渉を必要としないように画策した。この計画はタフト大統領を支える国務長官であり、外務専門家であったフィランダー・ノックスの手によって行われたので、「ノックス計画」と呼ばれた。

　ホンジュラスの関税局で仕事を始めるように命じられた評判の高い――万人にそう見なされていなかったとしても――代理人が、銀行家のＪ・Ｐ・モルガン《36》だった。ゼムライが税金の免除を要求したとき、彼の申し出を拒絶したのはモルガンだったのである。銀行家としての彼は、ホンジュラスの国家財政を組織化するという重要な目的を持っていたため、ジャングルを開拓してプランテーションを作るなどという現実味のない計画には耳を貸さなかったのである。

ゼムライはこれに激しく反発した。たった一人で頑張っている起業家が「卑劣なトラスト」の手で破産させられようとしていると、彼は主張した。自分はアメリカの企業精神を体現しており、「J・P・モルガンのお気に入りの息子」たちとは違うのだとし、「いまだかつてモルガン氏と会ったことはない」と憤った。彼はロビイスト〔政府の政策に影響を及ぼすことを目的とする私的な政治活動家〕を送りこみ、国会議事堂内を歩き回っている人物と片端から面会させた。ゼムライ自身もワシントンを訪れ、ノックス国務長官へこの件を直談判した。ゼムライがノックスに会ったという記録は残されていないが、ゼムライによれば、会合を通じて二人の意見は一致したという。ノックスはゼムライが次に起こそうとしていた行動にうなずいて同意さえしたというのだが、その行動はノックス計画を荒っぽく中断させることにつながるので本当のこととは信じがたい。バナナマン・ゼムライは船を購入し、それにたくさんの傭兵やゴロツキたちを乗せ、アメリカ政府が支持するホンジュラス政府そのものを転覆させることを計画したのである。

ボニージャは亡命先であるニューオーリンズ市の自宅で待っていた。彼と一緒にいたのはクリスマスおよびマシンガンを持たぬモロニーであり、彼らはアメリカの秘密諜報機関によって監視されていた。ゼムライは「ホーネット」〔スズメバチ〕と呼ばれた大型のエンジン付きヨットを買い入れた。これは一八九〇年代にある鉄道関連の泥棒男爵のために造られた船であり、米西戦争時にはアメリカ海軍によって実戦で使われたこともある。一九一一年の新年を迎えようというとても寒い冬の夜、ボニージャとその仲間たちはホーネットに合図を送って埠頭から出航させた。この船の船長は、公にはメキシコ湾岸沿いに東進する小旅行のための航行計画を申し出ていた。

ボニージャ、クリスマス、そしてモロニーは、旧市街のベイシン・ストリートにあるメイ・エヴァンス夫人経営の宿泊もできる遊戯施設へ足しげく通っていた。彼らを尾行していた秘密諜報部員は、寒さに震えつつ道の反対側から彼らを監視した。この諜報部員が所轄部署に電話を入れて――「飲んだくれの一味がいるだけだ」――と報告したとき、彼は上司から帰宅するように命じられたのだった。それから数分以内に、ボニージャ一味はメイ夫人の宿を出発し、ゼムライによって準備された高速汽艇に乗り込んだ。彼らは沿岸警備隊の監視艇よりも速く移動し、ミシシッピ州ビロクシ市から出航したホーネットに追いついた。

三人の仲間たちは、ホンジュラス湾岸諸島のロアタン島付近で下船した。彼らはトゥルヒージョに近い港を急襲するために反乱部隊へ合流した。「ニカラグア王」だったウィリアム・ウォーカーが、一八六〇年代にその城壁に張りつけられて射殺された場所である。この任務が本当に幸運だったかどうかという問題については今もって判断が難しい。すなわちアメリカ艦船「タコマ」がホーネットを拿捕したのである。しかしながら、ボニージャとその同志たちは出発を許された。沖合で漂うタコマの存在感はホンジュラス防衛軍に対して明らかにより効果的な抑止力となっており、彼らの多くは海岸にある自国の砦から出てこようとはしなかった。

ユナイテッド・フルーツは、グアテマラにある自社プランテーションからマイナー・キースによって招集された男たちの一団と武器を送り込み、上陸させた。その間、プエルト・コルテスは、ユナイテッド・フルーツに雇われて東の水平線から海を渡って現れたクリスマスとモロニーに対して警戒態勢を取っていた。散発的な戦闘の中でアメリカ在住者が一名死亡した。アメリカ艦船「タコマ」の船上では、「両軍を引き離すため」の、あるいはさらにホンジュラス政府の退陣のお膳立てをするための協議が進められていた。こうして「愛国者」たちの軍隊が、テグシガルパへ向かう道を登りながら勝利の行進をしたのである。

自身の計画を台無しにされたノックスは、この件に関する「完全なる調査」を約束した。同時にタフト大統領は、このような遠方の出来事に巻き込まれたくなかった。アメリカ政府は最小限に抵抗する道を選択したのである。そうする以外に選択肢があっただろうか。このとき起こったすべてのことが示唆するのは、ほとんど知られていない中米の小国における出来事の管理権が、アメリカの大銀行の手から野心的なバナナマンの一味へと移行したということである。一見したところでは、抑圧的な大企業に立ち向かうという理想が働いていたようにさえ見える。

ホンジュラスのクーデタは成功裏に終わり、ゼムライは問題なく減税を受けることになり、自身の購入地の開発を進めていった。ボニージャを大統領として承認するための選挙が行われ、ボニージャはゼムライに望むものをすべて与えた。このバナナマンはホンジュラスの国家財政の監督役を任され、彼が政府の借金を増やすために行った最初の仕事は、ホンジュラスへの侵攻時に彼が背負わなければならなかった出費を返済することだった。

このクーデタに対するおそらくもっとも強烈な抵抗は、思いもよらないところから現れた。大西洋海岸で活動するアメリカの事業家は、最初のうちはその行為を支持していた。ゼムライのような関心を持った勢力がホンジュラスをけっして逆らったりしない「優等生のクラス」に留め置いていることは、自分たちにとってじつに都合のよいことのように思われたからである。だが、彼らはやがてゼムライたちがいったい何者であるのか気づくに至った。サム・ゼムライの背後には、強大なユナイテッド・フルーツが不気味に立ちはだかっていたのである。

ユナイテッド・フルーツはホンジュラスにおける一連の出来事に対する関与を完全に否定した。だが、この企業は、何の関係もないと主張していた一団のおかげで大きな利益を得ていた。ユナイテッド・フルーツに対してゼムライは、テラとトゥルヒージョにおける二つの広大な土地を譲渡してくれないかと提案した。これらの土地を利用してバナナマン・ゼムライは自らの借金を返済し、すぐにユナイテッド・フルーツはホンジュラスの内陸部へと切り込んでいった。

ホンジュラスへの侵入は、ユナイテッド・フルーツが創りあげようとしている世界にとっての重要な発展を意味した。それ以前にコスタリカとグアテマラは、偶然と不運と密談の混合物を通じてバナナ共和主義に屈していた。パナマは自ら「反乱」を起こしたが、そのやり方はホンジュラスがユナイテッド・フルーツの檻へと引きずり込まれたとき以上に陰謀と暴力に満ちていた。次善の策として「平和を維持する」ためにしばらくホンジュラスへ派遣されたアメリカ海軍は、すぐに中米の大西洋岸に沿って南下し、ニカラグアへ上陸するようになった。ニカラグアがこの地域にとって深刻な問題を引き起こしていたと考えられたからである。こうしてアメリカ海軍は、二〇年以上にわたってニカラグアに駐留し続けることになったのである。

一九一一年にホンジュラスで起こった出来事は、ユナイテッド・フルーツの「ナイス・ガイ」時代とても称されるべき時代の終焉をもたらした。その後、この会社がそのように称されることはまずない。ユナイテッド・フルーツは自社の権力を確立し、つねにそれを行使せんとしたのである。

第6章　飼い慣らされた飛び地

ユナイテッド・フルーツは物事を何としても自らのやり方で進めたがり、遠方の飛び地においてはたいていそうすることができた。非能率的で失敗の多い現地の国家は、この企業に対する理解や交渉能力を欠いており、いかなる干渉もユナイテッド・フルーツに無視された。

ユナイテッド・フルーツの得意とする分野の一つが労働者の取り扱いだった。この会社は自分たちの労働法を有しており、当事国がたとえいかなる法律を持っていようとも、ユナイテッド・フルーツの支配領域では無効とされた。ユナイテッド・フルーツは、独自の警備軍、職工長ネットワーク、監督役、警察、そしてスパイを通じて、労働者を雇用したり、解雇したり、支配したりする。スパイはスペイン語で「オイドス・エン・エル・スエロ」(oidos en el suelo) として知られているが、これは「大地の耳」という意味であり、その役目は政治的な厄介者に加え、労働条件に関して多くの不平を述べる者に対しても注意深く耳を傾けることであった。

ユナイテッド・フルーツは、もっとも費用対効果が高く、生産的な労働者を見つけ出そうと努力して、あちこちで労働者を勧誘した。ニューオーリンズ市のうらぶれた地区から労働者を募集するというマイナー・キースの不運な経験は、アメリカにおける犯罪集団の数を減らすことに成功したに過ぎない。

コスタリカではグアルディア将軍が、とりわけスイス人、ドイツ人、イギリス人などの信頼できるヨーロッパ人を移入するようキースをせき立てた。そうする代わりにキースは、アジア系の移民を禁じる法律を撤回するようにコスタリカに要求し、より安価な労働力を追求した。放浪する中国人はアメリカ大陸横断鉄道の敷設工事に従事していたが、その結果いきなり中央アメリカとカリブ海諸国に殺到するようになった。こうした中国人のホルド〔遊牧民や流浪民の集団〕は人々の恐怖心を高めた。中国人はコスタリカへの移住を正式に認められたが、鉄道工事に従事する労働者の中でもっとも酷い待遇を受けた。人種的に劣っていると見なされた彼らは、けっして楽しくないことを誰よりも多く経験し、そうした不満を申し立てる場所も持たなかったのである。「私は従者の中国人たちに手枷をはめてあなたにお渡しします」とある労働監督はキースに語っている。その中国人グループは予期せず罪を犯したので、「もしあなたが必要だと思われたらムチで打ってください」と。

キースがピエモンテ州で雇用したイタリア人たちは、高潔な人種だと考えられていた。彼らの入国を求めるためのコスタリカ政府への申請において、キースは「寒い地域の出身」であるとして彼らを推薦している。そのイタリア人たちは体を温めるために一生懸命働く習慣があるというのである。「残存する先住民と」の混血化を通じて、彼らはコスタリカの「人種的血統を改善する」とされた。キースはこのことをコスタリカ政府に説明するのに、家畜の品質を向上させるために輸入されたばかりの血統のよい牛に喩えたのだった。

人種はきわめて重要な問題となった。グアテマラでは高地先住民は「弱々しい」とされた。郷里では薪や水を運ぶために、日々徒歩で火山地帯を数マイルも登ったり下ったりしている彼らだが、平野部の環境には適応できなかったからだ。ラディノは、ジャングルが開拓され、病院が建てられないかぎり、バナナ・プランテーションでの仕事を探しにやって来なかった。もっとも役立たずとされたのがアフリカ系アメリカ人で、彼らは「高慢」でアメリカでの生活に慣れきって怠惰になったと見なされた。別の黒人労働者、たとえばアメリカの管理下でパナマ運河工事に従事していたカリブ人たちは、そこでの労働経験で「甘やかされた」ために堕落したと考えられた。

だからこそイギリス領西インド諸島人は、単にその肉体的な丈夫さという理由だけでなく、もっとも人気の高い労働者リストの最上位に急浮上したのだ。彼らは「たいへん礼儀正しい」と言われていた。こうした性質は、「ユナイテッド・フルーツ帝国の勝利」、この会社の見せかけの伝統的上品さや行儀よさ、そしてまたキースの「カリスマ」につながる。キースは自分がどこかの帝国の総督と血縁関係にあるように装っていた。中米地域の至るところに鉄道を敷設したキースは、「中米のセシル・ローズ」という新たな呼び名を得たのである。

その伝説とは異なり、現実のジャマイカ人は問題を引き起こし、あるときはジャマイカに戻っていくイギリス人に、またあるときは近くを通過するイギリス帝国海軍の船員たちに向かって、自らの労働条件に関する不満を語って聞かせた。彼らはいつでも汽船に乗って帰国することができたし、たとえばパナマのような別の仕事場へ移動することもできた。ただし母国ジャマイカでの仕事は多くなく、賃金も高くなかった。もし彼らがカリブ海諸島で雇用先を見つけたとしても、砂糖の供給過剰やその他の経済危機の状態にあったため、おそらく一日に二〇セントしか支払われなかっただろう。

ユナイテッド・フルーツは、それと同じくらいの賃金を一～二時間の労働に対して支払った。それでもこの会社は損をしなかった。南北戦争後、ユナイテッド・フルーツは奴隷制度を「輸出」する役割を果たした。いわばこの会社は、アメリカで廃止されたはずの奴隷制度に新たな商標を貼り直したのである。古い奴隷制度は残酷であると同時に非能率的であると見なされるようになった。ベッドや食事も用意しなくてはならないため、仕事のあるなしにかかわらずあちこちで労働者を雇用すると金がかかってしまう。この新たな時代に対応して、ユナイテッド・フルーツは最低限の宿泊施設を提供したうえで、労働者を自由に雇用したり解雇したりし、自社が経営する店舗で彼らに給料を使わせるようにした。ユナイテッド・フルーツは、自ら価格設定をした店で商品と交換できる「臨時紙幣」という紙切れで労働者に賃金を支払ったので、これらの商店は大きな利益を上げた。商品の品揃えは店によってさまざまであり、いくつかの店には労働者が基本的な商品を買うための粗末なカウンターがあるのみだったが、中にはカウンターにシルクのシャツとネクタイが並べられ、マネキン人形にはトロピカル・スーツとフエルトの帽子が飾り付けられている百貨店もあり、場合によっては棚の上段に快適そうなイスを特別に飾った店もあった。これらの商品の価格は、一握りの白人管理職の者を除いては、一般の労働者の手には届かないものだった。

経営陣の中でも上流階層のメンバーは、ふつうアメリカの名家の出身であった。公序良俗な性格の若い男性が熱帯に送られて辛い思いをしたのである。それは、イギリスで同じような境遇にあった若者が、自らにふさわしい地位を積み上げて出世するためにイエメンのアデン市や東スエズなどの地域へと送られる以上に苦しい経験であった。最年少者は、早朝五時に起きて月明かりの下でラバに馬具を装着し、日中には収穫されるバナナの品質や量をめぐって収穫人や運び屋との話しあいをさせられてばかりいた。彼らには一〇年以内に最高の地位にたどり着く可能性があり、そうなればその国全体を手に入れることができるかもしれなかった。それが無理ならば彼らは途中で挫折して、プエルト・コルテスの酒場でグラスを空けながら今後どうしたらよいのか模索したことだろう。

被雇用集団を直接的に指導する下級管理者について、ユナイテッド・フルーツはアメリカ南部出身の白人を雇用することに特別な魅力を感じていた。実際この会社はそうした者たちを自由に雇用していた。南部出身の白人監督者は奴隷制時代のことを覚えており、奴隷制廃止直後の時代に育った世代である。その多くは、奴隷制の終焉を無念に思う精神の持ち主だった。

労働者にとってジャングル開拓の作業はもっとも辛いもので、彼らの不満の原因となりやすかった。その最大の不満は、ヘビに噛まれる危険だった。体長二・五メートルの「バルバ・アマリージャ」〔「黄色いあごひげ」の意味〕、あるいは「フェルデランス」と呼ばれるカイサカ種のヘビは、その喉もとにある黄色い模様で簡単に認識できるというが、そんなに簡単に見分けることができるものだろうか。バルバ・アマリージャはガラガラヘビと同じように猛毒を持っているが、自分の存在を知らしめるための尾の器官を持たないのだから。また労働者のおよそ四人に一人はマラリアの治療を受けている。土地を切り拓く作業の間、労働者たちはヤシの枝葉を使って急ごしらえで建てられた粗末な小屋に住むことになるため、蚊の群れに対して最低限の防御しかできない。しかもバナナに対する需要が市場で急速に高まるにつれ、つねに新しい土地が開拓されるようになっていたのである。

港での仕事は船の離発着しだいであった。昼夜いかなるときでも、港湾労働者が埠頭へ集まるように知らせるためのサイレンの音が鳴り響いた。仕事は、最初にやってきて雇われた順番に労働者へ分け与えられた。プランテーションにおけるバナナの収穫と輸送を行う労働者集団は、事前の予告なしに仕事に取りかかり、必要とされる積み荷量に達するまでバナナを収穫し、運び出し、そして鉄道貨車に乗せて埠頭へと輸送した。

不満だらけの逸話が、ユナイテッド・フルーツの商店において臨時紙幣と同じく労働者たちの間で交換された。そこは労働者への対応に注意を要する場であった。一九一〇年、グアテマラにあるユナイテッド・フルーツのプランテーションにおいて、商店の値付けに不満を訴える六〇〇人のジャマイカ人労働者が集まって暴動が起こり、二つの店舗が略奪にあった。ユナイテッド・フルーツは、このエネルギーに満ちあふれた最初の反乱者たちを逮捕するようグアテマラの軍事司令官に求めたものの、反乱による暴力がさらに激化することを恐れた司令官に断られてしまった。そこで会社側は独自の手法で事態を沈静化した。あるラディノの集団がジャマイカ人労働者のウィリアム・ライトを捕らえ、リンチにかけたのである。警察はこのリンチに関わった者たちのうち一人を逮捕したが、その人物を二、三日後に釈放した。ユナイテッド・フルーツは、釈放されたその男を農園の監督者として雇い入れている。

このような出来事はアメリカで暮らす人々には隠され続けた。アメリカ国内でのユナイテッド・フルーツは、実態とは異なった自社の印象を創出しようと躍起になっていたのである。一九一二年、ユナイテッド・フルーツはグアテマラ東部のキリグアにあるマヤ遺跡を世に公開するためにジャングルを伐採した。見事な石製モノリス〔一枚岩の記念碑〕が遠方からやってきた私たちの「元となる人種」

によって建設された古代文明のありようを物語っている、と『ナショナル・ジオグラフィック』誌は述べている。その他のコメントの中には、数世紀前にキリグア文明を建設した「力強い人種」と、ユナイテッド・フルーツによって創りあげられた「新しい文明」を比較するものもあった。その初期の歴史の中でユナイテッド・フルーツは、博愛に基づく無私の行動に美徳を見出していた。この会社は各国の国民的遺産である貴重な遺物を保護している。しかし、文化の保護を理由とするこの大げさなふるまいの傍らで、同時にユナイテッド・フルーツは自社の行動と一般的アメリカ人の行動とを結びつけたいと考えていたのである。

アメリカでは労働者の待遇に対する関心が高まっていた。労働条件や労働時間、雇用者、特に大企業の雇用者の被雇用者への態度、そして労働者の社会的、教育的改善の機会といった要素が、民衆の意識に影響を及ぼしていた。つつましやかな家庭出身の学生のために創設されたニューヨーク市の大学、クーパーユニオン――エジソンもこの大学で学んだ――が、労働者の権利を求める最初の運動のための舞台を提供した。クーパーユニオンの大ホールでは、偉人や良識者が一般の人々の関心をひく演説を行っている。リンカン大統領やセオドア・ローズヴェルト大統領は、大統領選挙中にこの場所で演説をした。一九一三年初頭のウッドロウ・ウィルソン大統領は政権を発足させたばかりであり、その直後にクーパーユニオンで演説した最初の現職大統領となった。だが、同年の七月には、バナナ消費者保護協会という名の組織がウィルソン政権を出し抜き、働く貧困者の現状に関する論争を展開した。[16]

皮肉にも、その四年前の一九〇九年にクーパーユニオンで開かれた集会において、全米有色人地位向上協会（NAACP）の誕生が見られた。NAACPの主な運動の一つは、アメリカ南部で行われていた黒人に対するリンチを無くすことだった。グアテマラでウィリアム・ライトがユナイテッド・フルーツの明白な同意の下でリンチを受けたのは、この組織が結成されて一年も経たないうちのことである。

バナナ消費者保護協会を装いながら、今やユナイテッド・フルーツはより社会的地位の高い敵に対して攻勢を仕掛けた。ウィルソン大統領は大胆にもバナナに課税した。彼はこのフルーツを「ぜいたく」と見なし、貧者の置かれた状況を改善するための改革にその税金を利用することを目指していたのである。だが、ウィルソンの計画は裏目に出た。児童福祉や何とか家計をやり繰りしている主婦の支援組織を代表する演説者たちは、ウィルソンは保護しようとする人々に対してじつは自ら損失を与えているのだと非難するために演壇に立った。当時、ほとんどすべての人々がバナナを食べていた。二〇世紀への世紀転換期、すでにアメリカは年間に一八〇〇万茎のバナナを輸入していたが、一九一三年までにその数量は四二〇〇万茎へと増大していた。これは「アメリカ人の欲望を満足させる黄金のバナナ」四〇億本分に相当すると、バナナ消費者保護協会の会長は述べた。そして彼は、「バナナに税金をかけずに私たちを打ち負かしてみろ」と挑発したのである。

その当時、その演説が歴史的に反響しないわけはなかった。一七年前、ポピュリスト政治家のウィリアム・ジェニングス・ブライアンは働く大衆のために有名な演説を行い、金本位制を拒絶した。「人類を金の十字架にはりつけにするな」というわけである。もはや政治家としての経歴をほぼ終えようとしていたブライアンが、ウィルソン大統領の下で国務長官となった。

たちまちブライアンは、中央アメリカやカリブ海の国々から、この問題に関係する代表者たちの派遣団が彼のもとへと押し寄せてくることに気がついた。彼らは、バナナに対する税金が自国にとっては破滅を意味すると主張した。南北アメリカ間の良好な関係を求める、影響力を持ったアメリカ人たちが、この問題をワシントンの連邦議会へと持ちこんだ。彼らは、バナナ栽培が始まる以前の南米諸国は「怠惰な人々」の国々であり、「原始的な革命のよく起こるたまり場」だったと説明した。この議論は、ユナイテッド・フルーツがそうした状況を一変させたのだとほのめかしているように見える。もちろん、リー・クリスマスやサム・〝バナナマン〟・ゼムライのような人物の功績については言及されていないが。

ウィルソン大統領はユナイテッド・フルーツの実力を見誤っていた。彼の判断によれば、社会全体の雰囲気は彼の前に大統領を務めた「トラスト・バスター」ローズヴェルトやタフトの時代とまったく同じであり、新しく現れた「卑劣なトラスト」と対決することによって彼は民衆からの共感を必ず得られると考えていた。ところが、ウィルソンはあてが外れて驚くことになった。ユナイテッド・フルーツのロビイストたちは、この企業が本当に慈悲深い組織なのだと、アメリカ国民をすっかり納得させていたのである。

『ニューヨーク・タイムズ』紙は、もしユナイテッド・フルーツが問題となっている「トラスト」であり、本当にぜいたく品を取り扱っているとすれば、実際にバナナを食している貧しい者たちが「ほとんどそのぜいたく品を手にする資格を与えられていない」ことになるではないかとの意見を述べた。これにはウィルソン大統領も降参だった。こうして「ワシントンからの嬉しいメッセージ」が

『ニューヨーク・サン』紙の第一面を飾った。「バナナ税廃止！」。

偶然にもかつて「怠惰な人々」と「原始的な革命」を特徴としていた国々においていっせいに勃発した暴力的なストライキが、ユナイテッド・フルーツを打ち据えていた。だが、これに対する会社側の反応は、けっして慈悲深いものではなかった。他方で、その頃までにユナイテッド・フルーツは、たしかに本当の多国籍企業として行動していた。パナマで起こった危機に対処するために、この会社はニカラグアから連れてきたスト破りを動員し、コスタリカには軍隊の派遣を要請した。コスタリカでのストライキに対抗するために、ユナイテッド・フルーツは遠く離れたセントキッツ島から労働者を船で運んできたこともある。広大なカリブ海を横断する長い船旅の間、その労働者たちは自分たちがどこへ向かって航海しているかも知らなかった。ユナイテッド・フルーツの「礼儀正しい」ジャマイカ人労働者が船に向かって石を投げつけたため、彼らは上陸するのを拒んでいる。

他方でグアテマラでは、やがて労働者たちは穏やかに行動するようになるだろうというユナイテッド・フルーツの見立てのもとで、労働者のストライキが続いていた。おそらく会社はアメリカ的生活に慣れさせることで労働者たちをうまく操ろうとしたのだろう。グアテマラの港湾労働者は日給単位で賃金を支払われていた。それは房つきのバナナの茎を貨車から船へ運ぶ仕事であり、一〇時間働いて一ドル二〇セントの稼ぎとなった。やがて会社側は、「日給」制度はすべての関係者にとって誤ったものだと結論した。ユナイテッド・フルーツは雇用機会の創出に価値を見出してきたため、自ら雇用した労働者は十分に努力していなかった。労働者たちは、「出来高」報酬制度の下で成功することを切望していたのである。

ユナイテッド・フルーツは、バナナの房がついた茎を一〇〇本運ぶごとに労働者へ二五セントを支払うように賃金を固定した。労働時間と行動に関する会社側の専門家は、各労働者が一日に七〇〇本の茎を運ぶことができると推計した。それによれば、一人の労働者は一日に一ドル七五セント稼げることになり、従来の日給制に比して五〇セント多く儲かることは明らかだ。しかし、実際には一日に七〇〇本もの茎を運ぶことができる労働者はおらず、二〇〇本の茎を運ぶのがやっとの労働者もいた。

抗議する労働者たちが働くのをやめたとき、ユナイテッド・フルーツは現地の軍隊へ援助を求めた。だがグアテマラの軍事司令官はその要請に応じて行動することをふたたび拒否したので、会社側は友人であるエストラーダ・カブレラ将軍へ直接働きかけた。この行動は、国家権力を十分に信用することはないというユナイテッド・フルーツの会社としての優れた判断に反するものだった。だが、エストラーダ・カブレラ将軍は、その政治家としての経歴において、つねに自分自身の意志の強さを示すことによって最高の地位にたどり着いた人物である。そのときまでに彼は、自らの政権に反対するすべての有力者を一掃してしまっていた。この独裁者は手下を自由主義的だった元大統領につきまとわせ、メキシコ市においてナイフで暗殺させたこともある。あるアメリカの外交長官は、――エストラーダ・カブレラの言い分によれば――自分が少しずつ毒を盛られていると気づかされ、母国へ逃げ帰っている。ユナイテッド・フルーツがスト破りをするとわかると、エストラーダ・カブレラはこの会社に警告を発した。その行為を止めなければ、事態は暴力沙汰へと悪化するだろうと言い放ったのである。興奮したユナイテッド・フルーツの労働者たちは、実際にそのような行動に走りかねなかった。このため会社側は賃金制度を日給制へ戻すことにした。

そのプランテーションでは白人従業員たちが仰天していた。ストライキが彼らに危急を告げていたからである。ストの参加者たちがユナイテッド・フルーツに抵抗していたのは、会社側に雇われた悪人たちはたとえ労働者の誰かを殺したとしても国家当局の懲罰を受ける恐れのないまま立ち去ることができるからだった。これに対する抵抗の思いがストライキ参加者の間に浸透していたのはもっともである。すぐにいっそう大きな問題がユナイテッド・フルーツのプランテーション内で起こった。今度は、あるラディノがトランプ遊びをきっかけにジャイマイカ人を殺してしまったのである。これに対してジャマイカ人の一団がその復讐に向かったため、会社は軍隊の派遣を求めた。軍人たちは夜中に到着すると、労働者の眠っている宿舎に向かって無差別に発砲して、不特定多数の死傷者を出した。そのとき会社側はこの無分別な虐殺に気づいていた。軍隊による介入は、「結果的に冷血な人殺しになってしまった」とグアテマラ軍を指揮した司令官は述べている。その虐殺はユナイテッド・フルーツが望んだことではなかったというわけである。

グアテマラは恐怖の世界であったが、ユナイテッド・フルーツはウィルソン大統領の能力ではその状況を十分にコントロールすることはできないと確信していた。この会社の見方によれば、ウィルソンは国際問題に対してばかばかしいほど道徳主義的なスタンスを取る政治家だったからだ。このことに関して、アメリカ議会にはウィルソンに反発する明確な敵がいたが、彼らこそがユナイテッド・フルーツの信頼できる友人であった。その中には、ボストンのもっとも上層のエリート家系出身であり、外交問題の権威でもあったヘンリー・カボット・ロッジ《37》のような人物もいた。カボット・ロッジの意見は、結局のところアメリカの外部にある世界には介入せずに放置しておくのが最良だと訴えるものだった。それはいにしえの地図に示されていたような主張であった。「そこには悪魔がいる」というのである。

一九一四年、ついにパナマ運河が開通したが、ウィルソンはアメリカ船を通行料なしで通過させるという計画を優先した。彼は、それは公正さの問題であり、アメリカの列強諸国に対する条約上の義務であると主張した。しかし、アメリカ船から当然支払われるべき公正な金はどうなってしまうのか。ユナイテッド・フルーツも、大多数の他企業より頻繁にこの運河を使用するようになっていたのである。

ウィルソン大統領には大げさな声明を発する傾向が見られた。彼は公にドル外交を非難し、中米やカリブ海の小国家に対するいっそう慎重な外交的態度を追求した。とりわけコスタリカのユナイテッド・フルーツにとって事態は悪化していた。一九一七年に独裁者のフェデリコ・ティノコ将軍が権力を手にしたからである。ティノコは、ウィルソン大統領の支援ではなく、ユナイテッド・フルーツの支援を受けて政権を掌握したのである。

ちょうど大統領として第二期目に突入したウィルソンは、新しい国務長官にロバート・ランシング《38》を任命した。ランシングは後に民間の職務へと戻り、マイナー・キースの法律顧問として活動することになる人物である。しばらくの間ランシングは、才気あふれる弁護士であり、政治的野心を心に抱いていた甥のジョン・フォスター・ダレス(17)の経歴を立派なものにしようと画策した。ダレスはウィルソン大統領にとてもうまく接近することに成功した。ダレスは、表面上は彼を雇っているニューヨークの法律事務所の職務でコスタリカを訪れたが、同時に彼はティノコを監視する職務に時間を割いてもいた。つまりダレスは、いち早くコスタリカの情勢を把握するための専門職の役目を担っており、現地の「内情に通じた」人々と密かに結んでいたのである。

帰国後のダレスは、その調査結果について国務長官を務める叔父とウィルソン大統領に報告した。中米諸国が不安定な時代に入ったこと、アメリカの南に国境線を接するメキシコで七年前に起こった革命が拡大し続けていること、その動きはロシアにおける不安やボリシェヴィキの隆盛を反映していること、そしてこれらがアメリカの「裏庭」にいかに大きな影響を与えうるかということがその内容である。ウィルソン自身もこれらの問題に気づいていた。中央アメリカのスパイからもたらされる新鮮な情報を盛り込んだダレスの報告では、アメリカ政府は新たに誕生したコスタリカの独裁者側にしっかりと立つよう決意すべきだと提言された。不思議なことに、これは他ならぬユナイテッド・フルーツの方針と一致するものである。ダレスの報告は、叔父のロバートが賛成したり反対したりするレベルを超える優れた内容だった。それにもかかわらずウィルソンは、この若い法律顧問の意見を無視した。この大統領はコスタリカに対してアメリカとの貿易禁止を課し、ティノコ政権を崩壊させてより民主主義的な思想を持った政権へと取って代えた。

ウィルソンを批判する者たちは、国内外どちらの問題に関しても彼が狂信的で偽善的な慈善家であると見なしていた。彼はより多くの反トラスト法を成立させ、大企業を取り締まるための国家権力を強化すると宣言していた。ウィルソンの政治計画の中には、一日八時間労働制の採用や児童労働時間の削減も含まれている。彼がその理想主義を海外にも輸出するようになると、その思想はますます壮大なものとなっていった。彼は第一次世界大戦が始まって三年後の一九一七年、遅まきながらアメリカをこの戦争に参戦させている。遅れての参戦は、アメリカはヨーロッパという旧世界の問題にはまったく干渉すべきではないという、大多数によって支持されていた国内世論が政治に反映されていた結果である。一九一八年、アメリカの決定的な介入のおかげでこの戦争が終結すると、すぐにウィルソンは他ならぬ世界政府を通じてアメリカが平和を維持する役割を果たすよう提言した。この考えが「国際連盟」の成立につながることになる。

第一次世界大戦はアメリカに深いショックを与えた。もちろん、兵士の生命は遠方で失われていたのだが、戦争の脅威は家庭のすぐそばまでやってきてもいた。ドイツ潜水艦のUボートは、それまでアメリカが自国と南北アメリカ大陸全体に張りめぐらしてきた心理的な包囲網を突破し、海運業に打撃を与えていた。カリブ海における潜水艦の活動は、たとえばバナナ貿易に対してもほとんど壊滅的な損害を与えている。一九一八年七月、第一次世界大戦が終結に近づいたとき、『ボストン・グローブ』紙はじつにしばらくぶりにユナイテッド・フルーツの蒸気船が到着したことを大々的に宣伝することにした。この船はコロンビアからバナナの茎二万束を運んできたのだった。

しかしながら、アメリカにとってもっとも不安だったのは、その大戦が世界に残した遺産の中でも一番つかみどころのないものだった。ロシアで激しい暴力を引き起こし、国境を超えて世界の怒れる人々に支持されるようになったボリシェヴィキ革命がそれである。危険な革命思想が生み出す問題は人々の目には見えない。そうした危険は突風に乗って現れたり、地下から顔を出したりする。あるいは「政治扇動家」のかたちで出現することもある。

ユナイテッド・フルーツは、いたるところに政治扇動家がいるのではないかとますます偏執狂的な不安に苛まれるようになった。プランテーションを襲う病気のように、それらはただすべてを破壊するためだけに出現すると考えられたのである。そうした中、パナマのボカスデルトロで急遽勃発したストライキが制御不能に陥った。会社側はストライキの参加者たちを拘束し、労働者の生活していた住居を焼き払い、労働者が利用していた小農地を掘り返した。数人の労働者が死亡し、生き残った者たちは小さな丘陵地へと逃亡した。ジャマイカ人が銃剣を突きつけられつつ働かされているという報告を受けて、パナマの大西洋岸からコスタリカのリモン県までの一帯では社会不安が増大した。やがてユナイテッド・フルーツは、拘束していたジャマイカ人教会聖職者の一人が提示する調停案を受け入れた。さらにジャマイカ人たちはリモン市に領事を派遣していたイギリス政府にこの問題を上訴したので、しぶしぶユナイテッド・フルーツはイギリス領事を仲介人として受け入れることに同意している。ユナイテッド・フルーツにとってこの決定は、やはり自らのやり方でこのストライキに対処すべきであり、外部勢力の干渉など受けるべきではなかったと実感させるに過ぎなかった。この件でイギリス領事はユナイテッド・フルーツをたしなめた。一九一四年から四年間にわたって労働者の賃金が凍結されたことや、ユナイテッド・フルーツ経営の店舗における商品価格が二倍にはね上がったことを指摘しながら、イギリス領事は「あなた方に抵抗する政治扇動家には、そうするのにじつにもっともな理由がある」と述べている。

一九一八年、コロンビアにあるユナイテッド・フルーツのバナナ労働者もストライキに突入し、よくある多数の要求を提示した。彼らは、ウィルソン大統領が以前から提案していた一日八時間労働制を求めた。他方でユナイテッド・フルーツは、このような馬鹿げた考えが広く海外に普及するのは許せないとして労働者の動きに対抗した。この会社には、自社が遠く離れた世界の周辺部で資本主義を生きながらえさせるために戦っているという思いがあったからである。プランテーションの労働者はまた、週六日労働制や健康対策も要求した。こうした条件は白人のプランテーション管理職の者たちだけに認められていたものであって、このような要求を思いつく者はきっと政治扇動家に他ならないと考えられた。

ユナイテッド・フルーツは、ストライキのもたらす影響について理解しようとした。一九世紀末、マイナー・キースがコロンビアのバナナ・プランテーションを引き継いだ後、サンタマルタ地域では必要とされる仕事を埋め合わせるだけの十分な現地労働力が不足していた。シエナガやアラカタカのような小さな街の人口は、コロンビアの他地域や外国からの移民労働者によって膨張することになった。一般に移民労働者たちは現地社会から好かれてはおらず、地元の少女たちを誘惑するために自らの給料を浪費する者たちは特に嫌われていた。しかし、多くの移民労働者に疑いの目が向けられていたのには、別の理由もあった。シリア人、レバノン人、イタリア人、スペイン人などが外国からやってきていたのだが、ユナイテッド・フルーツのスパイたちの報告によると、とりわけスペイン人とイタリア人の中にはアナキスト〔無政府主義者〕が多かったとされている。コロンビアで勃発した一九一八年のストライキに対するユナイテッド・フルーツ側の対応は、事実上何もしないことによって労働者に対して断固譲歩しないと示すことであった。第一次世界大戦後、市場が回復するのにしばらくの時間を要していたこともあり、ユナイテッド・フルーツはストライキの起こったプランテーションでバナナが腐っていくのをそのまま放置したのである。こうして結局、労働者たちは仕事場に引き戻されることになった。

ワシントンでは、国際連盟を結成するというウィルソン大統領の至上の計画に致命的な打撃が加えられていた。ヘンリー・カボット・ロッジ上院議員は、上院外交委員会議長という立場を利用して行動し、ウィルソンの前に立ちはだかったのである。ボストン市の支配階級の中心的な存在であり、不朽の名家出身のカボット・ロッジは、ウィルソンの世界観が地元企業の障壁になると考えていた。ときにウィルソン大統領は、このような問題を引き起こす人々を無視するか、自分の思考から消し去るといったかたちでしか対処できなかった。かつてウィルソンは第一次世界大戦に関与すべきでないとする忠告を退けたが、今や平和のための妙案をしっかりと思いとどまらなければならなかった。国際連盟構想を妨害するために、カボット・ロッジは「ロッジの留保」と呼ばれる一連の論争をしかけたのである。一九一九年末までにウィルソンは病で身体麻痺状態に陥り、偉大な国際連盟案が批准に必要な賛成票を議会で得るのに失敗する状況を病床から眺めなければならなかった。

アメリカ政府が自分たちの支配領域を監視することから退いたので、ユナイテッド・フルーツはその後のアメリカ政府とは十分にうまくやっていけるだろうと経験的に感じていた。アメリカ海軍は中米の大西洋岸沿いのパトロールを強化していった。一九二〇年には、エストラーダ・カブレラ将軍がグアテマラの権力の座から追放された。彼がユナイテッド・フルーツをグアテマラに招致し、この会社のために奉仕するようになったときから二〇年後のことだった。エストラーダ・カブレラの旧友だったユナイテッド・フルーツは、暴徒たちが自社のプランテーションを荒らし回ってかつての独裁者を支持していた証拠を探し回るという苦痛に耐えた。さらに悪いことには、明らかにボリシェヴィキの思想を持った活動家たちの間に不穏な空気が立ち込めていた。ユナイテッド・フルーツの雇っていたグアテマラ人港湾労働者が大西洋のプエルト・バリオス港で会社に反発してストライキを張ったとき、彼らの提示した要求は通常見られるような賃金支払いやプランテーション内の商店での価格引き下げではなかった。彼らはユナイテッド・フルーツに対してグアテマラの鉄道や港の独占を止めるよう要求したのである。それはまさしく政治的な要求であって、何者かが、そして何かがこのストライキの背後に存在していると考えられたため、ユナイテッド・フルーツはこのストに対して毅然と計画された応答をなす必要があった。

前国務長官のロバート・ランシングは民間の弁護士活動に戻り、国務省での古い人脈を通じてマイナー・キースの代理としてしっかりと働いていた。一九二三年までにグアテマラの反乱は爆発寸前の状態となり、大きな脅威となっていたが、これは古い様式の武力外交策によって終止符を打たれた。このとき、その一二年ほど前のホンジュラス侵攻に参加したアメリカ軍艦「タコマ」がふたたび姿を現したのである。「日課となっている寄港」ということでタコマがプエルト・バリオスの埠頭に着岸すると、乗船していた船長と武装した分遣隊が現れてグアテマラ市へと続くキースの鉄道を占拠したうえで、グアテマラ軍事政権に対する好意的態度を表明した。こうしてストライキは失敗に終わり、この騒ぎに関わったリーダーたちはニカラグアの港町ブルーフィールズへと船で護送された。

一九二八年一〇月、コロンビアのサンタマルタ市にあるユナイテッド・フルーツのプランテーションで働く三万二〇〇〇人の労働者は、その一〇年ほど前に実現することができなかった一日八時間労働制、週六日労働制、そして医療無料受診制をまたもや要求し始めた。彼らは、商品と交換できる臨時紙幣に代わる賃金の現金払いやプランテーション監視役の自宅と同じように快適に使用できるトイレを求めてストライキも行った。この時代は、バナナ市場はもとより、経済全体がにわか景気に沸いた時代だった。ユナイテッド・フルーツの労働者たちは、その利益の中から当然支払われるべき分け前を受け取っていないと考えていた。だが、会社側は彼らの要求を共産主義者やアナキストによって操られたものとして退け、秩序を維持するために武装集団を派遣してサンタマルタのバナナ生産地帯を占拠した。

アメリカでは、早くもカルヴィン・クーリッジ《39》大統領が、ワシントン市を離れてボストンに戻ろうとしていた。彼は、一九二三年にウォレン・ハーディング《40》大統領が死去したあとにホワイトハウスにやって来て、他の大統領に比べてずっと平穏なかたちで大統領職の任期満了を迎えようとしていた。もともと彼は、ヴァーモント州のクーリッジ家の出身だったが、政治家になって間もなくボストンに移り住み、あまり発言はしなかったものの、ボストンのブラーミンたちと同じ政治的情熱を共有していた。とても口数が少なかったので「沈黙の御曹子」との評判を得ていたが、クーリッジはつねに誇り高く、一族の名声に恥じないように行動した。

そのクーリッジですら、ときには政治演説において通常の表現スタイルから逸脱し、その結果として困難へと進む道を拓いてしまうこともある。一九二八年一二月四日に発表された彼にとって最後の一般教書演説は、後の歴史によって厳しく断罪されている。クーリッジは「アメリカ議会が現在ほど喜ばしい見通しを持っていたことはない」と述べたうえで、アメリカはくつろぎながら平穏と満足の日々を享受していると言い添えたのである。アメリカ社会は「狂騒の一九二〇年代」と「ジャズ・エイジ」を経験する中で、特別に「平穏さ」を重視していた。しかし、このクーリッジの考えは、主としてその一〇ヶ月後に勃発するウォール街の株暴落の兆候を予見できなかった証として人々に記憶されていることだろう。

クーリッジの言う「外国の農場」において、やがて彼が誤った判断を下すことになると気づいた者はほとんどいなかった。そこには平和と人々の「相互理解からくる友好」があるとするクーリッジの見方は、自ら国務長官に任命したフランク・ケロッグ《41》の著作に書かれた主張に立脚していた。実際のところ、一九二〇年代における世界の平和と友好は限定的なもので、ロシアは内戦状態にあり、第一次世界大戦後のドイツ経済は崩壊し、ヨーロッパ各地で極左と極右の両勢力が暴動を起こしていた。ケロッグ国務長官は、自らが提唱したケロッグ平和協定への署名を集めながら地球を行脚した。この緩やかな連合に喜んで同調した国は六九ヶ国に及び、そのすべての署名国が平和を実現する必要性に同意した。

コロンビアの首都ボゴタにあるアメリカ大使館、サンタマルタ市にある領事館、そしてワシントンにある国務省の間での通信文や電報がバナナ生産地帯で深刻化する危機の詳細について伝えていたときも、クーリッジが語る言葉の響きはほとんど色あせなかった。この手の文書は「報告する栄誉」を表明したうえで、そのような危機に関する情報を「敬意を表しつつ提案」するのがふつうだった。だが、そうした見せかけの外交の水面下にはユナイテッド・フルーツの世界があり、大使館、領事館、国務省の三者における相互理解はほとんど存在しないのだった。

アメリカの利害を保護するために、援軍がサンタマルタのバナナ生産地帯に集められた。アメリカ大使館が述べているところでは、ユナイテッド・フルーツから事態の推移について十分に報告を受け続けていたということである。そのストライキの性質は変化し、ユナイテッド・フルーツの打倒を目指す要因が見られるようになった。暴徒たちはユナイテッド・フルーツが経営する二つのバナナ農園にある商店や経営者専用住宅に襲いかかり、技師のエラスモ・コロネルが殺害された。暴動地域で生活するアメリカ人たちは、バナナ生産地帯から脱出するまでの六時間、自分たちの身を自分たちの手で守らなければならなかった。

サンタマルタのアメリカ領事館は、アメリカ軍艦を海岸から離れたところに待機させるよう要請した。コロンビア側の資料は、軍艦が到着し、二隻見かけたという話もあったと報告している。ところが、ケロッグはそうした要求を拒否し、コロンビア人たちが暴動にうまく対処するからアメリカの小型砲艦を出動させる必要はないとほのめかしていた。

一二月六日の夜、シエナガにある小さなバナナ労働者の町で日曜のミサが終わったあと、ストライキを行っている者たちやその家族、そして支持者たちが鉄道駅近くに位置していた中央広場でデモを行うために集結した。軍隊は広場の角にある低い建物の屋上にマシンガンを設置し、将校が集まった群衆に対する警告を発してから五分後に銃撃を開始した。アメリカ大使館がケロッグに打った電報によれば、コロンビア軍は上官たちから弾薬を惜しまずに攻撃せよとの命令を受けており、およそ五〇名のストライキ参加者が殺されたとのことである。その月末になって大使館側は死亡者数の推計を五〇〇～六〇〇〇名へと修正した。そのうち兵士側の死亡者は一名であった。さらに一九二九年の一月中旬に同大使館からケロッグへ送られた特電が報告するところでは、コロンビア軍によって殺されたストライキ参加者の数は一〇〇〇人を超えたという。最終的にわかった死者数はユナイテッド・フルーツからもたらされた数字であった。

アメリカ大使館は、この問題を処理するにあたりコロンビア当局が並々ならぬ熱意を示したことに注目した。コロンビア当局がサンタマルタ・ストライキを効率よく鎮圧するように努めたのは、この事件が共産主義の思想や活動家によって激化して、国全体の平穏と静けさを乱しかねないと判断したからである。しかし大使館の見方によれば、コロンビアの新聞が、ユナイテッド・フルーツの利益を保護するためにコロンビア政府があまりにも軽率な行動を取ったという考えを「民衆の心に植えつける」ことになるに違いなかった。

ユナイテッド・フルーツは、サンタマルタで直面した事件がメキシコやロシアで見られた「革命」に匹敵するものだと信じて疑わなかった。事件の二、三日後にはユナイテッド・フルーツの経営陣が平穏を取り戻したプランテーションに戻り、自社の記録用に写真を撮った。会社側が経営していた商店は当然のことながら暴徒たちの標的となっており、波板の屋根は打ち壊され、精算用レジは残骸の中で黒こげになり、金庫はこじ開けられるというありさまだった。また、略奪され、焼き払われたままにされた事務所や技師用宿舎もあった。ある一枚の写真には、土を掘って造られたばかりのエラスモ・コロネルの墓の上にフエルト帽が置かれた場面が映っている。

アメリカ小型砲艦の動きは謎のままである。コロンビア当局が自国軍を動かさずにいたとき、この軍艦は海岸から離れたところに出現したのだった。それゆえにコロンビア軍は、アメリカ海軍の介入を許して自国の主権が侵されるという屈辱を味わうことがないようにストライキ参加者に対して行動しなくてはならなかった。ただし批評家たちは、たとえアメリカの軍艦の存在を考慮に入れたとしても、主権国家が自国民を虐殺することに栄光などほとんどないと述べている。

シエナガの広場で殺された人の正確な数はけっしてわからない。死んでいった者たちの運命に関する議論が、ユナイテッド・フルーツとコロンビア当局によって奨励されることもなかった。コロンビア民衆の間では、ユナイテッド・フルーツが被害者の死体を貨車に乗せて運び去り、それらを森林の目立たない墓穴に埋めたり、海に投棄したりしたのではないかという憶測が広まっていった。

この話は人々の間で語り継がれることになるのだった。この虐殺の数ヶ月前、ガブリエル・ガルシア・マルケスはアラカタカに近い町で生誕した。彼の父親は移民労働者であり、姻戚関係にある人々との関係は良好でなかった。そのためガルシア・マルケスの両親はこの町を離れることになり、彼自身は母方の祖父母に育てられることになるのである。

彼の祖父は退役軍人で、かつては千日戦争を戦った尊敬される大佐だった。ユナイテッド・フルーツとコロンビア政府が一致協力してシエナガの虐殺事件を隠蔽しようとする中、このときコロンビアの国会議員であったこの祖父はボゴタに通ってはこの事件を糾弾した。

辞書に書かれている教訓にしたがい、ガルシア・マルケスの祖父は彼にある種の身体教育を施した。サーカスがやってくるとこの老人は彼をそこへ連れて行き、溶けて無くなる冷たい「氷の奇跡」を見るためにサンタマルタ地域の息の詰まるような中心部にあるユナイテッド・フルーツの商店へ出かけた。ガルシア・マルケスの祖母は、飛び地や迷信や幽霊に関する話を否定しがたい真実だとして無表情で彼に聞かせる語り部であった。

シエナガで起こった虐殺の詳細がいかなるものであれ、この事件が起こったという事実を隠すことはできないし、その背後にあった人々の思いを封じ込めることもできない。その六ヶ月後にボゴタで起こった抗議運動は、アメリカ大使館に対してその事件に関わる公文書の公開を迫った。この抗議運動は人目を惹くものであり、デモ参加者はサンタマルタ・ストライキの鎮圧の仕方に関してコロンビア政府と国軍を非難するたくさんの標語を掲げていたそうだ。そのうちの一つは、「バナナの房で飾られたガイコツとドクロが惜しげもなくさらされた」ことを批判している。

第7章　バナナ共和国

一九二九年末には、ユナイテッド・フルーツとサム・ゼムライが協力してホンジュラス侵攻を成功させてから一八年が経過していた。その事件以来、ゼムライはずっと問題を抱え続けていた。ボストンのワスプたちはゼムライのようなユダヤ人と商取引しなかったし、ゼムライも彼らのことが好きになれなかった。

第一次世界大戦へと向かっていく数年間、ゼムライとユナイテッド・フルーツは、ホンジュラス・グアテマラ間で物議を醸していた国境にまたがる土地をめぐって交戦状態にあった。もっと正確にいえば、彼らは自分たちの代わりに戦争を始めるよう両国をけしかけていた。その係争地域において、ゼムライはホンジュラス側に、ユナイテッド・フルーツはグアテマラ側に土地を持っていたからだ。互いの敵意が極限まで高まったとき、中米における反米感情の高まりを恐れたアメリカ政府は、この紛争の冷静な解決を両者に強く求めた。

経済関連の新聞記者やアナリストはゼムライを気に入っていた。自己宣伝をしなかったにもかかわらず、取材を受けるたびに、ゼムライは勝利する可能性が小さいのに巨大企業と戦うつつましい男として好意的に描かれた。経済学の専門家たちも、同様の理由でゼムライを支持した。明らかに孤立した経営者たるゼムライの存在は、アメリカ経済システムが巨大独占企業間のゲームに過ぎないという批判に反論するための、経済学者たちの楽観主義的な理想論を正当化するものだった。〈利権をめぐる政党の集票組織としての〉「マシーン」の理論と、あらゆる人々の利益に合わせて資本主義を調整するはずの効率のよい独占企業が、実際に庶民の心をとらえることはなかった。経済の動向には好景気と不景気がつきものであったし、大企業はいまだにその頂点に君臨しているように見えた。

一九二三年、シオニズムとユダヤ人の祖国建設のために多くの支持を集めようと努めていたハイム・ヴァイツマン(42)は、アメリカへ旅立ち、ニューオーリンズのゼムライを訪ねた。後にヴァイツマンは、このバナナマンとの面会をその旅における最重要案件としており、ゼムライの「飾り気のない実直さ」に心を打たれたと綴っている。四半世紀後のイスラエルの建国時に、ゼムライを訪問するというこのヴァイツマンの判断が賢明であったことが明らかになる。

アンドリュー・プレストンは一九二四年に逝去した。彼とマイナー・キースがユナイテッド・フルーツの主要な企画・経営者だった頃、プレストンの主な仕事はアメリカ国内を厳しく監視することだった。プレストンは、バナナを冷蔵車両に乗せて中西部やさらに遠方へと広範に輸送することで、バナナ・ビジネスを確立した。キースが中米でジャングルの草木をなぎ倒していたとき、プレストンはワシントンに林立する反トラスト法やさまざまな規制法案という深い藪と向きあわなければならなかった。国家に内在する抑圧機能、官僚の形式主義、もしくはその他のユナイテッド・フルーツの野望にとっての障害を免れるために、プレストンはロビイストを手配し、ユナイテッド・フルーツの関わる案件について自社の立場になり代わって発言させた。プレストンはこうした職務をじつに首尾よくこなしていた。

ほおにひげをたたえ、ヴィクトリア時代の謹厳な衣装を身にまとった恰幅のよいプレストンが、その傍らの辻馬車に乗った妻とともに収まる写真がある。彼らは、ボストンから海岸沿いに北上した場所にあるスワンプスコット出身の無口な名士たちだ。一八七一年にアメリカで初めて船一杯の「黄色いもの」を運んできた、ボストン市ロングワーフの身分の低い輸入業者のプレストンは、このバナナ商業で出世した、いわゆる「うまくやって成功した」人物だ。彼はその地域でもっとも大きな新築あるいは修築の立派な住宅をいくつも所有していた。それでもスワンプスコットは、古くからの上流階級が居住する近接のマーブルヘッドとはまったく異なる町だ。プレストンは、アルゴンキン・クラブなどの暗く閉鎖的なクラブにおいて、カボット家、ロッジ家、あるいはその他の最上流家系の人々と親しく交流する、一般人の目には触れないブラーミン同士の内輪の領域には入り込めなかった。このユナイテッド・フルーツの社長は名声のうちにこの世を去ったものの、プレストンの一族そのものが「プレストン一家」として名声を得ていたわけではなかったのである。

ユナイテッド・フルーツは、コカ・コーラ社を救済するために手を差し伸べたこともある。アトランタ地区を拠点とするこの茶色の炭酸飲料企業がようやく軌道に乗り始めたのは、一九二〇年代初頭の不調を乗り越えてからのことであった。当時のコカ・コーラのオーナーは、新しいビジネス領域を開拓する一歩を踏み出すようになるまでは、自社を企業として存続させる価値があるかどうかについてさえ疑っていた。ユナイテッド・フルーツはグアテマラでコカ・コーラの瓶詰め業務を始めたが、湿度の高いバナナ・プランテーションは砂糖入り飲料にとって最適な場所だった。ユナイテッド・フルーツはコカ・コーラを労働者に配り、彼らはそれに病みつきになった。コカ・コーラはユナイテッド・フルーツの店舗、街、そしてそれ以外の場所でもコーラを販売し、それに続いてさらなる合弁事業も立ち上がった。初期の人目につかないユナイテッド・フルーツの飛び地から、コカ・コーラは世界に乗り出して成功を収めることになるのだ。

今や喫緊の課題はマイナー・キースと彼の鉄道事業だった。かつてジャングルの偉人だったキースは八〇歳を超えており、ユナイテッド・フルーツときわめて親密だった企業の情報によれば、もはや彼は「狂信的な目を持った間抜けな小男」と見なされるようになっていた。ついにはキースも引退したがるようになり、それまで彼とユナイテッド・フルーツが長らく熱中してきたことが一つの問題を引き起こしそうになった。それは厳格な法的規定においてはバナナ産業と鉄道業とを分離し続けておいたことだ。異なる企業がそれぞれのビジネスを互いに支え合うようなかたちで経営されていたのである。誰もが二つはまったく同一の企業だと考えていたが、厳密にいえば両企業は別々のものだった。キースとその取り巻きがいるときには、鉄道が他者の手に渡ることなどまず想像できなかった。だが、キースがいなくなると、鉄道業は乗っ取りの危険にさらされる可能性があった。イギリスやドイツからやってきた貪欲な者たちが、まるでコンドルのように鉄道のある国々に向かって鳴き声を発しながら、その頭上を旋回しているかのような状況だった。

ユナイテッド・フルーツは、キースの鉄道事業を吸収合併することに決めた。そうすることによる独占企業としての意味合いは、トラストに反対する弁護士たちの関心をひいたが、彼らはより大きな権力からの要請を受けないかぎり、こうした問題に関与しない傾向にあった。結局のところ、トラストの問題は単なるビジネスの問題ではなく、国家戦略とそれに関わる「利害関係」の問題だった。国務省は全世界的レベルでアメリカの戦略を担っており、その観点からユナイテッド・フルーツの意向を受け入れた。国務省は、キースの鉄道ほど便利で価値のあるものが外国人の手に落ちるのを見たくはなかったのである。

ユナイテッド・フルーツの株式取引アドバイザーは、新しい株主になるための事前協議について公示する予定だった。まさにそれは市場における信用問題のためであり、外国人に乗っ取りを思いとどまらせるためでもあった。だが、ユナイテッド・フルーツの重役たちはこれに同意しなかった。そのメンバーたちは、何よりも慎重な決断を好む年老いた金持ちたちだったからである。そのためこの公示は、最小限のレベルにとどめ置かれた。

キースが雇っていたニューヨークの弁護士が、この問題を担当することになった。かつてのキースの法律顧問であり、アメリカ国務長官を務めたこともあるロバート・ランシングはすでに引退していたため、キースはランシングの甥にあたるジョン・フォスター・ダレスとその弟のアレン・ダレス[43]を雇用した。ジョン・フォスターは、第一次世界大戦当時のウッドロウ・ウィルソン大統領に対して、ユナイテッド・フルーツのコスタリカにおける独裁政治への関与を擁護したことでよく知られている。ウィルソンはこれを聞き入れなかったが、ジョン・フォスターはすぐさま次の手に打って出ることになる。アメリカで成功を収めた弁護士であり、自らが経営する法律事務所でパートナーでもあったジョン・フォスターと弟のアレンは、約二〇年間、最上層の公的機関に従事する運命にあった。あっという間に、彼らは秘密を厳守しつつ複雑な訴訟事件をうまく進めていく能力を身につけた。ユナイテッド・フルーツとキースの鉄道会社の一件には、たくさんの契約や協定が絡み合う問題が含まれていたため、ダレス兄弟こそがユナイテッド・フルーツやキース自身よりもこの問題を熟知していたに違いない。

そして一九二九年六月、マイナー・キースは静かにこの世を去り、彼が生前に所有していたものの多くも失われた。かつてキースはしばらくの間ブロードウェイで紳士服の仕事に携わっていたが、後に材木業や牧畜業に移行し、コスタリカに来てからも、あまり成功しなかったもののウミガメの飼育やユナイテッド・フルーツの商店経営に取り組んでいる。そうしてほとんど自信を失いかけていたキースは、周りからコスタリカに滞在し続けるよう説得される中で、成功を収めることになった。そしてキースは、「王冠なき中米の王」として死んだのである。

よき助言者であったキースの死を受けて、バナナマン・ゼムライはキース死後のユナイテッド・フルーツ内におけるリーダーシップの移り変わりを見据えつつ、ホンジュラスとグアテマラの国境における農地の獲得をめぐる闘争にふたたび加わる決心をした。だが、ゼムライは計算を間違っていた。以前のホンジュラスはいわばゼムライの要塞のような場所であり、彼自身もすべての政治家を意のままに支配する力を行使できることを包み隠そうとしなかった。ゼムライ曰く、「ラバの方がホンジュラスの議員よりも価値がある」のだった。そのため、ユナイテッド・フルーツはこの助言にしたがい、もっと多額の現金を活用することですでにゼムライを出し抜いていた。当時、ホンジュラスの首都テグシガルパにおける賄賂の横行はアメリカの首都ワシントンにおいても論争を引き起こしたが、最終的にアメリカ連邦議会は、それは「アメリカの南側」でなされる正当なビジネスのあり方として承認している。その一方でユナイテッド・フルーツは、紛争となっていた国境付近の水利権を確保する事業にも取り組んでいた。こうして灌漑農業ができなくなったゼムライは、トラブルを引き起こしてしまったことをユナイテッド・フルーツに謝罪するためにボストンへ足を運ぶという屈辱から逃れることはできなくなった。

ユナイテッド・フルーツは、ゼムライがこれからも揉めごとを引き起こすに違いないと見なし、彼の動きを止める唯一の手段は会社の乗っ取りであると決断した。この乗っ取り計画が司法省で働く反トラスト法の専門家たちの関心を引くかどうか国務省に探りを入れてみると、別段心配には及ばないことも明らかになった。ユナイテッド・フルーツがゼムライのバナナ会社クヤメル・フルーツを吸収合併する計画は中米の平和にとって有益だとして、国務省はこれを受諾したのである。

ゼムライはふたたびユナイテッド・フルーツと関わり合うことには気が進まなかった。この大企業を巨悪と見なしていたからである。最終的にこの考えが変わったのは、ユナイテッド・フルーツ側がロンドン市シティのパブでゼムライに歩み寄り、彼を自社の重役に登用すると持ちかけた一九二九年一一月のことだった。彼らは新しいユナイテッド・フルーツを創っていくことに合意し、ゼムライが大株主となり、取締役会の一員となることを認めつつも、日常的な企業経営には関与しないよう申し出たのである。三三〇〇万ドルの企業買収価格で契約書にサインしたゼムライは、すでにエール・ビール「バス」を一二本も空けていた。見るからに千鳥足だったバナナマンは、その支払いのほとんどを新たなユナイテッド・フルーツの株式で賄うことに同意した。実際のところ、ニューヨークの株式市場はまさにその直前の一〇月に暴落していたのだが、そのことはゼムライの意識にはないようだった。

こうして、これまで以上に巨大な企業が誕生した。新しいユナイテッド・フルーツは、三〇〇万エーカー（あるいは一万二〇〇〇平方キロメートル）まで領土を広げることになった。ある見立てによれば、ユナイテッド・フルーツには「この地球でもっとも小さい六つの国家」よりも広い領土があるという。アメリカ合衆国に当てはめてみると、ロードアイランド州とデラウェア州を合わせた面積の一・五倍もあり、コネチカット州よりもわずかに小さいほどの大きさにあたる。ユナイテッド・フルーツは、星条旗上で星印のつけられていない新しい州だったのだ。


ゼムライはよくアザレア（西洋ツツジ）の手入れをしに出かけた。ニューオーリンズに近いタンギパホア郡の私有地に、彼はモクレン、イトスギ、ゴムの木を植えた散歩道を造ろうとしていた。これは慣れ親しんだジャングルの風景とはちょっと違っていた。ゼムライは小さく仕切られたモスキート海岸沿いの居留地での生活に飽きていた。読書も趣味だったが、中米では書架の本にもカビが生えるばかりだったし、二人の子どもにアメリカの教育も受けさせたかった。その頃の彼は、ルイジアナ州で自宅のアンテベラム様式の柱をくぐって散歩に出かけ、水辺に置かれたブロンズ像を水面に映し出す湖を散策していた。マツで建てられた狩猟用の山小屋もあり、よくウズラを撃った。妻とともにニューヨークへ旅行し、演劇を楽しむこともできた。ついにゼムライは豊かな生活を手にしたのである。ただし、じつに不名誉なことに、その富はすぐに霧散することになる。

ユナイテッド・フルーツは従来通りのやり方で年間利益を計算していた。すなわち、輸出された果房、売却されたバナナ、そして株式市場での掲示価格に基づいた計算方法である。さらに非公式ながら、経験則から得られた有益な指標として「マチェテ指数」と呼ぶべきものがあった。大型ナイフ業界において、ユナイテッド・フルーツは世界最大のマチェテ購入企業だった。現地でモソと呼ばれていたプランテーションで働く小作人たちは、各々ユナイテッド・フルーツの店舗で一振りのマチェテを購入しなければならなかった。ユナイテッド・フルーツは、「世界でもっとも偉大なマチェテ製造業者」と称されたコネチカット州コリンズヴィルのコリンズ社からこれらの商品を仕入れていた。イギリス製やドイツ製のモデルの方が安かったのだが、素朴なニューイングランドの企業だったユナイテッド・フルーツはコリンズを選んだ。コリンズ社からやってきた三名のセールスマンが、重いマチェテのサンプル・ケースを汗だくで持ち、河川用ボートに飛び乗ったり、あるいは飛び降りたりしながら、プランテーションの周辺地域や路上で商品を売り込んだ。好調な年には、彼らは三万六〇〇〇本ものマチェテをユナイテッド・フルーツに売っている。大恐慌が進行した一九三一年においてもなお、ユナイテッド・フルーツはわずか三分の一しか購入量を減らしてはおらず、二万四〇〇〇本のマチェテを買いつけている。

ゼムライの資産はいっそう劇的に崩れ始めた。企業合併の時点で三三〇〇万ドルだった株価は、二〇〇万ドルまで暴落した。彼はそれとは別のもっと政治的な脅威にも直面した。「キングフィッシュ」という異名で呼ばれたルイジアナ州知事のヒュー・ロングが、ゼムライに照準を合わせていたのである。ロングは湿地帯出身のポピュリスト政治家であり、ファシズムへ傾倒してもいた。彼はゼムライ同様に「庶民の味方」ではあったが、まったく異なるタイプの男だった。ロングは一九二七年のミシシッピ大洪水以後に権力者への道を突き進んでいた。大洪水当時のニューオーリンズの高官たちは、自分たちの居住区を救うために貧困地区の被害を放置したのである。以前のロング知事は外交問題に関心を示すような発言をまったくしなかったが、この頃になると彼の関心を引く問題が明らかになった。アメリカ海軍が中米の戦争に何年にもわたって従事していたことを知り、ロングは「腐敗したバナナ行商人ゼムライ」への怒りを口にした。

一方、バナナマンは、しだいに減少していく銀行預金とそれに伴う権力基盤の喪失に直面しながら、ニューオーリンズのウォーター・フロントへ頻繁に出入りをくり返した。彼は、日ごとに顔色が悪くなっていく「グレイト・ホワイト・フリート」の船長たちに話しかけていた。彼らは船倉を半分だけバナナで満たして中米から航海してくるのだが、燃料を切り詰め、速度を落として航行しなければならないため、積み荷が腐ってしまうかもしれないという危険を冒していたのである。

ゼムライはユナイテッド・フルーツの取締役会に手紙を送り、状況を打開するためのさまざまな提案を行ったが、ワスプたちはこれを無視した。ゼムライ自身がボストンに乗り込み、株主総会に出席したときでさえも、最上位席の者たちはロシア語なまりのせいで彼の話す言葉が理解できないとうそぶいたほどである。そこでゼムライは、ユナイテッド・フルーツに不満を持つその他大勢の投資家たちから委任状をかき集めてまわった。一九三三年初頭、彼がふたたび本社に現れたときには、すでに取締役会を動かしうる定数を満たしていた。このため、ホンジュラスの灌漑事業に関する議論はすぐに決着がついた。その場にいた誰もが、ゼムライはこうしたユナイテッド・フルーツの日々の経営問題に干渉しないと思っていたし、ましてやゼムライによるユナイテッド・フルーツの乗っ取りに前もって備えていた者はいなかった。光沢のある長い楕円形のテーブルで、ゼムライは自分の集めた株式の総額についてざっと読み上げ、耳障りではあるが明瞭な声で次のように告げた。「長らくこの会社をめちゃくちゃにしてきたのは、きみたち紳士諸君に他ならない」と。

ゼムライの乗っ取りに伴い、ユナイテッド・フルーツの物語は、これまでとは色合いの異なる新しい特性を帯びるようになった。バナナマンはジャーナリストにとって格好のネタとなったのである。ユナイテッド・フルーツは、その偏狭なメンタリティによって行き詰まっていた閉鎖的な集団だった。バナナの略史や消費者にとって役立つバナナの調理法について情報を発信したり、一九二九年には社内に「教育部門」を創設して指導者の一団を学校へ送り込んだりはしていた。それでもユナイテッド・フルーツは、クラブに入り浸る貴族たちやプランテーションの管理人たちによって運営される企業であり、ゼムライがコミュニケーションの拡大を決定するまで、アメリカ社会からは孤立した存在だった。

ゼムライは、おそらくは利己的なロング知事からの攻撃を逸らすためにも、報道機関から注目されることを歓迎した。アメリカ東海岸のジャーナリストたちは「ビッグ・イージー」と呼ばれたニューオーリンズの雰囲気を体感しようと南部へ向かったが、その場所こそが「世界最大のバナナ貿易港」だったのである。そこには、「さまざまな国からもたらされる鼻をつく悪臭」のなかで働く、背が高くがっしりした「黒人、マルタ人、イタリア人たち」がいた。「グレイト・ホワイト・フリート」のツアーで中米を訪れたジャーナリストたちは、いっそうニューオーリンズに対して陽気なイメージを持たなくなっていた。

そこは厳しい世界だった。国外に居住する男たちは、さまざまな病気にかからないようにウィスキーをあおっていた。彼らは企業経営について学ぶためにやってきた、もともとはまじめで清潔な少年たちだった。中米では労働者たちから身を守るために三八口径の拳銃を持ち歩くようになっていたが、それは給料日になるとマチェテの使い手である使用人のモソたちが酔って物騒な状況になるからだ。もしこの銃を手から落としてしまったら、どうなってしまうかわからない。そのため労働者たちの宿舎は、監督者の住居からは射程距離にない場所に位置していた。ケンカが起こった場合には、当然遵守されるべき法的プロセスとは異なる、明文化されていない法規が適用されることもあった。すなわち、もしモソがモソを殺したら他の農園に移動させられる、もし白人がモソを殺したら他の国へ送られる、そしてもしモソが白人を殺したら「誤って撃たれる」などである。

ユナイテッド・フルーツのバナナ生産地域に関するある記述では、工場都市によく似た単調な人工的居留地によって形成された「巨大な封建地区」について言及されている。労働者たちの仮設小屋と、長く連なった粗末で暑苦しい宿泊所が、黒煙の立ちこめる鉄道の敷地と騒がしい機械作業場に隣接して設けられていた。ユナイテッド・フルーツの管理する地域は新興都市に似ていた。バナナ栽培が悪化して農園が別の場所に移るとそこは「荒廃した村」へと変貌するという、一九世紀のアメリカを特徴づける産業拡大のパターンである。それゆえ、この状況は進歩と見なされ、反トラスト法的思考が入り込む余地もなく、あらゆる権限が「偉大な企業」に集中していった。ユナイテッド・フルーツがすべてを決定していたのであり、きれいに整備された業務地区を飾る塗料の色合いさえもいわゆる「マラリアル・イエロー」〔マラリア患者を連想させる黄疸色〕に定めていた。

明るい側面もあった。国籍を捨ててプランテーションで働く労働者たちは、海水浴場、乗馬専用道路、プール、沖合での潜水鐘を楽しむことができた。ホンジュラスでは、海港都市のテラに園芸場およびヤギを利用して刈りこんだ新しいゴルフコースが造られた。そこから二五マイル離れたトゥルヒージョには、スペイン人が築いた砦があり、一八六〇年代にニカラグアの王になりそこねたウィリアム・ウォーカーが最後にもたれかかった壁がある。プエルト・カスティージャの近くにある港は、もっと楽しげなところで、何もないところから開発したというユナイテッド・フルーツのプライドと喜びを反映していた。そこにはヨット・クラブがあり、蝶ネクタイと糊のきいたカフスシャツで洒落込んだ「バナナ・シックス」という名の専属ジャズ・バンドもあった。

ジャーナリストたちをあちこちへと案内してくれる「ベテランのバナナ業者」は、ホンジュラス北部海岸の素晴らしいアルカリ性の土壌や、それがどれほど病気に感染しにくいかについて話したがったので、ジャーナリストたちの関心は散漫になっていた。だが、その土地の向こう側には何があったのか。「しおれた黄色い木」の植えられた空間が、何エーカーも延々と広がっていたのである。そして、パナマのボカスデルトロで「グレイト・ホワイト・フリート」の乗客が病気にかかったバナナを目にしてしまうことがもたらす影響を鑑みて、下船してうろつくことを許可しなかったというのは本当だろうか。いずれにしても、そのときのボカスデルトロがみすぼらしい場所であったことはたしかである。

新聞・雑誌を利用しようというゼムライの企ては、完全な失敗であることが明らかとなっていった。中米地域では、バナナを枯らす病気が全体で一〇万エーカー〔二五万ヘクタール〕にもわたって被害をもたらしていたからである。ホンジュラスには九万六〇〇〇エーカーのバナナ栽培地域があるので、ユナイテッド・フルーツはそれに匹敵する広さのバナナ農園を失ったことになる。

ユナイテッド・フルーツは、こうした事態に注意するよう警告を受けていた。一九二〇年代末、ついにホンジュラスでパナマ病が発生したとき、アメリカ農務省の職員も姿を見せるようになった。職員たちが発見したのは、彼ら自身と同様にユナイテッド・フルーツから歓迎されないものだった。モノカルチャーはうまく機能しておらず、バナナ生産は自然界の「均衡」を逸脱していた。もはや新しい作物の栽培が必要とされていた。ホンジュラスはパナマ病に屈した最後の国だったが、一九三〇年代半ばにはシガトカ病に見舞われた最初の国ともなった。この二つの病気が重なり合って壊滅的な影響をもたらしたため、世紀転換期には一〇年間バナナを栽培することのできた土地の耐用期間が三年にも満たなくなってしまった。ユナイテッド・フルーツは広大なバナナ生産地帯を手放し、一九三五年にはプエルト・カスティージャさえ放棄することになる。

ユナイテッド・フルーツの撤収の仕方そのものが、大きな被害をもたらした。仕事、暮らし、そしてコミュニティ全体が、消滅したのである。ユナイテッド・フルーツは、使用していた鉄道のレールを引きはがし、海に投棄した。これは悪意のある破壊だった。この行動によって、いったいどのような目的を達成できるというのだろう。橋も解体され、木製の橋げたは川沿いに放置され、朽ち果てた。ユナイテッド・フルーツが自ら保管したいと考えた資材は、すべてトラックに積み込まれて運び去られた。

取り残された人々に対して、ユナイテッド・フルーツはどんな取り組みをしたか――何もしなかった。この問題を引き起こした病気に対して、いかなる対処を行ったのか――何もしなかった。ユナイテッド・フルーツはその病気に対して何らかの処置を講じたいと考えていたのか――おそらく会社側は、潜在的なライバル企業の進出を思いとどまらせようと、こうした苦痛をビジネスに利用したのだろう。だが、もしライバル企業が利益のために侵入してきたのだとすれば、なぜユナイテッド・フルーツは病気の抑止に巨額の費用を投じようとしていたのか。

病気が蔓延したときのユナイテッド・フルーツの対応は、新しい土地、新しい国へ移動するということだった。もし必要であれば、中米の果てしないジャングル地帯の一部を開拓した。そして、ジャングルがもはや無限の資源ではないかもしれないという意識が芽生え始めたとき、ようやくゼムライはこの病気の問題解決に取りかかり、解決策を発見した。硫酸銅と水と生石灰を混ぜて生成する、いわゆる「ボルドー混合剤」〔ボルドー液〕の使用である。開発を命じられた専門家たちは、これを乱用しないようにゼムライに警告していたが、彼は増量をくり返しながら、この農薬を大量にバナナ・プランテーションに散布した。この楽しげな名前の、まるでカクテルのように鮮やかな液体の本質は、この農薬を投与する労働者がそれをスペイン語で「ベネネロ」と呼んでいることに表されている。ベネネロを正確に翻訳するのは難しいが、「毒薬犯」という意味に近い。

ユナイテッド・フルーツの年次報告書や議事録には、こうした否定的な側面について長々と記されてはいない。病気は「売上」につながらないからだ。そのうえ、一九三〇年代中頃には大恐慌が落ち着き始め、ユナイテッド・フルーツの商売も上向きになっていった。広告産業も、その直前に再定義された「家庭の豊かさ」に関する大衆的イメージに救われていた。以前には「フルコースの食事」が豊かさの象徴だったが、今や「家庭の豊かさ」とは労働者階級も深く共鳴できるものでなければならず、じつに多くの失業者が存在するという重い現実を軽減するものへと変わっていた。豊かさのより明るく新しいシンボルは、「ボウル一杯のシリアル」とされたが、のちにこれはユナイテッド・フルーツにとってそれまでよりずっと有益なシンボルであることがわかってくる。アメリカ人の朝食用ボウルのなかに、バナナはいっそう広く普及することになったからである。

一方、ユナイテッド・フルーツは中米を移動し続けていた。バナナを枯らす病気からの逃避行動は、まるで会社が著しく発展して各地を席巻しているかのように見えた。キースとプレストンの指導下で、バナナ生産はカリブ海域を西漸して中米地域へと渡った。今やユナイテッド・フルーツは、より早く太陽の沈む方向へと目を向けていた。

グアテマラにおいて長らくユナイテッド・フルーツは、中米地峡の太平洋側の土地を確保していた。それはおもにライバル企業を近づかせないための措置であり、そうした場所はたいてい未使用の土地だった。さらにユナイテッド・フルーツと張り合おうという企業には、キースの敷設した鉄道による貨物運送料金を請求された。つねに権力の座にいるのは、すでにユナイテッド・フルーツが買収によって支持を取りつけている独裁者だった。こうして他社はグアテマラのバナナ・ビジネスから閉め出されてしまうのである。

当時の新しい独裁者が、高慢で我慢強いホルヘ・ウビコ(18)だった。ウビコは自分自身をナポレオンになぞらえており、いつもそのことを気にかけ、ナポレオン風の髪型をしていた。思想の面では、彼は下層階級の成り上がり者としてヒトラーを軽蔑し、ムッソリーニを信奉していた。ムッソリーニのように、多様な人々をイタリア人として躾けることのできた人間ならば、グアテマラ人に対しても教訓を与えてくれるに違いないと主張していた。ウビコ将軍は、ユナイテッド・フルーツ内に直属の集団を置き、鉄道を時間通りに運行させるなど、中央政治の立場から企業を指導することに専心した。学校で授業を受けられるごくわずかの幸運なグアテマラ少年たちは、軍服を着用させられた。また、彼は国立交響楽団の演奏する楽曲も選び、国内を遊説する際には吹奏楽団を引き連れていった。その音楽を聴くように強制され、国中の広場に集められた人々の大部分は、スペイン語を話さず、ウビコの思想や話に関心のない、グアテマラの多数派たるマヤ系先住民だった。

ウビコは、ユナイテッド・フルーツの太平洋地域進出を止めるべきだとする寡頭支配層の嘆願を聞き入れなかったので、ユナイテッド・フルーツは太平洋に面するティキサテという町にさまざまなプランテーション複合体を建設することができた。そこはバナナ産業に関わる最新技術が導入された場所で、灌漑やその他の技術、とりわけ必要とされるだけのボルドー混合剤を散布する強力なポンプ装置があった。

太平洋岸沿いの低地は、大西洋沿岸に負けず劣らず暑いところだったが、ティキサテにはコンクリートの柱と空気の流れを配慮した装置など、十分に設備の整った国外在住者向けの住宅があったため、自分の地位を向上させようと若いアメリカ人たちが次々とやって来ても、まったく問題はなかった。「新しい従業員の家、バンプ技師」という見出しの書かれた、立派な二階建て社屋の写真が残されているが、これはその少し前にアメリカからティキサテに到着したばかりの若い技師、エイルマー・バンプの住まいとなった。

この頃、ユナイテッド・フルーツの出現を印象づける風刺画が地元雑誌に掲載された。それは歯をむき出しにし、触手を中米地峡に広げている怪物の絵であり、その触手は大西洋から太平洋まであらゆる地域に伸びていた。ユナイテッド・フルーツは、スペイン語でタコを意味する「エル・プルポ」という企業イメージ払拭することはできそうになかった。

『オックスフォード英語辞典』が「バナナ共和国」という言葉を最初に取り上げたのは、一九三五年のことだった。それ以前に『エスクァイア』誌の七月号に掲載された架空の話のなかで、二人の登場人物と、彼らの興味を引くかつて海軍に所属していた大物退役軍人の間の次のような会話が展開されている。「われわれはバナナ共和国における非人間的な戦争の局面でブラウン少佐〔米英戦争で活躍したアメリカ軍人で救国の英雄〕に協力した」と。

実際には、オー・ヘンリーの『キャベツと王様』がそれより三〇年余りも先んじていたが、このときまでにその言葉が新たな意味を持つようになっていたと言える。中米のバナナ共和国は、オー・ヘンリー、リー・クリスマス、マシンガン・モロニーがたむろした頃の陽気なたまり場というよりも、ユナイテッド・フルーツが支配する暗い場所だった。

一九三〇年代前半の深刻な大恐慌のなかで、中米諸国はユナイテッド・フルーツへの依存を強める新しい段階へと傾斜していった。これらの国々は国家予算が破綻しないようユナイテッド・フルーツに借金をしたからである。一方、ユナイテッド・フルーツは以前ほど中米諸国へ依存しなくなり、多角経営を目指して他地域への進出を模索しており、たとえばアフリカではヤシ油を製造するためにアフリカヤシの栽培を始めている。

バナナ共和国は非人間的な戦争と独裁の起こる場所として特徴づけられるようになったが、実際にそれは真実からまったくとかけ離れているとは言い難かったこともあり、この言葉は暗黙のうちにそうした状況に屈している中米人たちを貶めることにもなった。これとは反対にバナナ共和国の指導者たちは、そうした悪評判をうまく免れていた。アメリカでバナナ共和国について解説されるにしても、それがいかに優れているかを装ったものだった。

ユナイテッド・フルーツは、本国アメリカには畏怖の念を吹き込んだ。その「仲介人」はすべての中米諸国の首都で暗躍しており、『フォーチュン』誌も次のように書いている。「もし財務大臣が口座から預金を引き出し過ぎたり、大司教がドイツから六人の修道女を連れてきたがったりしたとき――。あるいは、大統領夫人が手術で胆石を取り除きたがったり、ある大臣の妻がニューオーリンズから新鮮なセロリを買いたがったり、大統領が純血の雄牛に種つけされた純血の雌牛を欲しがったとき――。つまり、誰かが何かを欲したとき、素早くそれを手に入れることができる者こそが、ユナイテッド・フルーツの〈仲介人〉なのだ」。

また、ちょうどこの頃、『オックスフォード英語辞典』は、別の特徴的な表現にも言及している。「ゴーイング・バナーナズ」という言いまわしである。これは精神錯乱が進行した状態を意味し、当時のアメリカで起こっていた状況をうまく示す表現だった。

フランクリン・ローズヴェルト《44》大統領がアメリカを大恐慌から救おうとしたとき、アメリカのビジネス界における有力者たちの一団は、ユナイテッド・フルーツのかなり風変わりな考え方に気づくことになった。彼ら有力者たちはローズヴェルトのニューディール政策に反対していた。ニューディールのプログラムにとって、サンフランシスコ湾に架ける橋を建設したり、失業したアメリカ市民にふたたび雇用の機会を与えたりするなど、多額の費用を要するさまざまな計画が不可欠だった。有力者たちは、適度に放置しておいた方がよいとする、当時趨勢だった経済理論を信じていた。これは、さらに言えば、「ひどいかたちで」放置するということにもつながる。経済は自ら回復に向かうという理論だったのである。ジャングルの流儀にしたがって、もっとも経済的に弱い者が敗北し、もっとも有能な者が生き残っていくなかですべての人々が裕福になっていくという。経済界の有力者たちは、ローズヴェルトの政策を、納税者たちの税金を浪費するものであり、失業した多くの一般納税者に代わって、彼らや大企業がその負担を肩代わりするものだと見なした。有力者のなかには、もっと自分たちの好みに合う男をホワイトハウスに送り込もうと決意した者もいた。彼らはローズヴェルトを大統領の座から完全に追放するために共謀することはなかったが、彼が分別をわきまえるように、自らの手の者をローズヴェルトの側近につけた。

彼らの計画は、アメリカ版バナナ共和国をつくることだった。彼らは、自分たちにとっての「ブラウン少佐」のような人物を選び、しばらくの間自分たちに「同調」させた。その人物こそが、スメドリー・D・バトラー准将で、まさに選ばれるにふさわしい資格を有していた。彼はかつて海軍に所属していた退役軍人であり、中米で三三年間にわたって従軍した人物である。(19)

陰謀をたくらむ者にとってはあいにくだろうが、バトラーは中米の戦争における残酷な側面を知り尽くしていた。著書『戦争はいかがわしい商売だ』のなかで、彼は「私が中米の六つの共和国をレイプする手助けをした」のは、「ウォール街の利益のため」だったと記述している。バトラーは国家の側に立って証言し、株式販売人、銀行家、大企業家からなる陰謀団が、ローズヴェルト大統領を追放したり、アメリカを戦争に導いたりしようとたくらんだと述べている。彼は、これらに関与した者に、J・P・モルガンなど有名な銀行家たちの名前を挙げているが、もっと多くの者たちが関わっていたに違いない。バトラーはワシントンの大統領府と下院の非米活動委員会に申し立てを行い、受諾された。「バトラー将軍が真実を語っていることは疑いない」と、当時の共同委員長の一人は後に回顧している。

まもなくこの事件は霧消し、ほとんど人がそのことを振り返らなくなった。陰謀者たちは、バトラーの申し立てを狂気に満ちた空想による「たわごと」だとして退けている。その間、ローズヴェルトは、ニューディール政策に必要とされる資金を得るためには、大企業と取引する必要があることを思い知った。陰謀事件が明らかになった後、ローズヴェルトもまた、バトラーの話を狂気じみた反戦的孤立主義と見なし、これに同意しなかった。バトラー准将は真珠湾攻撃の直前に亡くなり、この事件は本当に「ゴーイング・バナーナズ」な〔頭のおかしくなった〕人物による事件として、その後の歴史に委ねられることになった。

第二次世界大戦勃発の緊張が高まっていくなかで、サム・ゼムライはユナイテッド・フルーツ代表を務めながらローズヴェルトに関わっていった。このバナナマンは、中米に対する大統領の希望には同意していない。対外問題においてローズヴェルトは「善隣外交」を掲げ、南北二つのアメリカ大陸間のよりよい関係を発展させようと計画していた。その政策には、バナナを含む原材料品をより多くラテンアメリカから購入する案も包含されていた。その見返りとして、中米とラテンアメリカの一般人は、より多くのアメリカ製工業製品を買うことができるようになるだろう。そして、この相互協定によって、経済復興が促進されるだろう。そう考えられていた。

このプロセスを勢いよく進めていくために、両アメリカ大陸の北側諸国は、ブラジル人の歌手であり、ダンサーであったカルメン・ミランダを輸入した。北側の基準からすれば裸同然の衣装であったものの、ミランダはまったく下品なタレントではなかった。華やかなトゥッティ・フルッティ・ハットをかぶった彼女は、民衆をおおいに喜ばせ、しばらくの間、物事はすべてうまく運んでいるかのように見えた。

カルメン・ミランダは、長らく憂うつな月日を過ごしてきた人々にとっては目の薬であったが、ユナイテッド・フルーツの期待に沿う人物ではなかった。少し遠く離れたところであったものの、そこには商売相手としての別の「よき隣人」がいたからである。さらに遠くのヨーロッパでは、ヒトラーの支配するドイツが精力的に再軍備と工業化を進めていた。ドイツ人は経済的に豊かになり、バナナにとってもじつに良好な市場となっていた。ナチスはドイツの工業製品と交換可能な債券でしか支払いをしなかったので、ユナイテッド・フルーツはそうした工業製品をできるだけたくさん中米に引き取ってもらう必要があった。しかしながら、輸送コストが原因で、ドイツ製品はどうしてもアメリカ製の類似品よりも価格が高かった。

そこでユナイテッド・フルーツは、自分たちのできることを見極めるよう腹をくくった。グアテマラにおいてユナイテッド・フルーツは、列車の貨物利用料金に加え、商品そのものにも課金する制度を整えた。そのレートは奇妙な歪みを生じさせ、距離的により近いはずのアメリカで生産された類似製品よりも、ドイツ製品の方がはるかに安く市場で販売された。すなわち、ユナイテッド・フルーツのビジネスは、ヒトラーとともに急成長したのである。

ローズヴェルト大統領はこれに激怒した。アメリカの経済回復を助けるどころか、ユナイテッド・フルーツはナチス支配下のドイツの復興を手助けすることを選んだのだ。アメリカが第二次世界大戦への参戦準備を進めていくにつれ、ユナイテッド・フルーツを国家に敵対する大企業と見なすようになり、大統領二期目に突入したローズヴェルトは、このユナイテッド・フルーツの案件に関して反トラスト法の監査官を差し向けた。

第8章　その内部では

ユナイテッド・フルーツは国務省へ入り込むことをもっとも重視していたが、アメリカ人の生活や家庭、そして国事に介入する努力もしていた。

一九二九年以来、ユナイテッド・フルーツ内の教育部門は、若年層の客の注意を引くことに専心した。学校での地理の授業用に地図を贈ったり、子どもたちのために塗り絵を配布したりもしている。その「家政学部門」は、溢れんばかりのさまざまな教材を母親たちに与えてもいる。毎朝、アメリカの至るところで見られる、シリアルの上に切って乗せられたバナナはこの時期の朝食の特徴であり、シリアルとバナナが最初から混ぜられた状態で売っていると信じ続けて成長した子どもたちもいるほどだった。朝食用シリアルの上に切って乗せるには、たしかにバナナの方がリンゴより向いていた。そのためユナイテッド・フルーツは、いつかバナナブレッドが「アップルパイ」に勝つという希望を抱いてもいた。ところが、現在でもリンゴはしっかりと人気を保っている。バナナブレッドがアップルパイに代わってアメリカの国民的人気を得るにはあまりにも胃にもたれすぎるのだ。

小冊子の表紙上でウィンクしているバナナたちは、バナナを食卓に並べるための「新しく魅力的な料理法」を勧めた。「バナナ&ベーコン」である。ユナイテッド・フルーツは、厚切りバナナをベーコンで包み、カクテルスティックに刺して食卓に出せば、「会話が弾むこと請け合い」だと提案した。それは「調理しても、していなくても、すべての食事に合う流行の料理となる」と、ユナイテッド・フルーツ側は決めつけている。カリブ海域の外ではバナナの調理法などほとんど知られていなかったことや、一般に調理に向いた品種のバナナを誰も輸入していなかったことを考慮すると、おそらくこの言葉は希望的観測に過ぎなかったのだろうが。

ボーイスカウトの子どもたちがキャンプファイアを囲んで微笑み、バナナを調理中の料理のなかに投げ込んでいる絵は、ユナイテッド・フルーツが社会的秩序を支柱とする正しい会社だという印象を見る者に与える。そのポスターでは、バナナが兵士のように周りをまわって行進している。ユナイテッド・フルーツは、すでに確立された習慣を通じて体面も気にせず家庭に関与していった。よくできたお母さんは、できるだけ間食しないようにして、一日三食の食事を日常的な行動として厳格に守る。「夕食がまずくなる」からだ。しかし、ユナイテッド・フルーツは家庭のキッチンへとにじり寄り、健康によいバナナこそがすべての食事のなかで最高だと提案した。ただ「すべての食事」をとるだけではもはや十分ではない。なぜ一日中食べてはだめなのか。ユナイテッド・フルーツは、「幼い子どもたちの場合」、「三回の食事と食事の間にも」食べ物を与えた方がよいとしたのである。

ユナイテッド・フルーツは、現実の世界でも、想像上の世界でも、「バナナ・ランド」と呼ばれる独自の世界に生きていた。当時の大衆メディアに向けて、「バナナ・ランド向けラジオ」などの番組を制作したり、雑誌でこうしたイメージを取り上げ、それを社会的に売り込んだりもした。陰謀事件を扱った二流の短編小説にも、バナナ・プランテーションを舞台に、長靴をはいた男たちや肌もあらわな女性たちが登場してくる。その小説の中では、危険な仕事は楽な暮らしにすり替えられて描かれており、一日が終わると登場人物たちはベランダでバーボンをロックで飲みながら深く内省するのである。イギリス帝国に、極東「マラヤ」〔マレー半島〕のゴム林で汗を流した劇作家のウィリアム・サマセット・モーム〔『月と六ペンス』で有名。『月光の女』では、マレーのゴム園を舞台にした男女関係のもつれを描いた〕がいたように、ユナイテッド・フルーツには、神秘的な南半球のどこかにあるバナナ・ランドがあった。

実際のところ、バナナ・ランドには幸せな者はほとんどいなかった。人々は「グレイト・ホワイト・フリート」に乗り込み、ニューオーリンズからキューバ、あるいはさらに遠いところへやってきた。ホンジュラスにあるいくつかの港もみすぼらしいものだったが、最悪だったのは、道がでこぼこで、潮の干満によって道の側溝が汚水で溢れる、グアテマラのプエルト・バリオスであった。その街はいつ消滅したのだろう。ブリキの波板とボール紙でできた掘っ建て小屋で、人々はいったいどのように暮らしていたのか。そうした状況は、当時のラジオ番組を聞いていた人にはけっして想像することができなかった。そこからグアテマラの内陸部へ四〇マイル進むと、ユナイテッド・フルーツの本部が置かれていたバナネラ市があるが、そこではすべてが進歩的だった。完璧なまでに清潔なオフィスでは、身なりのよい青年たちがデスクに向かっており、天井にはブンブンと音を立てて回る木製のシーリングファンがあった。ユナイテッド・フルーツはキリグアに自社用の優れた病院も持っており、それはこの会社が「人々を助けるために存在する」ことを示してもいた。ユナイテッド・フルーツはパナマのアルミランテ湾で乗客が下船することを認めなかったが、乗客の方もそこで降りたいとは思わなかったはずだ。ハバナに行けば、いつも忘れられない夜があったからだ。「ムラト」〔白人と黒人の混血〕の女たちや男たちもいた。ここを訪れた者たちは、ふたたび帰国したあと、そこで行われたショーや出来事について他人に話すことはほとんどなかっただろうが。

第二次世界大戦中、「グレイト・ホワイト・フリート」の通常航海でどこかへ行こうとする者は誰もいなかった。多くの人々は軍務を与えられ、その多くは行方不明となった。この大戦が開始されたとき、ローズヴェルト大統領は、ユナイテッド・フルーツの案件から反トラスト法の専門家たちを撤退させている。ユナイテッド・フルーツが自社のプランテーションでゴム、キニーネ、ロープ用マニラ麻のような戦略物資を栽培すると契約したからだ。この計画の監督役は、重役の地位にあったサム・ゼムライである。かつてユナイテッド・フルーツは国家の敵としてアメリカ政府と対立していたが、今やそこからうまく抜け出して、血にまみれた戦争の英雄となった。

この戦争を通じて、ユナイテッド・フルーツはアメリカ政府との和解を進めていった。ゼムライは、ますます「邪悪なタコ」に喩えられた自社イメージを気にするようになり、大戦が勃発した頃にこのイメージを改善するためにエドワード・バーネイズ[20]を雇い入れた。かの「広報の父」〈45〉と知られる人物である。バーネイズは精神分析という新しい学問分野の達人、ジークムント・フロイトの甥という有利な立場にいた。一九一七年、彼はイタリア人歌手「グレイト・カルーソ」〔偉大なるカルーソ〕のアメリカ・ツアーを企画した。第一次世界大戦後には、ヴェルサイユ講和会議におけるアメリカ側の記者兼無線連絡係も務めている。

一九二〇年代末、彼は著書『プロパガンダ』を出版して有名になっていた。バーネイズは、自分の専門分野に関して率直に述べた最初で、そしておそらくは最後の広報マンだった。彼の関心は「群集心理」にあり、彼の著作によれば群集は「考える」のではなく、衝動や習性や感情で動くため、もっとも重要なのはそれらを利用する力だという。そして、その力こそが広報〔プロパガンダ〕であり、これを使えば「組織的な習性や世論を意識的かつ知的に操作しうる」と述べている。この情報操作の過程が「社会の目に見えないメカニズム」であり、これをうまく利用する者こそが「目に見えない政府」であり、「私たちの国で本当の支配権力を持った者」だとした。もちろん、一九四〇年代までに、広報はロシアのスターリンやドイツのヒトラーによって長らく悪用されていたが、バーネイズはそのことに怖じ気づいたり、それを恥ずかしく感じたりすることはなかった。アメリカ社会の「知的少数派」は、広報を「継続的かつ体系的に」利用する必要があり、それこそが「アメリカの進歩と発展」にとって重要だと力説したのである。

特にバーネイズは広報における橋渡し役の重要性を強調しており、その任にあたるたくさんの人物のリストを持っていた。そのなかに名前を連ねた者の多くはジャーナリストや編集デスクで、バーネイズが「友人」と呼んでいた者たちだった。彼らは世論を組織的に操作するのにふさわしい橋渡し役であって、バーネイズは彼らを継続的かつ体系的に利用することを信条としていた。

一九三〇年代、ジャーナリストたちをユナイテッド・フルーツの世界へ招き入れることに失敗したゼムライは、バーネイズがいれば今度こそ速やかにうまくやれると確信した。バーネイズは現実を見えにくくし、その意味を変えてしまってもなお、それを何とかして「現実」であるかのように見せたからである。彼はそういう社会の見えざるメカニズムを動かす人物たちから手数料を取り、立派な経ている。アメリカン・タバコ社も、一九二〇年代末へ向かう好調時にバーネイズを雇っていた。アメリカン・タバコは、公的な場でもっと女性がタバコを吸うよう仕向けたかった。問題は、当時の女性が自宅やダンスホールなど閉鎖的な空間でひっそりとタバコを吸っていたことだ。まだ喫煙は「女性らしい」行いではないとされていたため、彼女たちは公の場で存分にタバコを吸うことができなかったのである。バーネイズは、女性の高まる自己信頼感や解放感とタバコとのつながりをくり返し主張した。一九二九年、ニューヨークのイースター・パレードにおいて、バーネイズは火のついたタバコならぬ「自由の光」を口にくわえた女性モデルを行進させている。

ユナイテッド・フルーツに対してバーネイズは、現代の広告業界の専門用語で言うところの「リポジショニング」〔すでに市場に存在する自社商品を市場空間内で位置づけ直すこと〕を実施するよう提案した。彼の判断によれば、中央アメリカに新たな名前と位置づけが与えられるべきだった。そのために生み出されることになるのが、「中部アメリカ」という言葉である。母国の合衆国内では、この言葉は社会的地位と高い価値観をきちんとイメージさせるものだった。だが、ユナイテッド・フルーツにとって中部アメリカとは、いったいどのような意味を持つだろう。バーネイズは、中米への旅行を通じて感銘を受けていた。彼は、ゼムライに会うためにホンジュラスのテラに赴いたが、そこは「ジャングルから石を投げれば届くほどの近距離にある小さな海港都市」だった。バーネイズが注目したのは、未開拓の状態から、いかにしてゼムライが花に囲まれた美しい木造家屋の建つ「小さなアメリカ中西部のコミュニティ」によく似た街を建設したのかということだった。

ユナイテッド・フルーツは、「中部アメリカ情報事務局」を設立した。そうすることで、この会社が公衆の視線に対して「門戸を開いた」のだと、バーネイズは宣言した。この事務局は、アメリカやラテンアメリカからやってくるジャーナリスト向けに、ユナイテッド・フルーツの業務に関する現実と建前についての情報を提供した。ビジネスマン向けに、『ラテンアメリカ・レポート』という週刊誌も発刊された。この雑誌の担当者は、仲間内で「ビル」と呼ばれ、「会社のよき友」と見なされていたウィリアム・ゴーデットである。ただし、この場合の「会社」という言葉は、ユナイテッド・フルーツとならぶもう一つの「会社」、すなわちアメリカ中央情報局（CIA）を意味する。ゴーデットはCIAのエージェントでもあったのだ。

バーネイズは、慈善事業はいいことだとアドバイスをした。すでにゼムライはニューオーリンズで子ども向けクリニックを設立していた。そのうえ、「中部アメリカ」研究のために、ニューオーリンズのテュレーン大学に一〇〇万ドルの寄付もしたし、ハーバード大学では女性のための教授職を創設したりもした。ホンジュラスでは、中米の人々が農業に関する高度な研究を行うための最初の学校も設立された。病気の蔓延で閉鎖されるプランテーションが急速に増えていたため、これはちょうど時宜にかなったものだった。バーネイズは、ユナイテッド・フルーツが人知れず放置されたグアテマラの考古学的遺跡にもっと多くの資金をつぎ込むように主張している。こうしてユナイテッド・フルーツは、その舞台で敗者たちが命という究極の代価を支払ったと言われている古代マヤの球技場を修復した。バーネイズが郵便用記念切手の発行をお膳立てした頃には、ユナイテッド・フルーツは勝者として立ち現れていた。

しかし、第二次世界大戦も終わりに近づいた頃、会社は困難に直面することになった。この世界的な紛争の間、バナナの売り上げが戦前の半分にまで急落したのである。ユナイテッド・フルーツの船が公海上での平和的な操業に戻ることができたときには、確実にバナナの売り上げが伸びるはずだったのに、どうしてそうなってしまったのか。ユナイテッド・フルーツは、戦争による破壊から無傷で助かった唯一の世界的企業で、戦後の急成長が待ち望まれていた。必要不可欠な消費財、さらには新型の自動車、昔なじみのラジオにとって代わることになるテレビ、冷蔵庫、掃除機などに対する需要が大波のように高まることを、ユナイテッド・フルーツは期待していた。この大変化をどのように利用したらよいのだろうか。

広告は儲けを生み出す宝箱であり、その鍵となったのは庶民の願望や夢の活用だった。それ以前、広告は商品の効用〔消費者が消費行動を通じて得る主観的な満足度〕、すなわちすでにある生産品を人々により多く「使用」させることに集中していた。難点と言えば、人々が消費する数量にはどうしても限界があるということだった。消費者の夢に波長を合わせることで、広告はかなり異なったものとなっていく。効用には限界があるが、夢には限界はない。バナナを売る方法は、欲望の無限の可能性を把握することにある。

この頃までに、カルメン・ミランダは映画で大成功を収めていた。一九四〇年の『遥かなるアルゼンチン』と、その翌年の『あの夜のリオ』が大ヒットしたのである。彼女は、自分自身にあてがわれた非公式の政治的役割とともに前進していくことに幸福を感じていたようだ。ミランダこそが、「善き隣人」から手に入れたいと思っていたもののすべてを体現していた。アメリカは、ヨーロッパ、アジア、そして太平洋の小さな島々に至るまで、じつに多くの戦線で執念深く戦争に従事していた。その行為は価値があるのだと知ることでアメリカ人は慰められたのであり、ミランダの精神はアメリカ人が戦っていた外界の価値を代弁する存在となっていた。

このとき、ユナイテッド・フルーツは、セニョリータ・チキータバナナというマンガのキャラクターを思いついた。バナナの姿をしたこの女性キャラクターは、フリルのついたラテンのドレスとフルーツのちりばめられた帽子を身につけて歌い、踊るのだ。そのための歌やコマーシャル・ソングが作られ、一枚刷りの楽譜が学校に配布された。ラジオや映画、そしてまったく新しいメディアのテレビが、そうやって創出されたイメージを普及させた。アメリカのラジオ局では、一日に六五七回もそのコマーシャル・ソングを放送している。外国に駐留するアメリカ軍人たちは、塹壕のなかでももっとも一緒に過ごしたい「女性」としてチキータを支持していた。家庭の主婦にとっても、チキータは活力に満ち、健康的で、完璧な歯並びをしている、第二次世界大戦後に広まった新しい家族的価値観を体現するキャラクターだった。セニョリータ・チキータバナナは、世界で唯一の超大国となったアメリカの豊かさと楽観主義をうまく捉え、それとともにバナナの売り上げは急上昇していった。

サム・ゼムライは、ユナイテッド・フルーツの絶頂期に代表から退こうとしたことがある。彼の販売するバナナは資本主義の象徴であり、その小さなぜいたく品には、見た目よりもはるかに大きな意味が込められていた。共産主義においては、効用という観点が曖昧すぎることは明白で、それを人々に届けることさえできない。自分の作り上げた世界が資本主義的な富と楽しさへとつながる道を示したということで、ゼムライは引退の意志をふたたび強くした。引退するために、彼は自分自身のルーツと向き合い、古くからの敵と和解しようと試みた。

アメリカ合衆国南部のユダヤ人に関する参考文献には、アメリカの経済発展の中のゼムライとその役割について言及したものはない。ゼムライ自身はそれでよかったはずだ。彼は「けっしてその際だった名声を笠に着なかった」し、後に彼自身が思い出を語ったところによれば、彼はニューオーリンズのユダヤ教会のラビでもあった。他方でゼムライは、二五年前、シオニズム運動を率いた宣教師のハイム・ヴァイツマンが彼を訪ねてきたことにずっと感謝していた。二人は数学や音楽に共通の関心を持っており、同じロシアの反ユダヤ主義運動からの亡命者として、ヴァイツマンのメッセージに鼓舞されたことを認めている。だからこそ一九四八年、ゼムライは移民船「エクソダス号」の購入資金を提供し、新国家イスラエルへの最初の移民事業を手助けしたのである。

ゼムライには、ユナイテッド・フルーツの経営者としてのはっきりとした後継者はいなかった。彼はボストンのバックベイ地区にどの高級住宅よりもエレガントな自宅を持っていたにもかかわらず、ボストンコモン公園を見渡すことができる荘厳なリッツカールトン・ホテルの長期レンタル・ルームの方を好んだ。この頃のゼムライは「喪失したエネルギー」を回復する必要があったようで、急いで逃げるようにニューオーリンズへやって来ては、エネルギーが回復するまで何日も、何週間も、ただ一人水上で過ごしていた。

ゼムライは、どうやら一度もボストン・ブラーミンたちの同意を求めようとはしなかったようだ。それでも彼には、ボストンをうまく取り仕切っているブラーミンの者ならば、ユナイテッド・フルーツの経営も任せられると判断する優れたセンスがあった。いったん家柄のよい人物を探し始めたならば、けっしてゼムライが中途半端な人材を求めることはない。こうして、彼は後継者にカボットを選んだ。

トーマス・カボットは、じつに感じのよい男だった。後に刊行された彼の自伝では、親交のあったロバート・マクナマラ[46]が前書きを寄せている。キューバ危機のあった一九六二年、ジョン・F・ケネディ[47]大統領から国家安全保障問題顧問に命じられたあのマクナマラである。それ以前、マクナマラはフォード・モーター社を立て直してもいる。老ヘンリー・フォードは、ユナイテッド・フルーツの推進するマスマーケット〔大衆消費市場〕のアイデアを借用したものの、その活用に長く手間取ったため、自社を救うためにマクナマラを雇い入れたのだった。ゼムライが心配していたのは、長く現在の地位に留まることで自分も老いたフォードのようになってしまうのではないかということであり、カボットにはさらなる成功をもたらしてくれると思わせる何かがあった。

カボットは努力を必要としない資産家として世に出てきた。小説家のスコット・フィッツジェラルドは、カボットを称賛する一方、何十年にもわたって馬の背中にまたがり、物見遊山の旅に出かけていたことを軽蔑している。たしかにカボットには産業的な背景があった。というのも、彼を輩出したカボット一族は、ペンシルヴェニア州の丘陵地帯一帯に黒煙をまき散らしていたカーボンブラック〔印刷用インク〕工場を経営していたからである。カボットもそうした工場を経営していたが、けっして仕事で疲れ切ってしまうような働き方はせず、経営とは何かについて多少のことを知る程度だった。

ユナイテッド・フルーツのマネージャーたちは、カボットの登用には同意しかねた。だが、ゼムライを引き継いだカボットは、たしかにたいへん興味深いアイデアを示した。病気でバナナ農園が失われつつあった中米を放棄すると明言したのだ。彼はそれほど間違ってはいなかった。ビッグ・マイクはすでに絶滅しつつあった。カボットは、おそらく害虫を近づけないで済む、アンデス山脈を越えた遠い南米へとユナイテッド・フルーツを移転させるべきだと提案したのである。新たなバナナ・ランドは、労働者たちが組合を組織するような問題の起きにくいエクアドルに創設される手はずだった。中米では組合がますます勢力を強めていたからである。

カボットは既得権を持つ者たちと激しく衝突した。彼らにとっては中米こそが会社そのものであり、事実上彼らが知っているすべてだった。より踏み込んだ話をするときも、カボットはバーネイズのいう広報のポイントを理解することができず、現実感覚に疎い人物だと見なされるようになってしまった。このためゼムライが引退生活から返り咲き、カボットを解雇するはめになった。

アジアとヨーロッパにおいて東西冷戦が容易ならざる手詰まり状態に陥り、凍ったように動かなくなると、第二次世界大戦後の楽観主義も変化していった。一九四九年にロシア人が核爆弾を爆発させたことで、アメリカはもはや唯一の超大国ではなくなった。カルメン・ミランダの職業的成功も、戦中に公開された『ザ・ギャングス・オール・ヒア』を頂点として、しだいに明らかな下降線を描いていった。大戦の終了間際にローズヴェルトが死んでからというもの、アメリカは「善き隣人」にも飽きてきていた。

どんな「善き隣人」がいたというのか。かつての同盟者でさえ信頼できないことは、ロシア人が証明している。共産主義がヨーロッパの東半分を支配し、西半分に脅威を与えていた。イギリスさえも疑わしい。イギリス人たちは、あろうことかウィンストン・チャーチル《48》を国民投票で首相の座から追い出し、戦後にはクレメント・アトリー率いる労働党政府を支持している。アトリー政権は奇妙なことに「社会民主主義」を謳っていたが、これはバナナの積荷以上に何らかの意味を持つ言葉だろうか。少なくとも共産主義へと至る道程の途上としか考えられないではないか。

ハリウッドが特別念入りな調査を受けたのもこの頃である。映画俳優組合の代表だったロナルド・レーガン(21)は、映画人たちにかけられた最悪の共産主義疑惑に答えるために非米活動委員会の舞台に立った。共産主義者は至るところにいると認めたレーガンは、共産主義者の発見に手助けできたことに幸せを感じていたようだ。委員会側も、レーガンの陽気で率直な証言に対して感謝の意を表している。ウィスコンシン出身のジョセフ・マッカーシー(22)上院議員がこうした反共産主義運動の旗頭となり、一九五〇年代初頭、内部に潜む敵を見つけるためにアメリカ国民を厳しく尋問していくことになる。

ユナイテッド・フルーツは、本能的にこの「マッカーシズム」を支持した。多くの問題があったとはいえ、これはユナイテッド・フルーツの言う中部アメリカの一部たるウィスコンシン州の良識からはまったくかけ離れた主張だったが。グアテマラでは、一九四四年にウビコ将軍が政権を追われ、選挙で選出された大統領がこれに取って代わり、ユナイテッド・フルーツに議論をふっかけ始めた。バナナをむしばむ病は、いまだに増え続けていた。プランテーションでは今まで以上に大量のボルドー混合剤が投与されたため、海外への輸出船にバナナが積み込まれるとき、この農薬の残留物が船倉にしみ出した海水と混じり合った。その結果、「グレイト・ホワイト・フリート」でさえ、船内から腐食が進行していった。

コスタリカは、バナナ共和主義との関係を絶つ兆しを見せ始めていた。これは一種の「先入先出方法」〔仕入れの古い順に販売したと見なす会計方法〕だったのだろうか。三〇年前の一九一九年、ユナイテッド・フルーツは、強力なリーダーはすべてを統制し続ける必要があるとウッドロウ・ウィルソン大統領に警告した。このときウィルソンはこの警告を聞こうとはせず、当時ユナイテッド・フルーツ側に立ちながらスパイ活動の仕事も請け負っていた若く有能な弁護士、ジョン・フォスター・ダレスから受けた同様の忠告にも耳を貸さなかった。コスタリカの状況はユナイテッド・フルーツにとってますます悪化していた。この国は着実に民主化を進めていたのである。そのもっとも新しいリーダーであるホセ・〝ペペ〟・フィゲレス[23]は、本当に厄介な人物だった。当然のように共産党を禁止したうえで、フィゲレスは軍隊を廃止し、兵舎を美術館に変えた。そしてフィゲレスは、イギリスのアトリーと並ぶもう一人の社会民主主義者であると主張したのである。これは、ユナイテッド・フルーツが親しみ、非常に愛してきた中米にあるまじき状況だった。

ユナイテッド・フルーツの不安は、グアテマラ国民がより急進的なリーダーを求めるようになるにつれ、いっそう高まっていった。一九五一年、グアテマラで「軍部の改革主義者」であったハコボ・アルベンス[24]大佐が大統領に選出されたのである。彼は士官学校の歴史上もっとも優秀な卒業生の一人であり、のちに同校で科学と歴史の教師を務めている。インディオ高地の街・ケツアルテナンゴ出身のアルベンスは、グアテマラのマヤ系先住民の悲惨な生活や劣悪な労働条件についてよく知っており、これらの問題を改善する決意を固めていた。

アルベンスの妻が彼に大きな影響を与えたのではないかとも言われる。彼が話すときの甲高い声が、その証拠だとされている。アルベンス夫人のマリア・ビラノバはカリスマ的で、おそらくエバ・ペロン[49]のようになり得た女性である。また、シェイクスピアの戯曲に登場するマクベス夫人の性格になぞらえて、野心的で、権力とは何であるかを知り尽くした女性を連想させることもある。

　この大統領夫人は、グアテマラの隣国エルサルバドルの出身である。かつてマイナー・キースはグアテマラの鉄道からエルサルバドルまで支線を走らせ、エルサルバドルでのコーヒー輸出貿易の利益に乗じようとしたが、バナナ産業を発展させるチャンスはほとんどなかった。太平洋に面しているエルサルバドルには大西洋岸がなかったため、中米産バナナの最初の寄港地にはなり得なかった。この国はアメリカのマサチューセッツ州やイギリスのウェールズほどの国土しかなく、主にコーヒー、砂糖、綿花を栽培していた。エルサルバドルには、際だった富裕層からなるオリガルキー〔少数独裁政治〕がたしかに存在しており、彼らは「一四家族」として知られている。この「一四家族」はユナイテッド・フルーツと世界観を共有していて、軍部の力としばしば行われる腐敗政治によって支配層を形成していた。もし選挙が行われたとしても、その結果はあらかじめ調整されたものであった。ニカラグアと同様にエルサルバドルは、それほどバナナが生産されない「バナナ共和国」だった。

　アルベンス夫人はこうした特権階級の出身だった。ビラノバ一家は「一四家族」の一員であり、その中で彼女はよく知られた厄介者だった。彼女は高い教育を受けながら、突然思い立っては旅行に出かけたりするような、まったくエルサルバドルの良家出身者らしからぬ少女だった。ビラノバはまだ革命時代の慣例が残るメキシコに住んでいたこともあり、メキシコ革命についてもよく知っていた。アルベンスと結婚したとき、彼女はかなりの額の持参金と両親が所有していたグアテマラのプランテーションを手にしていた。

アルベンスは土地改革を実施すると発表し、アルベンス夫婦の所有するプランテーションもその計画の対象になると公言した。その改革のねらいは、多くの大土地所有を解体し、その土地を小区画に分けて土地を持たない農民に分配することだった。予備地として未使用の土地を確保していたユナイテッド・フルーツは、そのほとんどを手放さなくてはならなかった。アルベンスは、非生産的な大所有地を解体する目的を、グアテマラ経済を「封建制」から救い出し、グアテマラを「近代的資本主義国家」へ変えるためだと述べたが、ユナイテッド・フルーツと反アルベンス派は、この主張を憤然としながら退けた。アルベンスは自分自身の言葉を実行に移そうとしていた過ぎなかったが、これに反発する者たちは、彼がグアテマラに共産主義を植え付ける計画を隠し持っていると言い放った。ユナイテッド・フルーツが、この改革によって影響を受ける唯一の大土地所有者だったわけではないが、この会社と同じくらい強力な権力基盤を持った者は他に存在しなかった。ついにユナイテッド・フルーツは、アルベンスに対する戦いの準備を開始した。

隣国メキシコに配属されたCIA局員のE・ハワード・ハント(25)は、グアテマラ問題に熱い関心を寄せていた。彼は、後にアルベンス政権を転覆させる秘密工作のためにユナイテッド・フルーツに資金を要求することになる男である。政権転覆後、グアテマラ政治は数十年間にわたる軍事独裁にとって代わられ、数十万人とは言わないまでも、政治的な危険分子と見なされた無数の人々が暗殺部隊に殺されたり、「失踪」したりして、この世を去ることになる。暗殺部隊は非番の兵士や元軍人を構成員とし、「白い手」や「王なるキリストのゲリラ軍」と名乗って自らの行動の正当性をほのめかしていた。他方でハントは、まるでキューバのピッグス湾侵攻のようにずさんな計画で準備にとりかかり、一九七二年にワシントンのウォーターゲート・ホテルに不法侵入することになる。この事件は、当時の大統領だったリチャード・ニクソンの政権を強固にするために行われたものだが、ハントにとっては残念な結果に終わることになる。後にハントは小説を執筆し、またかつての上司で、元ユナイテッド・フルーツの顧問弁護士であり、スパイ活動を行っていたCIAの長官だったアレン・ダレスと共著で本も書いている。二人が書いた本が、いわゆる『クラフト・オヴ・インテリジェンス』（諜報技能）である。

アルベンスに関する初期のCIAレポートでは、彼は「才気にあふれる」、「教養高い」人物だと書かれている。ハントはグアテマラ大統領に関するこのCIAの調査を修正し、アルベンスは「あまり知的ではない」と明言した。このとき、アルベンスの妻が彼を支配していることを示すとされる事例が、その論拠として大いに役立った。

しかしながら、その頃、アルベンスに対するこうした言い分は、事態の進展をもたらさなかった。ユナイテッド・フルーツのロビイストたちはワシントンの政治家たちにこの問題を印象づけてはいなかったし、ハントもこの問題を密かに見守ろうと考えていた。国務省は在グアテマラ大使として紳士的な外交官を送っており、彼がワシントンに報告したところによれば、アルベンスの動向に非合法なところは何もなければ、特に心配するような問題もなく、実際のところ新大統領となったアルベンスはとても好感の持てる人物だった。ハントはこの報告内容についてアレン・ダレスに不満をもらし、彼もその不満に共感したものの、グアテマラに対していかなる秘密活動も行うことはできなかった。

行動を起こすには国務省の承認が必要だったのである。この状況に嫌気がさしたハントは、中東のエジプトでの新たな任務を引き受けることになった。

ユナイテッド・フルーツは、グアテマラの問題が政治の最上層部まで全面的に話が通っていることに確信を抱いていた。ローズヴェルトの後を継いだハリー・トルーマン大統領は、ユナイテッド・フルーツの見方によれば、ベルリンや朝鮮など遠方で展開される冷戦を極度に心配しているようだった。トルーマンは、グアテマラを共産主義者によるより壮大な計画の一部とは見なさなかったのである。そこでユナイテッド・フルーツは、「農業用具」と書いた札をつけた箱に銃器を入れ、「グレイト・ホワイト・フリート」で中米まで運ぶという、自ら考案した計画を実行に移した。ニカラグアのソモサ一族にその銃器を受け取らせ、グアテマラに猛攻撃をしかけさせるというのが、ユナイテッド・フルーツの計画だった。だが、トルーマンと国務省は、この動きを事前に阻止した。

一九五二年のアメリカ大統領選は、ユナイテッド・フルーツにとって喜ばしい救いだった。第二次世界大戦の英雄であるドワイト・D・アイゼンハワー将軍が、〔50〕共和党員の支持を得て次期大統領となったのである。彼は政治屋ではなく、よい役人だった。戦時中、いつ派兵すべきか心得ていた彼なら、平和時にも同じように動くに違いない。戦時中との違いは、アイゼンハワーが戦うことを認可する者たちは、ユナイテッド・フルーツの利益のために戦争するということだ。このように思いをめぐらしていたのである。

まもなくニューヨークから出馬して上院議員となるジョン・フォスター・ダレスは、国務省に配属されることになり、同時に外交の責任者となった。その弟のアレンは、すでにCIA長官という要職にあった。彼ら二人はユナイテッド・フルーツの古き友人たちであり、支持者である。こうしてユナイテッド・フルーツは、彼らを通じた尋常ならざるやり方で、アメリカ政府内部の実力者集団へと接近していくのである。

第9章　政変

一九五三年一月、「アイク」という愛称で一般に知られるアイゼンハワー将軍は、トルーマン大統領と彼の所属する民主党が「共産主義に対して寛容」だったと非難しつつ大統領の座についた。この動きはユナイテッド・フルーツを勇気づけたが、アイゼンハワーはまだこの会社を不安視していた。前任者のトルーマン同様、アイゼンハワーは中米よりずっと遠くで起こっている出来事の方により関心を持っていたようだった。大統領として中米問題に関与することに迷いを持っていたのである。

アイクは「ペルシア」に取り憑かれ、悩まされているようだった。この国で困難な立場にあったイギリスが、アメリカに救援を求めたのである。ウィンストン・チャーチルがふたたびロンドンの内閣府に戻っていたこともあり、アイゼンハワーはできればこの第二次世界大戦時の同志を救ってやりたいと考えていた。ペルシア湾におけるアングロ・イラニアン石油会社の大がかりな石油採掘業が、新たに誕生した民族主義政府によってイギリスの手から奪われたのである。イギリスは、この予想外の展開の背後には共産主義者がいると主張した。ペルシアの若きシャーも首都テヘランを逃げだし、ヨーロッパへ亡命した。

CIAはトルーマン政権時代には厳しく束縛されており、国務省との関係は緊張状態にあった。これに対してワシントンの新政権下では、二人の兄弟、すなわちジョン・フォスター・ダレス国務長官とアレン・ダレスCIA長官の間で電話が交わされさえすれば、協調的な行動をとることができた。アレン・ダレスは、ペルシアでの作戦を実行するためにカーミット・〝キム〟・ローズヴェルト〔51〕を指名した。テディ・ローズヴェルト元大統領の孫で、フランクリン・D・ローズヴェルトの甥にあたるキムは、CIAのなかでも最高のおとり捜査官という評判を得ていた。ペルシアのナショナリストたちが政権から追放されていく過程に関する彼の記述は、今でもテヘラン側から伝えられる話とほとんど合致しない。ローズヴェルトが戦車のうえに乗ってテヘランに乗り込んだという報告さえある。すぐにシャーはヨーロッパでのプレイボーイ生活から帰国し、彼の統治する国は徐々に古い国名を捨て、イランという新しい国名で知られるようになる。イギリスは、こうしたアメリカの好意的な行動に対する返礼として、イランにおける石油資産の分け前を事実上アメリカへ譲り渡した。

ユナイテッド・フルーツは、遠いペルシアにおけるこうした事態の進展に勇気づけられた。世間のグアテマラに対する関心が自社にとって有利な方向へ向かい、ハコボ・アルベンス大統領とその危険な妻マリアの政権が、アメリカを裏切っていると受け取ってもらえるかもしれなかったからだ。アメリカ政府、もっと正確に言えばダレス兄弟がペルシア湾のイギリスを助けたのであれば、メキシコ湾周辺で困難に直面した二人の顧客たるユナイテッド・フルーツのこともきっと支援してくれるに違いなかった。

ダレス兄弟は、対照的な性格の持ち主だ。ジョン・フォスターは機敏さを欠いており、企業での仕事にはあまり向いていない。チャーチルは彼を、雄牛で商品を運ぶ陶器商に喩えている。ジョン・フォスターは、困難に直面したときそれをうまくやり抜くことを楽しみにしていた。こうしたやり方を通じて彼が成功を収めたことを疑う者は誰もいない。一九三〇年代の大恐慌のときでさえ、彼は年平均三七万ドルの給料を手にしていたほどである。一方、弟のアレンは、物腰の柔らかい男だった。彼の成功は、往々にしてその洗練されたふるまいによってもたらされた。一緒にテニスをするパートナーとしても、さまざまな親交の集まりにおいても、彼は人気者だった。その妻のクローヴァーは、彼が浮気をした償いとして支払うと約束した高価な宝石類を購入することが習慣となっていた。アレン・ダレスはいつも、次の冒険のチャンスを探していたのである。

グアテマラにおける案件を具体化させるため、ユナイテッド・フルーツはジョン・クレメンツを雇った。自分自身で広告会社を経営する元海兵隊員である。広報の分野における第一人者だったエドワード・バーネイズは、ユナイテッド・フルーツの利益のために自ら有力者たちに接触するなど、すでに精力的に活動していたが、そのリストに名を連ねていた人々はクレメンツの列挙した人々に比べればずっとリベラルだった。クレメンツは、じつに疑わしい方法で共産主義を根絶するための国家キャンペーンを続けており、ジョセフ・マッカーシー上院議員と同じ思考を共有していた。クレメンツは、アメリカで影響力を持つ八〇〇人の右翼思想家のリストを持っていた。クレメンツは急いでグアテマラに関する報告書を作成し、彼らすべてに送りつけた。当初、その報告書は「グアテマラに関するレポート」というタイトルだったが、やがて対象地域が拡大されるかたちで「中米に関するレポート」に変えられた。

そのレポートによれば、すでに共産主義者はグアテマラで基盤を固めており、この敵を封じ込めるために迅速な行動をとることが肝要だとしている。アルベンスとその政権の次なる目標は、きわめて重要な財産を有するアメリカの自治領たるパナマ運河を奪取することだとした。このように、ペルシアからグアテマラまで、すなわち砂漠からアメリカの玄関先まで、共産主義との戦いは拡大していった。ＣＩＡがクレメンツの報告書を広範に配布する役割を引き受け、その読者は政府の考えを受け入れることになる。

ダレス兄弟とアイゼンハワー大統領は、マッカーシー上院議員の唱える脅威に対してグアテマラ問題を利用することで合意した。第二次世界大戦中の同僚であり、大戦後のヨーロッパ諸国再建を目指す支援計画「マーシャル・プラン」の立案者でもあったジョージ・マーシャルの人格を中傷されたことで、アイクはマッカーシーに激怒していた。マッカーシーは、戦後のヨーロッパが資本主義と共産主義との間で東西に分裂することを許してしまった責任者の一人として、マーシャルを非難していたのである。

マッカーシーはますますアルコール依存に陥り、日々、仲良くしていたジャーナリストの一団と酒場でゴシップ情報を交換し合っていた。そして、共和党が政権を取った後も、彼の告発行為が終息する予兆は見られないままだった。アレン・ダレス率いるＣＩＡにも不満を抱いていたマッカーシーは、引き際を見失っていた。アイゼンハワーの弟であるミルトンは、尊敬を集めるラテンアメリカ問題のエキスパートであり、アメリカは貧者に対する友情のために改革を擁護し、共産主義と競い合うのだと述べた。大統領自身もこうした弟の影響下にあったと見られる。アイクは、中米のような場所では、「飢えて死にかけている人々の手に物事を委ねないかぎり」、共産主義を「打ち負かす」ことはできないと語っている。このような考え方は、けっしてマッカーシーに好印象を与えはしなかったし、ユナイテッド・フルーツにとっても結果は同じだった。

グアテマラでの活動は、アイゼンハワー政権が共産主義のイデオロギーを持った国家の敵の側に立つのか、それともマッカーシー上院議員とその仲間たちの側に立つのか、その立ち位置に関する強力な意思表示となっていた。グアテマラにおいて共産主義がどれほどの影響力を持っているかは、まったく不明確なままだった。以前、アイゼンハワー大統領のある友人がこの国を訪ねたとき、グアテマラにはごく少数の共産主義者しかおらず、その数は「サンフランシスコ市内の共産主義者にも及ばない」と彼に伝えている。それにもかかわらず、明らかに冷戦が膠着し、アメリカも新たな展望を持てないなかで、アイゼンハワー政権は、アメリカの意志が固いことを示すシグナルを共産主義側に突きつける必要があると思い至った。

グアテマラは、行動を起こすには相応しくない時期に、失敗を恐れずユナイテッド・フルーツにケンカを売ってしまった。ジョン・フォスター・ダレスは弟のアレンを呼びつけ、同様にアレンはキム・ローズヴェルトを呼び出した。ローズヴェルトは国務長官室に招集され、彼がペルシアで行ったのと同様にグアテマラ政府を転覆させる任務を持ちかけられた。ローズヴェルトはこの機会を断った。さらなる政変を引き起こすためには、現地の軍隊と人々が「私たちが望んでいるのと同じことを望んでいる」ことが不可欠だと、ローズヴェルトはダレスに告げたのである。ローズヴェルトは、グアテマラにはそれに当てはまるような状況はないと言いたかったのだろう。彼は、自分の発言に対してダレス国務長官がまったく動じなかったとも述べている。ローズヴェルトが国務長官室を出て行くとき、イスにもたれかかっていたダレスは、「その顔に油断ならない微笑みをたたえていた」という。

大統領に就任するやいなや、アイゼンハワー政権はグアテマラのアメリカ大使を交代させた。アルベンスを脅威と見なさなかった外交官を、それとはまったく異なる性格の人物にとって代えたのである。ジョン・フォスター・ダレスが任命したのは、「外交的」とは言い難いジャック・ピュリフォイだった。ピュリフォイは緑色のボルサリーノ帽をかぶり、好んでスポーツ・ジャケットと派手なネクタイを身につけていた。中肉中背のピュリフォイは、ときおりベルトにリボルバーを差し込んでふんぞり返っていた。妻のベティ・ジェーンは、夫である彼を「ピストル隠しのピュリフォイ」と形容している。大使となったピュリフォイも、「星条旗のような男」を自称していた。(26)

彼はユナイテッド・フルーツと同じ性質を持った大使だった。ついに「自信に満ちた人物」が大使館にやってきた、とエドワード・バーネイズは述べている。この一節は、『バイオグラフィ・オヴ・アン・アイデア』という広報に携わった自分の人生の回顧録に書かれていて、この本でバーネイズは、ユナイテッド・フルーツとともに仕事をした時代について一章分を割いている。

ダレスは、マッカーシーを国務省の背後に近寄らせないための一つの方策として、ピュリフォイを大使に任命した。一九四〇年代末にピュリフォイは、共産主義の浸透度を審議するのに利用するため、国務省職員のファイルを秘密裏に下院の非米活動委員会に提出している。この働きによってピュリフォイは、当時の委員会でもっとも活動的なメンバーの一人であり、アイゼンハワー政権で副大統領を務めていたリチャード・ニクソンから、誰よりも称賛された。(27)

ピュリフォイは、サウスカロライナ州の田園地帯にある小さな村落コミュニティの出身で、まだ若いときに両親を亡くした。その後、軍人としての大志を抱くことになるが、健康を損ねてウエストポイント陸軍士官学校を中退している。従軍中に肺炎の発作が起きたことにより、彼の肺機能は不十分なものとなってしまった。ただし、普通の市民生活を送るうえで、この病気が彼を苦しめることはなかった。ピュリフォイの声は、どの部屋でもはっきりと聞き取れるものだったそうだ。

ピュリフォイは社会の底辺からのし上がってきた男である。大恐慌時代のワシントンで彼はジョージタウンにある富裕層の居住区で除雪作業員をしていた。やがて上院議場のリフト操作係となったことがきっかけで、事務官として官僚体制のなかに入り込んだ。そして、いち早く出世し、国務省で働くことになる。第二次世界大戦後、彼にふさわしい仕事よりもずっと上品な仕事ではあるが、国際連合が創設されることになるサンフランシスコ会議の準備に助力した。まもなくギリシア行きを命じられた彼は、共産主義者との戦いにおいて君主制主義者を結集させ、「アテネの屠殺人」という通り名で呼ばれることになった。彼の机には、いつもギリシアの王族と撮った写真が飾られていた。

四〇代半ばとなったピュリフォイは、ホンジュラス大使の職を要請されたときに仰天した。自分の住むことになるテグシガルパは、僻地であるホンジュラスのさらにへんぴな盆地にあったからだ。そこで彼は、大使職の要請を辞退するのは不作法であると知りながらも、この依頼を断った。代わりに彼は在グアテマラ大使を希望し、その職を得たのである。

ピュリフォイはただちにグアテマラ問題と向き合った。彼はグアテマラに到着するとすぐさま政府に人員を要求し、いつグアテマラは「共産主義の橋頭堡となるのをやめことになるのか」と尋ねた。

彼はオークの木とスペイン苔に囲まれたオールド・サウス〔南北戦争以前の米国南部〕のなかの、ほこりっぽい村の路傍から出世街道へと歩みを進めた。彼はスペイン語も話さなければ、グアテマラに関して基礎情報以上の知識も持っていなかった。

大使館に到着後、ピュリフォイは明らかな牛歩戦術を採用し、二ヶ月ものあいだアルベンス大統領と会おうとはしなかった。そしてついに、アルベンスとの最初の面会が、夕食会として行われることになった。アルベンス夫人はドレスを着替えたり、バナナのレシピを変えたりするために退席するような女性ではまったくなかったので、それぞれの妻たちも終始その場に同席することになった。ピュリフォイは、アルベンス夫人の正直で率直な言動に衝撃を受けた。なぜグアテマラ政府は一九五三年のソ連におけるスターリンの逝去後に追悼記念日を布告したのかというピュリフォイの質問に対して、彼女はソ連のリーダーはローズヴェルトやチャーチルと同じ第二次世界大戦の英雄だからと答えた。もし当時自分の夫が大統領だったら、ローズヴェルトが亡くなったときにも同じように追悼記念日をもうけただろうと言うのである。

その晩、時間が経過するにつれ、ピュリフォイはアルベンス大統領に対する疑念を深めていった。アルベンスは、ユナイテッド・フルーツがグアテマラ経済に役立つことはなかったと粘り強く話したからである。これに対してピュリフォイは、ユナイテッド・フルーツはアメリカ合衆国から見れば小さな企業に過ぎず、自分はそうした小さなビジネスについて議論するためにアルベンスと会っているわけではないと答えた。しかし、ピュリフォイの心のなかのローソクの炎は、ゆっくりと、そしてたしかに燃えていた。後日、彼はジョン・フォスターに報告し直している。もし先制的行動が取られなければ、グアテマラにおける「巨大なアメリカの利権」を完全に手放してしまうのはまさに時間の問題である、と。アルベンス夫妻とのディナーはどうだったかと尋ねられると、ピュリフォイは彼らの名が七月四日に開かれるアメリカ独立記念日の招待客リストに載ることはないだろうと即答している。

ユナイテッド・フルーツ側の政変を求める言い分は単純なものだった。バーネイズは、土地の一部が奪われることで会社側が「事実上の収用」と窃盗の被害を受けるのだと主張している。アルベンス政府は、現金ではなく公債で賠償金を支払ったが、きわめて悪辣な土地の評価方法が採られているためにその金額が不十分に過ぎるというのである。グアテマラ政府の支払いは、「会計簿上の価値」、すなわちユナイテッド・フルーツが税金対策のために算出した数字に基づいていた。会社側は納税額を節約するために、何年ものあいだ土地の価値を低く公表していたのである。

このこと受けてグアテマラ政府は、税金対策として公表される土地の価値が実際の価値と異なるという誰もが知っている点に異議を申し立てた。そんなことはビジネス界で一般に受容されている実践であるにもかかわらずだ。それでは、グアテマラの態度が変化したのはなぜだろうか。それを説明する唯一の答えが「共産主義」だというわけである。

こうした単純な考え方に見られるように、ユナイテッド・フルーツはグアテマラ問題そのものを議論する必要はまったくなかった。アメリカでもっとも影響力のある地位を占めるボストンの最上層一族たちからの手助けを待っていればよかった。もちろん、そうしたエリート家系の権力がいっそう強化されていたことはよく伝えられており、たとえばカボット一家が話しかけるのは「神だけ」だという評判も立っていた。実際のところ、たしかにユナイテッド・フルーツはカボット家を味方につけていた。全能の神と通じ合うためにわざわざこの一家の力を借りる必要はなかったにしても。

ヘンリー・カボット・ロッジは、国連大使という立場からユナイテッド・フルーツの案件を擁護した。第一次世界大戦後、父親と同名の息子たる彼は、ユナイテッド・フルーツとともに国際連合の前身である国際連盟への加盟に反対した。その後、世界的規模の戦争と新しい平和のためのフォーラムを経て誕生した国際連合は、ユナイテッド・フルーツにとって都合のよいものとなっていた。自らのホームタウンであるボストンから、カボット・ロッジ・ジュニアは、不公平な扱いを受けている同じボストンの企業を保護するために声を上げたのである。これに対してソ連は、アメリカの動きを見張るために国連安全保障理事会がグアテマラへ監視員を派遣するべきだと主張し、アメリカ側の常軌を逸した意図について包み隠さず話すようカボット・ロッジに説明の機会を与えた。このとき彼はソ連の代表に次のように言い放った。「あなた方の陰謀や計画と一緒に、この北半球から出て行ってくれないか」。

その頃、ジョン・ムーアズ・カボットは、国務省のラテンアメリカ問題の責任者だった。彼は、サム・ゼムライに解雇される一九四〇年代末までユナイテッド・フルーツの代表取締役を務めていたトーマス・カボットの弟である。ムーアズ・カボットは、アメリカ政府はユナイテッド・フルーツからの申し出への責任を持っているのだと、悪びれることもなくグアテマラ政府に忠告をした。ユナイテッド・フルーツは、土地の賠償金としてだまし取られた金額が六〇〇万ドルにのぼると算出したため、アメリカ国務省はアルベンス政府にその金額の請求書を送りつけた。

ユナイテッド・フルーツの案件をアメリカの最高権力者たちに取り次ぐ調整役を果たしたのがハ

ワード・ハントだった。このCIA局員は、思わしくない結果となってしまっていたエジプトから帰国していた。その少し前、エジプトでは王が退位し、イギリスの支援する王国の政治権力が、ガマール・アブドゥル・ナーセル《52》大佐に取って代わられていた。ナーセルはスエズ運河の管理をめぐってイギリスに挑戦し、おそらくはロシア人に支援を求めようと動き始めていた。こうした興味をそそられる問題から離れて、ハントはアルバニアのゾグ一世《53》の問題に関与しなくてはならなかった。少し前、この王もまた廃位され、エジプトに亡命していたのだった。ナーセルの派遣した税関官吏がスエズ運河を没収したとき、ハントは欲しがっていた冷蔵庫を輸入してやるなどゾグ一世の身の回りの世話をしていた。

ハントは、もともと自らが望んでいた中米での活動に一役買うチャンスに飛びついた。彼の上司であるアレン・ダレスは、グアテマラ政府を転覆させるための任務である「オペレーション・サクセス」〔成功作戦〕に関わる政治および広報活動の担当責任者にハントを指名した。マイアミ付近の湿地帯にある空軍基地から出立し、聖職者やビジネスマンなどの反アルベンス派の人々に接触するために、彼はグアテマラ内地に向けて秘密の旅を行った。ハントは引退した俳優を雇い入れ、CIAが特別に設置したラジオ局「ヴォイス・オヴ・リベレーション」〔解放の声〕からグアテマラに向けて放送する番組用にニセモノの脚本を準備していた。その番組の内容は、まるでグアテマラには恐怖が巣くい、内戦状態に陥っているかのような印象を聞き手に与えるものだった。他方でハントは亡命したグアテマラ人を雇用し、彼らを自分たちの仲間にするために女性まで基地に連れてきている。そして、放送のなかでどのように演技すべきか、その元俳優が亡命者たちに指導した。

しかしながら、ラジオを持たないグアテマラ人にどのように対処したらよいかという問題が残されていた。グアテマラ辺境部の農村地帯では、多くの貧しい住民がアルベンス政府を転覆させる計画を聞いて感謝したに違いない。アルベンスが反キリスト教であることはほぼ確実であり、仮に彼自身がそうでなくとも、彼の妻はそうだった。アルベンス夫妻とは対照的にグアテマラ農村部の住人は、信心深く、神の奇跡を待ち望んでいた。

ハントはニューヨークのフランシス・スペルマン枢機卿に接近した。スペルマン枢機卿は、すぐに無神論者の影響力が拡大するのを防ぐ手助けの機会と捉え、自国の共産主義化する可能性を警戒していたグアテマラの大司教や司教とハントが接触できるように取りはからった。彼らは教区民に向けて教書を書き、さらにハントがＣＩＡの計画を実行するかたちで、寂れた農村地区に何千枚にものぼる教書のコピーをばらまいた。そうしなければ、住人たちが自らに差し迫っている自由の喪失について知ることができない。まさに天界から降ってきたメッセージが、人々にその内容を知らせたことになる。

この情報ゲームの先頭に立っていたのはバーネイズだった。彼は、アルベンスによる政権の掌握が確実視されるようになって以来、世論をなりたたせている血管のような情報網のなかに少しずつユナイテッド・フルーツの考え方を注入してきた。バーネイズは、世論形成に影響力を持つ友人たちの名前がたくさん列挙されたリストを持っていた。そのリストでは、バーネイズの言う社会の「隠れたメカニズム」を操るために、人々の情報はさらに細かく分類されていた。こうした人々を大切にすることで、後に続くその他すべての計画をうまく進めていくことができたのである。

新聞の経営者や編集デスクは、彼にとって最初に接近しておくべき人々だった。ふつう彼らはオフィスに縛られながら専門家としての職歴を積み重ねていくのだが、記者としては最前線で活動することから遠ざかってしまう。バーネイズは、こうした不満を抱える彼らにあるプランを提示し、その費用を支払うことにした。

彼らは、優雅なコロニアル調の装飾が施されたパンアメリカ・ホテルの快適な部屋に招待され、そこに宿泊することになった。グアテマラ市中心部の第一地区の喧噪のなかにそびえるこのホテルの窓からは、周辺部を一望することができる。これから起ころうとしている大混乱の現場からは、適度に離れた場所にある。過度に警戒しなくてもよいほどには十分離れているが、分散し始めた群衆に接近するには十分に近い場所である。そこには海外通信員にとって完璧な記事のネタが準備されていた。すなわち、割れたガラス、弾痕、そしておそらくはなかなか消えずに空中を漂う硝煙の匂いなどである。そしてそれらが「共産主義者の無法行為」の証拠として記事にされるのだ。

バーネイズは視察旅行も継続した。通常ならばこの手の熱帯「現地調査」旅行は、最初にコロンビアのボゴタ市へ向かい、そこから飛行機でぐるりと旋回してカリブ海沿岸のサンタマルタにあるプランテーションを視察するものである。その後、北に向かってパナマ、コスタリカ、ホンジュラスをめぐるのだが、どの場所も穏やかで、ユナイテッド・フルーツの築いた世界に対して友好的だった。だが、グアテマラに近づくにつれ、緊張が高まっていく。到着するとすぐに、ユナイテッド・フルーツの従業員が笑顔で出迎え、ツアー客に安心感を与えてくれた。従業員たちがどれほどしっかりとプレッシャーに耐えているかについて、感心するツアー客もいた。さらに従業員たちは、政府側の人間ではないが、それなりに社会的地位のある地元民をツアー客に紹介した。その地元民たちは、おそらく会社側の人間ほど堂々とはしていなかっただろうが、それでもできるだけ笑顔を絶やさずに、グアテマラに起きつつある恐怖の本質について説明した。ツアー客は、すべてがまだ穏やかなのは幸運なことだが、戦争の予感が漂っていることは疑いないと感じることになる。

バーネイズは、「傑出した客観的報道」の出現しうる筋書きへと人々を誘導していった。さまざまな出来事に関するユナイテッド・フルーツ側の解釈が、ニュース市場で日常的にくり返されている多くの主観的解説よりも尊重されていたとするバーネイズの発言のなかにも、その意識の一端がうかがえる。リベラルであろうが保守であろうが、そんなことはどうでもよかった。『ニューヨーク・タイムズ』『サンフランシスコ・クロニコル』『マイアミ・ヘラルド』『タイム』および『ライフ』『ニューズウィーク』そして『クリスチャン・サイエンス・モニター』が、そういう優れた「客観的報道」を行った。これらの会社の名前をさらすのは不公平だといえるだろう。みんな仕方なく仲間に加わっていたのだから。バーネイズはニュース情報を操作するいかなる提案をも厳しく拒絶していたが、ここでも彼に一理ある。当時、内勤の首席広報係だったトーマス・マッキャン[54]は、後にユナイテッド・フルーツで働いた日々について著書『乗取りの報酬――バナナ帝国崩壊のドラマ』を出版している。そのなかでマッキャンは、犠牲者が「自らの経験をきわめて熱心に」証言するとき、新聞の情報を都合よく操作することは難しくなると述べている。

では、この共謀をどう説明するのか。多くのジャーナリストが、見せかけの上品さと誠実さをたたえた人々によって提示された「事実」について報告することを自分自身の職務だと見なしたのだ。調査する本能を持ったジャーナリストのなかには、自分あるいは上司の編集員がマッカーシー上院議員のような人物と対峙することになるのを恐れる者もいた。副大統領だったニクソンも比較的タカ派であり、グアテマラでの作戦の頑固な支持者だった。他方、名誉を手にする可能性を見出していたジャーナリストもいた。年配のジャーナリストには第二次世界大戦についてレポートした者も多く、彼らはグアテマラが新世代の「人間の命の物語」の場となることを予感していた。先の戦争はとても遠いところで争われたが、今度の戦争は母国アメリカのかなり近くで自分たちに脅威を与えることになるはずだ。しかも、ユナイテッド・フルーツによる洞察力の鋭い気配りのおかげで、パナマ運河の開門にいながらその戦いを見ることとさえできるかもしれないというのだ。なるほど、少なくともユナイテッド・フルーツはパナマ運河の上空を通って彼らを連れてきたのだから、そのように考えるのも無理はない。

ユナイテッド・フルーツは、進んだ技術に即して目に見える戦略も拡充していった。すでに「バナナ・ランド向けラジオ」の番組作りを通じて、ユナイテッド・フルーツは放送メディアに熟達していた。そこで今度は『バナナ・ランドへの旅』という映画を制作した。そのオープニング・タイトルには、「『グレイト・ホワイト・フリート』に乗って私たちと旅をし、中部アメリカにいる私たちの隣人たちと交流しよう」と謳われている。映像はカリブ海岸に音を立てて打ち寄せる波しぶきから始まり、空撮された火山やグアテマラ市へと場面が移っていく。次に、満足げな先住民が街路地に群れをなしていたり、ユナイテッド・フルーツのプランテーションでラバとともに働いたりしている様子が映し出される。そして、ユナイテッド・フルーツが彼らに「より高い購買力」と「二〇世紀的生活」をもたらしたのだとされる。このフィルムは二一分間続き、アメリカ合衆国で撮影されたシーンで締めくくられている。食事時のアメリカの家庭や学校のカフェテリアで、バナナがシリアルに入れられたり、ミルクシェーキにされたりして美味しそうに食されているシーンである。この『バナナ・ランドへの旅』がアメリカの教室でもっとも多く上映された年こそが、グアテマラが危機に瀕する一九五四年なのである。

見せかけの慈善事業は、ユナイテッド・フルーツの精神にとって一番大切なことであり続けた。赤十字の活動を奨励する雑誌広告の許可を得たこともある。赤十字は支援されたことを大いに喜んだ。ユナイテッド・フルーツは通常よりかなり高額の広告料を支払っていたため、雑誌の出版社もまた満足だった。その見返りとして、会社側がつくった「バナナ・ランド」という幻想の普及を助長する記事が掲載された。

デリケートな外交問題に関しては、ジョン・フォスター・ダレスがその責務を負っていた。一九五四年三月、ダレス国務長官は、米州機構（OAS）会議に出席するためにベネズエラの首都カラカスに二週間滞在した。この出張の直前に軍事独裁者が政権を握ったため、カラカスは不穏な状態にあった。民主的なコスタリカはこれに抗議してOAS会議への出席を拒否したが、ダレスはすでにこうした事情に精通していたようだ。ラテンアメリカにおける弱小国の一つであるグアテマラが「小さな隣国たち」の脅威となっていることを理解していない加盟国もあったため、アメリカは一部のOASメンバーを丸め込む必要があった。グアテマラの代表団は、アメリカは経済的自立と「知的好奇心」を求めるラテンアメリカ諸国のあらゆる努力を「共産主義として画一化している」と不満を述べた。換言すれば、グアテマラに対する「積極的行動」に一票を投じる時間がきたとき、唯一の既定路線だけが認められており、ほぼ全会一致でそちらの方向へ向かっていったということだ。この会議に出席しなかったコスタリカを除くと、メキシコとアルゼンチンが投票を棄権したに過ぎない。残りの国々はアメリカ陣営と歩調を合わせた。喜んでアメリカを支持した国もあれば、投票しないのならアメリカからの経済支援を打ち切られることになるとダレスから告知されていた国もあった。

国際連合では、ヘンリー・カボット・ロッジの大使としての努力が実を結んでいた。安全保障理事会がグアテマラに監視団を派遣することを提案したとき、戦いの到来を知らせる合図が鳴り響いた。常任理事国のなかでイギリスとフランスは監視団の派遣を支持したのだ。チャーチルは突如としてワシントンを訪問することになり、そこでアイゼンハワー大統領はアメリカの統べる北半球にヨーロッパが介入するのは不当なことだと、このイギリスの友人に事前協議なしで話そうと決心した。その頃、イギリスとフランスは、それぞれキプロスとベトナムで帝国主義的な戦争に専心していた。もしグアテマラに関して誤った立場をとり続けるならば、両国はアメリカからの支援を当てにすることはできなくなる、とアイクはチャーチルに告げた。当然のごとく、イギリスとフランスはグアテマラに監視団を派遣する国際連合案への支持を撤回し、この提案は無効となる。

そうなると問題は、グアテマラへの侵攻を誰が主導するかということだ。カルロス・カスティージョ・アルマスはアルベンスの政敵であり《55》、かつて政権を転覆する謀略未遂事件の一翼を担ったこともある。カスティージョ・アルマスは国外逃亡中の身であり、ちょうどそのときホンジュラスで家具のセールスマンとして働いていた。彼はこざっぱりした身なりの、濃いひげをたくわえた、「よくあるおひとよしな先住民の顔」をした男だと、ハワード・ハントは報告している。彼は「民衆にとって魅力的」と見られていた。

カスティージョ・アルマスは「小さなトゲ」に過ぎないと、グアテマラ侵攻の開始を申し出たニカラグアのソモサ一家はアメリカ側に語った。アメリカは中米でもっとも洗練された軍事装備をニカラグア軍に提供してきたが、そのニカラグア軍が自分たちならアルベンスの軍隊を容易に制することができると主張してきたのである。これに対してアメリカ政府は、これから起こる軍事侵攻で外国軍が存在感を見せつけるのは賢明ではないと忠告した。物事はもっとずっと慎重に処理されなければならなかった。アメリカは、軍事訓練場と、その昔「ブラグマンズ・ブラフ」と呼ばれる海賊たちの港だったプエルト・カベサスの飛行場を使用してほしいというソモサ側の申し出のみを受け入れた。

カスティージョ・アルマスは、ホンジュラスのグアテマラとの国境沿いにあるユナイテッド・フルーツのプランテーションで住居、食事、水を与えられ、アメリカ側から招集のかかるのを待った。そしてついに、グアテマラの亡命者からなる遊軍が国境を越え、グアテマラ市へ進軍し始めた。CIAのラジオ局「ヴォイス・オヴ・リベレーション」は、この軍隊が意気揚々と行進し、これに人々がどんどん加わってきていると報告した。地元のラバの数が著しく減少し、虐殺された動物たちが路上にうち捨てられている光景は、その進軍の際に戦闘が行われたという印象を人々に与えた。

多くのジャーナリストはパンアメリカン・ホテルのバーに引き留められていた。「前線」に行きたがった者はみな、「身の安全」を理由にそうすることを許されなかった。ベルトに銃をさしたピュリフォイ大使は、記者たちが関心を持ちそうな別の視点から事件の概要を伝えた。彼は、何人かの記者が軍事侵攻はどうなっているのかと叫ぶのを聞くと、今起こっていることは軍事侵攻ではなく解放だと正した。結局、戦闘が終わるまで、ジャーナリストたちが自分自身で現場を見ることは許されなかった。彼らが現場に到着したとき、そこには「おひとよしな先住民」たるカスティージョ・アルマスが大統領官邸のバルコニーに顔を出し、群衆から自発的に沸き上がってくる歓喜の声にこたえる光景があった。

この戦争の端緒には、CIAの飛行機がグアテマラの軍事基地と都市のスラムを爆撃し、民衆をパニックに陥れ、軍部の不安感をあおった。このときアルベンス大統領は、国家の安全が打ち砕かれて国軍が自分を見放したと感じ取った。国民に向けた最後の放送で彼は、軍事侵攻の責任はユナイテッド・フルーツにあると非難している。だが、CIAが電波を妨害する工作を行っていたため、アルベンス最後の放送を聞くことができた者はほんの一握りしかいなかった。

ボストンでは、前線での取材ができなかったことに不満を持つジャーナリストはほぼ見られなかった。ユナイテッド・フルーツは彼らに十分な情報を与えてきたし、自ら戦争に関わるニュースの仲介役を買って出てもいた。ほとんどのジャーナリストは、この会社からのもてなしと規則的に伝えられる最新情報に満足していた。ユナイテッド・フルーツ本社では、アルベンス軍の非道な行為の犠牲になったとされる市民の遺体写真も公開された。当時ユナイテッド・フルーツの広報組織の一員だったトーマス・マッキャンが後に書いているところでは、この写真はどちらの軍隊による被害者を写したものかわからないし、中米で何度も起こっている地震による被害者の写真の可能性もあるという。

第10章 「裏切り」

ハワード・ハントは実存的ジレンマに直面していた。人生は正義の味方と悪党にはっきりと分けられる、そう考えるのが得策だった。だが、そのときのハントはいつもの明晰さを失っていた。ひょっとすると、彼は飛行場の外にいたのかもしれない。フエゴ火山から吹くそよ風が心地いい、グアテマラ市郊外の峡谷からごく近い飛行場に。詳細についてははっきりとしないのだが、短時間の激しい戦闘の末、ハントは政府を転覆させようと奮闘しているCIAとユナイテッド・フルーツに抵抗した、戦闘員の寄せ集め部隊を捕えた。ハントは自分が打ち負かした部隊の戦闘員たちを射殺すべきか否かで悩んでいた。勝利を収めたハントは慈悲を与える道を選んだが、彼は後にこれが大失敗だったと振り返っている。というのも、捕虜のなかにはあのエルネスト・〝チェ〟・ゲバラが含まれていたからである。(28)

この話が本当かどうかを知ることは難しい。二〇年後のリチャード・ニクソン大統領政権のときに、ハントのCIAでの同僚が彼の口からこの話を聞いたと述べた。ハント自身は偽情報を流すことを楽しんだ人物であった。偽情報発信の道で成功を収めた彼は、自伝『大統領のスパイ――わがCIA二〇年の告白』を発表したが、その中でゲバラの一件には触れなかった。ハント曰く、自分は当時グアテマラにはいなかったそうだ。これは、政府を壊滅するための土台作りに尽力した彼にとって、自分のキャリアのなかでもっとも悔やまれることの一つであったという。ハントにしてみれば、グアテマラで共産主義政権が打倒されたのは、一九三〇年代のスペインでフランシスコ・フランコ将軍が勝利したとき以来の快挙だったからである。ハントの記述によると、グアテマラで作戦が成功を収めた頃には、彼はCIAにより日本への異動を命じられていたとされる。もちろん、これもまた嘘かもしれないが。

チェ・ゲバラがグアテマラで過ごした時期のことについては、細かい情報が散見される。ラテンアメリカを見て回るべくアルゼンチンを後にした彼は、特にハコボ・アルベンス政権下のグアテマラの状況をその目で見たがっていた。一人の若き医師として、ゲバラは医療の発展について知りたがったのである。彼はいろいろなことに取り組むなかで、ユナイテッド・フルーツのプランテーション内にある病院での仕事に応募したこともあったが、不採用だった。ユナイテッド・フルーツはスポーツ刈りを好むタイプの会社だったので、応募者の髭が気に入らなかったのかもしれない。チェ・ゲバラはグアテマラで生計を立てるためにさまざまな仕事につき、百科事典の販売員も経験した。いずれ革命の象徴となる人物が、資本主義の最前線で一介の訪問販売員をしていたのである。

一九五四年にクーデタが発生し、CIAの送った死のラバ部隊が首都めがけて進攻を開始すると、ゲバラはグアテマラ「戦線」に加わることを志願した。彼にはアルベンスとのコネクションがあった。だがアルベンスは、もしゲバラや他のいかにも正規軍とは見えない戦闘員がグアテマラ市からやって来れば、正規軍がパニックに陥って敗北が近いと思い込みかねないとして、ゲバラの申し出を断った。

アルベンスの敗色が濃くなると、ゲバラは「山岳地帯に退避して」インディオ高地から戦いを続けるようしきりに勧めた。またゲバラは、首都を防衛する部隊の編成を手助けした。だがそうした努力もむなしく、ゲバラはアルゼンチン大使館に庇護を求め、許可を得てから出国した。

ゲバラの最初の妻イルダ・ガデアの回想によれば、彼はグアテマラ・クーデタを経験したことで、ラテンアメリカを前進させるには「武力闘争」しかないと確信したという。チリの銅山における労働条件を目のあたりにしたゲバラは、すでにそうした結論に近づいていた。ユナイテッド・フルーツがグアテマラ・クーデタを成功させたので、ゲバラはキューバへの攻勢を準備するフィデル・カストロの仲間に加わるべく北に向かい、メキシコへ入国したのである。

数ヶ月前から、ユナイテッド・フルーツはある噂を耳にしていた。グアテマラにおけるユナイテッド・フルーツの「独占的手法」を阻止するために、アメリカ司法省がこの会社に対する反トラスト訴訟を計画中だというものである。司法省の弁護士らは、グアテマラのクーデタを準備する間は正式な法定手段を控えるよう国務省から指令を受けていた。

ユナイテッド・フルーツからすれば、そのような噂はあまりに馬鹿げたもので、到底信じることができなかった。自分たちが何かを独占しているとすれば、それは物事を正しく進める能力であった。グアテマラの地で西側諸国のために悪の勢力と戦い、勝利を収めた。ユナイテッド・フルーツは世界を制したというわけだ。

先行きは不透明であったものの、ユナイテッド・フルーツは当時の国務長官ジョン・フォスター・

ダレスの態度を見て安堵した。会社のグアテマラ支部長アル・バンプは、状況がまもなく通常通りに回復すると聞いていた。バンプは一九三〇年代に新米エンジニアとして入社し、新しいティキサテのプランテーションに立つ明るく風通しのよい家に住んでいた。それが、少し前のグアテマラでの危機の頃には、先頭に立って戦うことに疲れた支部長となっていた。ダレスは、アルベンスによりユナイテッド・フルーツから没収された土地が返還されるよう、現地のアメリカ大使に指示していた。だが、ダレスがこの指示を出したとき、結果的にこの会社はワシントンからはるかに多くのものを奪われることになるということには言及しなかった。

ＣＩＡ局員が今度は公然とグアテマラに大挙して押しかけた。グアテマラが「共産主義の足がかり」だというのが、クーデタを正当化する理論的根拠であった。これでソ連の関与を示す証拠を暴くことができる。ＣＩＡは何千もの文書を入手した。局員らは隠れた関係を暴き出し、前政権により犠牲になったとされる人々の遺体のありかを突き止めるはずだ。これはＣＩＡにとって、グアテマラを軍事拠点にしようとしたソ連の思惑を暴く好機だった。ＣＩＡはさっそく文書の調査を開始した。

時間だけが過ぎて、大した証拠は出てこなかった。ソ連がグアテマラの若者たちの頭の中に足がかりを築こうと試みた形跡はあった。グアテマラに教科書などの教材を送っていたのである。何でも鵜呑みにするようなジャーナリストさえもが、こうしたつまらない証拠には首を横に振り、それを無視して記事を書いた。そもそもでっち上げではないかと報じる者もいた。一方、マリア・アルベンス夫人の充実した書庫はかなり注目を浴びた。そこには、スターリンの伝記や中国での毛沢東[56]の農業改革に関する蔵書が並んでいた。ＣＩＡは、資金の送金、密使のネットワーク、モスクワとの通信など、新たに発生しつつある東側の陰謀を示す証拠を探し続けた。

そしてついに、グアテマラとクレムリンの間で明らかに友好的なやり取りがあったことを示す証拠が見つかった。ソ連側が船一隻分のバナナを送るよう要請した文書である。だがグアテマラ側は、申し訳ないがそれはできないと回答した。ユナイテッド・フルーツがバナナ産業を牛耳っており、ソ連にバナナを送る力はグアテマラ政府にはない、というのが理由であった。グアテマラはモスクワではなく、ユナイテッド・フルーツに随従したのである。

ユナイテッド・フルーツは過去に何度か小さな揺れを感じたことはあったが、今度は本格的な地震に見舞われた。司法省がこの会社に対する訴訟を進めるゴーサインを得たのである。それまでのユナイテッド・フルーツは、あれこれと手段を講じてこのような訴訟を回避してきた。当局の視野や関心の外もしくは管轄外に身を置いたり、政治工作や裏工作を行ったり、地団駄を踏んだりして危険をくぐり抜けてきた。ユナイテッド・フルーツの思い通りにならなかったのは、これが初めてのことであった。司法省はいつも訴訟を取り止めることを命じられてきたが、今回は誰かが許可を出したのだ。

ジョン・フォスター・ダレスは、司法省がこの訴訟を進めたことを大いに悔やんだ。直感的に言ってそれは正しいこととはとても思えなかったが、熟慮の末、しぶしぶ承認した。ユナイテッド・フルーツは一線を越えてしまった。特定の行為が問題だったというよりは、危機的な時代状況がそうさせたのである。カストロのような連中、それにまだ知られていないゲバラのような連中があちこちに出現し、自分たちの大義名分を主張するためにユナイテッド・フルーツを利用していた。アメリカ政府は、グアテマラでのクーデタの後にラテンアメリカで抗議デモが湧き起こったのを目のあたりにしていた。こうしたデモの参加者の大半は騙されやすい人々で、惑わされているだけかもしれない。だがそうだとしても、彼らを啓蒙し、正しい道に導いてやる必要はある。そのためには、「タコ」に喩えられるユナイテッド・フルーツという障害物を取り除いておくほうが好都合だったのである。

ユナイテッド・フルーツは、このようなアメリカ政府の「裏切り」に唖然とした。西側諸国のための聖なる戦いに加わってきた会社が、今や共産主義者も同然の存在として、あるいはそれ以下の存在として扱われてしまっている。ユナイテッド・フルーツは反逆者であり、その存在によりアメリカが冷戦に負けている、と暗に言われているようであった。しかし、今回会社が直面した問題は、過去に経験した問題とよく似ていた。ユナイテッド・フルーツは、当局が定めた善悪の境界線をしばしば越えて活動してきた。たいていの場合、この会社は危なくなる前に、社会の「見えざるメカニズム」――同社の尊敬すべき宣伝顧問エドワード・バーネイズの表現である――を支配する人々の側に戻ることができた。だが、ユナイテッド・フルーツはまたもや「卑劣なトラスト」とみなされるようになった。これは、誰か地位の高い人物が、この企業が貧乏人や財産を持たない人々を虐げてきたと突然知ったことによるものではない。ユナイテッド・フルーツは、ほとんど何でもやり放題だった通常の業務の領域から、会社の活動が人目につきやすく、反撃する力を持つ人々の怒りを買いやすい領域へと踏み込んでいたのである。

過去にユナイテッド・フルーツは、「戦略上重要」な事柄に干渉したかどで二人のローズヴェルト大統領の逆鱗に触れていた。二〇世紀初頭、ユナイテッド・フルーツは、セオドア・ローズヴェルト大統領がパナマ運河建設のためにジャマイカ人労働者を雇おうとしたのを邪魔した。その結果、会社は大統領の命を受けた反トラスト調査員らの関心を逸らす必要に迫られた。具体的には、経営権を取得していた会社のいくつかを元の所有者に売却したのであるが、その中にはあのサム・〝バナナマン〟・ゼムライも含まれていた。また、過去にイタリア系ファミリーが所有していた会社もあった。それは小規模な会社だったが、スタンダード・フルーツと名付けられた。この三〇年後、ユナイテッド・フルーツがナチス・ドイツとの商取引に積極的だったことから、フランクリン・ローズヴェルト大統領が同社に反トラスト弁護士団を差し向けそうになったが、第二次世界大戦の勃発により大統領の関心は別のところへ移った。だが戦争も終わり、今度はアイゼンハワー政権がユナイテッド・フルーツの活動にねらいを定めた。政権はこの会社の活動が革命を惹起することを恐れていたのだ。

こういう場合にはどうするべきか、エドワード・バーネイズはよく知っていた。彼は使い古した連絡先のリストを手に取り、古い友人らに何本か電話を入れた。その結果、アメリカの政権が今やっていることは共産主義者がグアテマラでやって失敗したことと同じなのではないかとする新聞記事が、バーネイズの友人らの名で出された。あのジョセフ・マッカーシー上院議員を彷彿させる筆致で書かれたこれらの記事では、共産主義者が政府の深部になお存在し、ユナイテッド・フルーツほどの国家的な企業を引きずり降ろそうと企んでいることが示唆された。

以前に製作した『バナナ・ランドへの旅』がきっかけで映画製作に目覚めていたユナイテッド・フルーツは、また新たな作品を手がけた。この一二分半の映画は、ユナイテッド・フルーツは西側諸国のため、自由のために戦っている、というメッセージが視聴者にすぐに伝わるように作られた。会社の宣伝部はこの映画にかなり力を入れ、慎重な検討の末に『クレムリンがバナナを嫌う理由』というタイトルを選んだ。映画のタイトル画面では、まるで観光客のようにクレムリンの城壁を訪れる三本のバナナが登場し、クレムリンのドームは苦悩するソ連幹部たち〔つまり政治局員たち〕の顔として描かれた。これは創意に富んだ映画で、外部に公開するほどではなかったにせよ、しばらくの間社内で好評を得ていた。しかし、やがて社内でもこの映画を恥ずかしいものと思うようになり、フィルムを破棄することにした。これは、いかにもクレムリンがやりそうなことである。

マッカーシー上院議員の失脚により、バーネイズとユナイテッド・フルーツの希望は潰えた。皮肉にも、会社がグアテマラ政府を転覆させるのに成功したことが裏目に出た。クーデタの少し前、マッカーシーは組織に共産主義者が潜り込むのを許したとしてアレン・ダレス率いるＣＩＡを非難していた。だがクーデタが成功したことで、ＣＩＡは自分たちやアイゼンハワー政権に浴びせられた批判が根拠のない戯言だったということをすぐに証明することができた。マッカーシーは次第に表舞台から消えていき、肝臓を患って三年後に帰らぬ人となった。彼は、アメリカにおける他に類を見ない混乱の時代を象徴する人物として想起されることが多い。

ユナイテッド・フルーツは、「不正」省——彼らは司法省をそう呼んでいた——との係争で自らの言い分を主張するにあたり、多少の制約を受けていた。というのも、会社の業務内容を熟知する人々が政府の要職に就いていたからである。ダレス兄弟はかつて、ユナイテッド・フルーツが鉄道の掌握を通じてグアテマラで着々と独占的な支配を固めていた頃に、会社の顧問を務めていた。その後もユナイテッド・フルーツは反トラスト訴訟で何年か争い続けたが、主としてワシントン側の思惑と衝突することになった。アメリカ政府としては、グアテマラでの一件もあり、これまでとは違う姿勢でラテンアメリカに取り組んでいるということをアピールしたかったのである。

アメリカ政府の計画は、アルベンスが進めた土地改革を放棄するとともに、ユナイテッド・フルーツによる独占状態を解消することであった。アメリカ政府の考えでは、グアテマラの大勢の農民が求めているのは——彼らの本当の思いとは裏腹に——どうやら土地ではなく資本主義のようであった。それゆえ、ユナイテッド・フルーツの資産は細かく分割された後に、かなり段階的にではあるが、同社の競合会社に分配されることとなった。その資産の少なからぬ部分が、ユナイテッド・フルーツにとってかつては取るに足らない商売敵だったスタンダード・フルーツをはじめ、国際バナナ業界の競合会社の手に渡った。

一方、ユナイテッド・フルーツが最も古くから操業するコスタリカでは、指導者のペペ・フィゲレスが違う考えを持っていた。フィゲレスは以前、軍部が政治に干渉できないようにするために軍隊そのものを廃止し、その宿舎を美術館に改装していた。そこで次に、彼はコスタリカ社会をより大きく作り変えることを計画した。フィゲレスはアメリカ（そしてボストン）屈指の大学であるマサチューセッツ工科大学で教育を受けた経験を持ち、また妻はスウェーデン人であった。このような背景のもたらす影響は、コスタリカを変えるための彼の構想にも反映された。すなわち、フィゲレスは自分が資本主義者であると同時に社会民主主義者でもあるということを高らかと宣言し、コスタリカには学校や病院などの福祉国家としての証がもっと必要だと述べた。これはラテンアメリカではたいへん珍しいことであると彼はつけ加えたが、幸いにもコスタリカにはそのための財源があった。フィゲレスは、忠実な友人であり、実に八〇年にわたってコスタリカ社会の不可欠な一員であったユナイテッド・フルーツに目を向けた。彼は会社に利益の六〇%を差し出すよう命じたのである。

フィゲレスはお咎めなしであった。選挙により選ばれた政府、ヨーロッパ的な福祉制度、それにメサ〔中央盆地〕において比較的治安のよい社会を実現していたコスタリカは、それ以後「中央アメリカのスイス」を自称するようになった。フィゲレスが編み出したこのような策略に対して、ユナイテッド・フルーツは異議を唱えられる立場になかった。当時、アメリカ司法省との戦いで忙しかったし、そもそもグアテマラでの一件の直後ということで新たなクーデタを引き起こせる時期でもなかった。アメリカ政府もこれと同じ結論に達した。リチャード・ニクソン副大統領が、フィゲレスとコスタリカについて調査すべく派遣された。フィゲレス夫妻はユナイテッド・フルーツのプランテーションでニクソン夫妻をもてなした。居合わせたコスタリカ人たちは幸せそうに見えた。フィゲレスは笑顔でニクソン夫妻にユナイテッド・フルーツのバナナをふるまった。ニクソンは黙ってバナナをほおばり、蒸し暑い中でもシャツのボタンをゆるめなかった。結局、ニクソンは何が問題なのか突き止めることができないまま帰っていった。

さらに大きな問題が起こりつつあった。グアテマラ作戦の時期にユナイテッド・フルーツが行ったメディア操作が、ジャーナリズム界から反発を呼んだのである。この時期を振り返り、ジャーナリストたちは「もう許さない」との決意を固めた。そのときキューバ島南東部のマエストラ山脈のどこかに身を潜めていたフィデル・カストロとその一味を探しに行ったジャーナリストもいる。そのうちの一人のハーバート・マシューズは、〔57〕カストロの陣営に辿り着き本人に会った。カストロは、自分を仕留めようとするフルヘンシオ・バティスタ大統領の手先がいるので危険だとして、マシューズの「身の安全」のために彼を陣営に軟禁した。カストロの指示で、兵士たちは陣営から少し離れた所を歩き回わってはランダムに発砲し、実際の人数よりも多く見せかけようとした。マシューズは陣営から送った電報の中で、カストロの人柄と決意には感心させられたとしている。それ以前にキューバの独裁政権やそれを支援するアメリカ政府内の人間から発信された報道においては、カストロ一味は丘陵に潜む山賊に過ぎないとされていた。

カストロはユナイテッド・フルーツに育てられたのも同然だった。彼と弟ラウルの養育や教育を金銭的に支えたのはこの会社であった。二人の父は比較的裕福なキューバ人で、ユナイテッド・フルーツから土地を借りて、そこで栽培したサトウキビを同社に売っていた。フィデル・カストロは多少英語を喋ることができたし、イエズス会系の学校で教育を受けていた。しかも、ガーデン・パーティなどの行事でユナイテッド・フルーツの社員らとの交流もあった。何年も後の話だが、同社の元社員らは昔を回想して、あんなに好青年だったフィデルとラウルが一体どこで道を踏み外したのかと首をかしげた。

一九五九年元日、カストロはハバナに入り権力を掌握した。バティスタ政権はアメリカからの支援もろとも崩れ去った。カストロは町中で歓喜の声とともに迎えられ、しばらくの間はアメリカからも好意的な評価を受けた。カストロは、キューバ島の中でもグアンタナモに依然として残されたアメリカ軍基地のすぐ近くの場所をわざわざ選んで、そこで大演説を行った。彼はキューバの過去、現在、そして未来について語ったが、特にアメリカ側の不安を呼び起こすことはなかった。一方、カストロがユナイテッド・フルーツについて語ったことに関しては、メディアによって冷静な報道がなされた。

彼がユナイテッド・フルーツを「深刻な社会問題」と呼んだと報じられたのである。

ユナイテッド・フルーツは自らを裏切ろうとしていた。バナナから手を引こうとしていたのである。病害関連の出費により、以前とは異なりほとんど収益を得ることができなくなっていた。土地の開墾や薬品処理がいっそう必要となったため、バナナの栽培コストはエーカーあたり二五〇〇ドルに増加した。これは、一九三〇年代における栽培コストの五倍である。この分野の専門家たちは「バナナ経済の逆転」について語った。その昔、コストが安定し、市場が拡大していく時代があった。だが今は、市場は停滞しているのにコストは爆発的に増加しているというのである。

ビッグ・マイクも爆発的な成長を遂げていた。重量と利益を増やすために化学肥料漬けにされたビッグ・マイクは、今ではむしろ「ファット・マイク」に近いフルーツになっていた。また、バナナの草本が化学肥料を与えられたことでより大きく成長し、ハリケーンに対して脆弱になっていた。「それゆえに自ら天災を招いた節がある」と、ある懐疑的なジャーナリストは記している。一九五八年にグアテマラで起こったハリケーンにより、ティキサテ・プランテーションにあったバナナの八〇%がなぎ倒された。

それでもユナイテッド・フルーツは勇ましく前進を続け、魅力を失った長年のパートナーを見捨てようとした。今や業務の基本方針は「多様化」であって、重役は自分たちを一つしか能のない間抜けではなく、ルネサンス的教養人だと思いたがった。昔であれば、一種類の製品だけを作り続ける企業は堅実さの象徴と見なされたかもしれない。だが、現代企業は負担を分散してリスクを軽減し、多岐にわたるポートフォリオを制する。ユナイテッド・フルーツとしては、当時の産業界において大きな存在感を放っていた「コングロマリット」〔複合企業〕への仲間入りを果たして、もっと儲かる分野に進出することを望んでいた。会社は石油や鉱物の試掘に挑んだ。これは、老舗のプランテーション会社にとってまったく新しい経験であった。しかし、運に見放されていたせいか、鉱脈を掘り当てることはできなかった。

ユナイテッド・フルーツの経営陣は、もっと早期に多様化を成し遂げなかったことが会社の問題だと主張した。この会社が方針を変えて心機一転するには、第二次世界大戦の終結がよい時機だっただろう。だが当時は、その刺激的な視線、ダンスのリズム、そして歌で聴衆を虜にする南国の「よき隣人」カルメン・ミランダに人々は夢中だった。当の彼女自身はユナイテッド・フルーツから一銭も得ることなく、一九五五年に四六歳でこの世を去った。その苦労にもかかわらず、彼女は自身とラテンアメリカを恥にさらしたとして本国ブラジルで批判された。ユナイテッド・フルーツはセニョリータ・チキータバナナで何百万ドルも儲けていたものの、気づいたときには新たな状況に適応するには遅すぎたのである。

ユナイテッド・フルーツは古い相棒と別れることができなかったので、おなじみの方法で仲直りしようとした。会社はバナナをもっと興奮するようなものに作り変えようとした。アイスクリーム用の乾燥バナナ・チップやバナナ・エッセンスが次なる目玉商品として計画に上がったが、市場で注目を集めることはなかった。

ユナイテッド・フルーツの経営陣は行き詰まってしまった。当時会社を動かしていた役員らは、ボストン屈指の由緒ある家系に連なる人々であった。少し前にジェファーソン・クーリッジ家出身の会長が退職し、ピーボディ・ガードナー家の新会長が就任していた。彼らほど有力なコネを持つバナナの集団はいなかった。これからユナイテッド・フルーツをどうしていくかが問題だった。バナナを襲う病害に悩まされ、ひどい挫折を味わってきた会社の次なる戦略は何か。

役員の一人がアル・バンプにこのように質問した。バンプはかつて困難な時期にグアテマラで現場責任者を務めた人物だが、熱帯事業の担当役員としてボストンに戻っていた。エンジニアとして二〇年の現場経験を持つ彼は、その質問に対して次のように答えている。「バナナをもっと栽培するべきだ」。

キューバの状況に対して「何か」手を打つ必要があった。しかし、その「何か」は、不名誉な行為として歴史に残ることになる。キューバにあるユナイテッド・フルーツのサトウキビ畑は焼き払われてしまった。会社の資産は強奪され、プランテーションの管理人らは追い出されたり、殺されたりさえした。フィデル・カストロ率いる政権は、ユナイテッド・フルーツを長年にわたって「ヤンキー」帝国主義を体現する会社の一つと見なしていた。一方、ユナイテッド・フルーツにしてみれば、自分たちはキューバにおいてアメリカ企業の看板を背負う尊敬されるべき存在であった。

歴史ある一つの産業そのものが忽然と消えてなくなった。ユナイテッド・フルーツは、キューバ北東部のプレストンやベインズなどといった町の周辺に大規模なサトウキビ・プランテーションを所有していた。轟音をあげて走る列車の行き交う鉄道網は、マイナー・キースがプランテーション用に建造したものである。ユナイテッド・フルーツの最盛期には、蒸気動力の黄金期にふさわしい機関車が幅広の湾曲した排障器をつけて車庫から飛び出したものだった。そして、機関車は何千頭もの家畜が草を食む会社の広大な牧草地を走り抜けた。それにもかかわらず、ユナイテッド・フルーツはキューバの人々の生活にはいつもどこか無関心で、そこから距離を置いていた。

フィデル・カストロはグアンタナモで就任演説を行った際、ユナイテッド・フルーツが深刻な社会問題だとはっきり述べていた。会社はキューバでサトウキビを大量に栽培する一方で、現地の生産者から作物を購入することはあまりなかった。そうした生産者の多くは零細農家で、会社が作物を買ってくれれば大きな助けになったはずである。彼らに比べてカストロの父はまだ恵まれたほうだった。ユナイテッド・フルーツはまた、サトウキビ栽培に秘められたビジネス・チャンスに気づけなかったか、気づいていたとしてもほとんど何も行動を起こさなかった。サトウキビを搾った際に出る残渣は、バガスと呼ばれる繊維質の塊である。この当時はまだ誰も知り得なかったことだが、後にバガスはブラジルで車を走らせるために利用されることになる。だが、バガスから比較的容易に新聞用紙や壁材が作れるということはすでに知られていた。さらに、糖液と混ぜることでバガスは家畜飼料のつなぎにもなる。糖液はサトウキビの副産物で、ユナイテッド・フルーツには飼料を必要とする多くの家畜がいた。しかし、会社はこれらの副産物を関連づけることができなかった。地元キューバでは、ユナイテッド・フルーツよりはるかに小規模でありながら、すでに何社もがバガス加工工場を建設していたにもかかわらず。

カストロと国立銀行総裁のチェ・ゲバラは、ユナイテッド・フルーツが何度も会計不正を働いてきたことを知っていた。この会社は日常的に利益を過小に計上し、そうして生み出した資金をそのまま海外に送っていた。ユナイテッド・フルーツ広報部の元社員トーマス・マッキャンは、キューバでの生活についての考えを綴った中で、毎年キューバへの投資に充てる金をほとんど残さないようにするために会社があれこれ工夫していたと述べている。マッキャンの話によれば、「キューバ支部長のヨットを維持するのにかかる」金すら残らなかったという。

カストロは地元のブルジョワ出身だったとはいえ、ヨットを嗜むタイプの人物ではなかった。規律主義者だった彼は、マイヤー・ランスキー[58]や彼の同業者の「マフィア」が運営する売春宿、セックス・ショー、カジノなどを排除していた。ユナイテッド・フルーツはその数年前に「グレイト・ホワイト・フリート」を利用したクルーズから撤退していたため、カストロの娯楽産業への取り締まりによる損失はそれほど大きくなかった。より玄人向けのクルーズ会社が他に数多く存在しており、あえて二等船室でバナナ観光クルーズに行こうと考える旅行客は減っていた。とはいえ、ユナイテッド・フルーツの推計によると、キューバ革命により会社が被った損失は六〇〇〇万ドルにのぼった。

ハワード・ハントは、厳しい状況に置かれたユナイテッド・フルーツを同情的なまなざしで見ていた。一九五四年にグアテマラで「オペレーション・サクセス」を成功させていたＣＩＡは、同じことがキューバでも実行できるのではと考えた。そこで、ＣＩＡは過去の作戦を引っ張り出して再利用し、作戦名を変更した。「オペレーション・サパタ」という、いかにも楽観的な作戦名がしっくりきた。これはきわめて大胆な作戦で、キューバへの侵攻が計画された土地の名前が作戦名に含まれていた。実際、キューバ南西部のサパタ半島のピッグス湾が侵攻劇の舞台となる。

ハントの上司であったCIA長官アレン・ダレスは、この作戦の計画に満足していた。だが、アイゼンハワー大統領はキューバへの介入が成功するのかかなり不安だった。侵攻が必要だとする司令官らの声に押されて作戦を承認したものの、「われわれにとってのカルカッタの黒い穴」事件〔一七五六年のイギリス領インドのコルカタ〈旧名カルカッタ〉で、反乱軍の捕虜となったイギリス人が劣悪な環境の暗い監獄で多数死亡した事件〕になってしまうのではと苦悩していた。とはいえ、アイゼンハワーはすでに大統領二期目の終わりが近づいていたので、実際にはもはや彼の出る幕ではなかった。一方、副大統領のリチャード・ニクソンは、一九六〇年の大統領選の投票時にキューバが資本主義陣営に復帰していれば大統領の座にぐっと近づけるだろうと夢を膨らませた。ひょっとすると、ニクソンはハバナから凱旋する「グレイト・ホワイト・フリート」を波止場で手を振って迎える自分の姿を想像したのかもしれない。それは少しばかり空想が過ぎるかもしれないが、実際にユナイテッド・フルーツは決行が迫るキューバでの作戦のために船二隻を用意している。

アメリカでは、作戦は始動前にすでに成功していた。カストロのせいで故郷を追われていたキューバ人らが小切手帳を手にマイアミ周辺に集まり、もうすぐ帰国して、難なくカストロを追い出せるはずだと自信たっぷりに話した。彼らはかつてのグアテマラ侵攻がキューバで再現され、亡命者からなる「解放軍」が到来して人々の歓声とともに迎えられるのを想像した。カストロは暴君なのであって、彼を打倒すればキューバ人は歓喜に沸いて安堵するだろうと考えたのである。

合理的な判断に基づいて、グアテマラがキューバ侵攻の出発地に選ばれた。しかし、不都合なことに期待通りとはいかなかった。グアテマラの軍部はユナイテッド・フルーツによるクーデタを受け入れてはいたが、他国への攻撃の拠点として自国が利用されることには多くの下級将校が反対した。彼らは、グアテマラがバナナ共和国のように利用されていると不満を漏らした。一方、ニカラグアのソモサ一族は一貫してアメリカに忠実であった。この一族はプエルト・カベサスやモスキート海岸沿いの地域を、訓練や空爆の拠点としてCIAに提供した。

計画は思うように進まず、アメリカでの大統領選挙キャンペーン中に作戦が始動する気配はなかった。民主党候補のジョン・F・ケネディはニクソンを次のようになじった。共和党は冷戦における大きな目標を語る際、ベルリンやその他の遠く離れた場所の話をするが、九〇キロ先の、戦闘機なら九分で行ける距離にあるカストロ率いるキューバに対しては何もしてこなかった、と。ニクソンは苛立ちを覚えていた。彼は多くの人と同様にカストロを打倒するための計画があることを知っていたが、国家機密だったので公言することができなかったのである。作戦の計画はさらに遅延し、その頃にはすでに選挙戦の決着がついていて、ニクソンではなくケネディがホワイトハウスに居を構えていた。

行動を起こすべきだと主張していたこともあって、新大統領ケネディは作戦を中止させることはできなかった。一九六一年四月に七隻の船がピッグス湾に向けて出航したが、そのうちの二隻はユナイテッド・フルーツの「グレイト・ホワイト・フリート」に属しており、作戦のために会社が提供したものであった。誰もピッグス湾にサンゴ礁があるとは気づかなかったようで、七隻の船はそのままサンゴ礁に乗り上げんばかりの勢いだった。

しかし、上陸したキューバ人亡命者からなる部隊はすぐにサンゴ礁の存在に気づいた。彼らは銃撃を浴びる中、無防備な足をさらして、ブーツを首からぶら下げ、ライフルを腰より高い位置に持った状態で、苦労してサンゴ礁を進んだ。このときに被弾しなかった者は、ビーチにあがったときに射殺されたり、あるいは捕まって砂上にうつ伏せの状態で寝かされたりした。この哀れな捕虜たちは、チェーンソーを持ったカストロの国防軍の兵士によりひどい目に合わされた。亡命者らに呼応して街の人々が蜂起することはなかった。サメがうようよ泳ぐ海を渡り切って沖合の船に戻ることができた生存者も中にはいたものの、オペレーション・サパタは惨めな失敗に終わったのである。

第11章　衰退と没落

ケネディ政権はピッグス湾での大失態の責任はＣＩＡにあるとした。この「諜報活動の失態」によりＣＩＡ長官アレン・ダレスは辞職した。一方、フィデル・カストロの権力掌握後にキューバで資産を失った人々は、侵攻作戦を支援するための空爆を十分に行わなかったとしてジョン・Ｆ・ケネディ大統領を非難した。だがこの論争のいずれの側も、そもそも侵攻作戦が行われるべきであったのか、あるいはこの種の作戦がもはや現代にはふさわしくないものだったのではないか、という論点をあえて避けた。

ルイジアナで隠居生活を送っていたサム・ゼムライが一九六一年一一月に八四歳で死去した。五〇年前、彼はホンジュラスに部隊を送り込み、鮮やかな成功を収めた。だが、今回の作戦でキューバに軍事介入したことで、ユナイテッド・フルーツは大恥をかいてしまった。

それでも、ユナイテッド・フルーツは世界情勢に影響を及ぼし続けた。一九五四年のグアテマラのクーデタが一九六一年のピッグス湾侵攻を引き起こした。その結果、フィデル・カストロがキューバに核ミサイルを配備するようソ連に促したか、あるいはそうすることを認めた。そしてこれがきっかけとなって、人類が世界の終わりに最も近づいた冷戦期の大事件として知られるキューバ危機が一九六二年に発生した。この事件にバナナが関わっているなどとは、誰も想像しなかったはずである。

一九六三年一一月に起こったケネディ大統領の暗殺事件に関しては、さまざまな陰謀論が数多く存在する。至るところに触手を伸ばしていたことで有名なユナイテッド・フルーツが、そうした陰謀に加担した可能性はある。ボストンにおいて、ワスプの人々とカトリックのケネディ家との関係は必ずしも良好なものではなかった。キューバで財産を失った他の人々と同じように、ユナイテッド・フルーツがケネディに裏切られたと感じていたとしても何ら不思議ではない。ケネディ暗殺に関する陰謀論においては、かつてユナイテッド・フルーツが南部の本拠地としていたニューオーリンズが重要な役割を果たしていることが多い。暗殺の実行犯となるリー・ハーヴェイ・オズワルドは、ニューオーリンズにある世界貿易センターのビルにオフィスを構えていた。また、そこには「ビル」ことウィリアム・ゴーデットのオフィスもあった。彼はエドワード・バーネイズによるユナイテッド・フルーツの初期の宣伝活動に関わった雑誌編集者で、ＣＩＡの協力者でもあった。オズワルドとゴーデットは、どうやら一緒にメキシコに旅行したようである。これは暗殺事件の少し前のことで、現場となったダラスはメキシコとアメリカの国境から北に行った場所にある。ハワード・ハントは二〇〇四年に行われたSlate.comによるインタビューの中で、事件当日はダラスにいたのかどうかという質問に「ノーコメント」と答えている。もちろん、これだけに基づいて解釈することはできないし、このような「証拠」はせいぜい状況証拠にしかなり得ない。その意味では、陰謀論の骨子を作り上げるのがいかにたやすいかを示しているだけなのかもしれない。

グロスミッチェルことビッグ・マイクが、ついに病害に屈してしまった。ユナイテッド・フルーツは大金を投じてプランテーションを取り壊し、中米全土にわたって新種のバナナを栽培し始めた。それがキャベンディッシュで、原産地は間もなく枯れ葉剤が撒かれることになるベトナムあるいはインドという可能性もある。それはインドがイギリスの支配下にあった時代にキャベンディッシュ卿が偶然見つけたものであった。彼はこのバナナを本国に持ち帰り、ダービーシャー州チャッツワースにある大邸宅の温室で大切に育てた。キャベンディッシュはビッグ・マイクよりも小ぶりで短かったが、重要な商業的利点を有していた。病害に耐性があるとされていたのである。新種で産業の救世主となりうるこのバナナを市場にもたらしたのはユナイテッド・フルーツではなかった。開発の大半を担ったのは、ライバル企業のスタンダード・フルーツだった。このことは、ユナイテッド・フルーツがもはやかつてほど隆盛ではなかったことを意味する。

遅まきながら、ユナイテッド・フルーツはエクアドルで栽培を開始した。この構想はトーマス・カボットが一九四〇年代に提案していたが、その苦労もむなしく、彼はサム・ゼムライによって解雇されていた。カボットはまた、エクアドルでは労働組合があまり力を持っていないと指摘していた。そのため、ユナイテッド・フルーツがエクアドルで操業を開始した際、現地の労働者たちから病院や学校を建設するよう迫られることはなかった。会社は本国アメリカから人を引き寄せられるようにするために、いつも病院や学校を建設してきた。だが、その必要はもうないのではと思い始めていた。

この新たな「第三世界」は多くの人口を擁しており、魅力的であった。「第三世界」という言葉は作られたばかりであった。第一世界が西側、第二世界がソ連率いる東側、そして第三世界がそれ以外の貧しい地域であった。このような状況下で、第一世界と第二世界は、それぞれ自由市場と社会福祉のどちらが最重要視されるべきかをめぐって張り合った。両者は互いに拮抗し合ったものの、第一世界では福祉的な考えがある程度取り入れられ、第二世界では人々が市場のさらなる自由化を求めていた。一方、第三世界では、仕事があるだけでありがたいと思う者がほとんどだった。

ユナイテッド・フルーツはまた、人々に土地を与えるという、斬新で驚くべきアイデアを思いついた。土地の規模は相当なもので、プランテーションがまるごと与えられた。会社は何年にもわたって、大きな自立性を認めるよう生産者から圧力をかけられてきたが、そうすることの利点にはそれまで気づかなかった。現地人にプランテーションを譲れば、文句を言われることはなくなり、「エル・プルポ」だとして非難されることも少なくなる。それに加え、プランテーションを譲れば、バナナを蝕む病害や経営上の問題に対処するのは現地人の責任になる。長い年月にわたって多くの批判にさらされてきたが、自分たちはれっきとした企業であっただけでなく福祉団体でもあったのだ、とユナイテッド・フルーツ側は考えた。自ら設立した病院で病気に苦しむ人々をケアしてきたし、さらに莫大な費用をかけた専用の研究施設でバナナの病害にも対処してきた。これからは、プランテーションの運営は現地人に任せることになる。もっとも、ユナイテッド・フルーツは事業における出荷や販売を通じて、現地人をたやすくコントロールし続けることができた。新たに誕生した「独立」生産者は、ユナイテッド・フルーツなしには自分たちのバナナを出荷、販売することができなかったからである。

だが他方で不安も出てきた。ユナイテッド・フルーツが以前とは異なる組織になってしまっていると思われたのである。ニューイングランドのピューリタン的伝統にルーツを持つこの会社は、労働倫理に重きを置いてきた。いつも生産に取り組み、その「手を汚す」ことも厭わないような会社であった。しかし、今やこの会社はバナナ生産者から人を操作するだけの存在へと変わりつつあり、かつての自尊心を失い始めていた。

ギリシアの海運王アリストテレス・オナシスは、ユナイテッド・フルーツが関わりを持ちたくない独立生産者の一人であった。オナシスは、一九六〇年代初頭にパナマのプランテーションの買収を会社に持ちかけた人物である。彼のような人物は、自分のことは自分で面倒を見られる生産者であって、ユナイテッド・フルーツに頼る必要などなかった。オナシスは、プランテーションを買収してパナマに拠点を作ることで、パナマ運河を掌握することを目論んでいたのかもしれない。パナマ運河の所有者であったアメリカ政府が、オナシスの構想に賛同していたとしてもおかしくはなかった。この時代遅れの運河はもはや現代の海運には適さなくなっていたし、大富豪のオナシスには運河を改修できるだけの財力があったからである。そうなっていればみんなが得をしたはずである。唯一の例外はオナシスの競合会社であった。というのは、オナシスの船が運河を無料で利用する一方で、競合会社は船を通過させるたびに法外な利用料を取られるからである。こうしたオナシスの構想は、かつて中米の鉄道を支配し続けたユナイテッド・フルーツ代表マイナー・キースのやり方を彷彿させる。このことに気づいていたユナイテッド・フルーツは、オナシスから持ちかけられた買収を断った。

ユナイテッド・フルーツは、自社には業界をリードできるだけの力がまだ残っていると考えていた。会社は「ブランディング」〔ブランドを構築するための取り組み〕に向けて重要な一歩を踏み出した。この言葉は当時、まだ畜産業以外では一般に使われていなかった。ロールス・ロイス、フーバー、コカ・コーラなどといったブランドは、商売を行う中で少しずつ形作られたものである。一方、ユナイテッド・フルーツのやり方は、焼きごてで家畜の尻に焼印を押そうとする牛飼いのそれに近かった。セニョリータ・チキータバナナが描かれた小さなラベルを自社製品に貼ったのである。ユナイテッド・フルーツは、長年にわたってチキータがみんなを誘惑してきたことに気づいた。というのも、彼女のことを気に入った消費者は、会社のバナナを手に取ってそのまま購入してくれるからである。このアイデアにより、自社のバナナを他社のそれと差異化できると考えた。ユナイテッド・フルーツのバナナの三本に一本がラベルを貼られ、ラベルの使用枚数は年間二〇億枚を上回った。

こうしてユナイテッド・フルーツは「神のようにふるまい」、バナナという自然界のものに対する所有権を主張した。この会社が現代のバナナの創造者であったことを踏まえれば、それは妥当な主張に思われた。だが、実際にはこのようなブランディングの手法というのは、必ずしもユナイテッド・フルーツ独自のものでなかった。カリフォルニアの果物農家らは、すでに一八八〇年代から商品に色とりどりのラベルを貼って出荷していた。また、ユナイテッド・フルーツは、長年にわたり提携していたファイフスからも着想を得ており、同社が用いた青色のラベルを真似ていた。ファイフスは早くも一九二九年からブルー・ラベルを導入していた。ユナイテッド・フルーツがバナナにセニョリータ・チキータのラベルを貼りつけたことは、当時まだ未発展の分野であったブランディングへの新たな刺激となった。ブランディングは技術というより魔法のようなものであった。何百キロも離れた場所で低賃金労働者により貼られたラベルが、なぜか市場において品質の証となったからである。これによって当初ユナイテッド・フルーツは大成功を収め、しばらくの間ではあるにせよ、ふたたび競合会社よりも優位に立つことができた。とはいえ、他社がラベルを導入できない理由はなく、実際のところすぐに導入し始めた。

ユナイテッド・フルーツは一九六〇年代の盛大な幕開けを見逃した。ジャマイカ育ちのアメリカ人歌手ハリー・ベラフォンテが「バナナ・ボート」で大ブレークを果たすなど、六〇年代は幸先のよいスタートを切ったように思われた。カリプソが連想させるカリブ海の世界。そこでは、夜通しでバナナの茎を船倉に運搬して仕事を終えた労働者らが、疲れていながらもなお満足した様子で歌声を上げる。このようなイメージの世界と結びつけられることを、ユナイテッド・フルーツは強く望んだに違いない。

一九六〇年代が進むとベラフォンテはかつての歌詞を見直し、公民権運動の主要な活動家となった。彼は白人中間層との接点となり、その階層のスターたちを運動に引き込んでいった。その中には、すでに歌手として定評のあったピート・シーガー《59》、それに人気を博し始めていたボブ・ディラン《60》やジョーン・バエズ《61》らもいた。アラバマ州セルマでは公民権運動の行進やデモの参加者らが弾圧を受けたことで、暴力的な流血事件へと発展した。セルマは、サム・ゼムライがユダヤ人迫害を逃れてロシアから移り住んだ町である。

さまざまな抗議運動は急速に激しさを増した。一九五四年のグアテマラ危機の頃、アイゼンハワー大統領は国際連合を舞台に繰り広げられていた中米外交から手を引くようフランスに警告した。もしそうしなければ、ベトナムに関してアメリカは支援しないとアイゼンハワーは述べた。同年、フランスはディエンビエンフーの戦いで敗北を喫し、ベトナムから撤退することとなった。そのフランスに代わって、グアテマラでの成功により自信をつけたＣＩＡが秘密裏にベトナムへの関与を強めた。一九六〇年代半ばになると、泥沼にはまっていたのはアメリカの方だった。

アメリカ国内において政治的混乱と反戦運動が広がる中、奇妙なことが起こった。ユナイテッド・フルーツが流行りものになったのである。このもっとも悪名高い資本主義の産物が、ラジカルシック〔急進左翼を支持する金持ちや有名人〕的な力強さを持つようになった。その中心にあったのはバナナで、群衆は大声を上げてその名を呼んだ。一九六七年のイースター・サンデーにニューヨークのセントラル・パークで行われた大集会〔ビー・イン〕では、参加者らが「バ・ナ・ナ」と何度も叫んだ。バーネイズがいた頃のユナイテッド・フルーツであれば、このような宣伝の機会を歓迎したであろう。ニューヨークに集結した群衆は、巨大なバナナの模型を担いでいた。これは何を象徴したのか。平和か、無知か、それとも軽蔑か。群衆の格好はだらしなく、Ｔシャツを着用する者が多く見られた。いかにも「反主流的」な人々であった。さらに都合の悪いことに、彼らのＴシャツにはユナイテッド・フルーツのセニョリータ・チキータのロゴが描かれていた。図々しくも他人のイメージを盗用したのである。しかも、抗議集会の参加者らはまったく不当な目的のためにロゴを用いていた。彼らはユナイテッド・フルーツの人間ではなく「アジテーター」〔扇動者〕だった。リチャード・ニクソン大統領は、このような人々を新しい名前で呼んだ。政界に復帰し一九六八年に大統領の座を手に入れたニクソンは、抗議集会に参加した人々を「浮浪者」（bums）と呼んだのである。

ユナイテッド・フルーツは、反体制的な人々がバナナをまた別の不適切な目的のために利用していることを知って狼狽した。バナナを吸引する者が現れたのである。「頭のおかしな連中」（Banana heads）がバナナにより幻覚作用が得られることを発見した、と言われた。かつては肉の代わりになるものとして労働者階級に勧められたバナナが、今では不満を抱く中間層の子どもたちを落ち着かせるための物質として売り込まれている。バナナは、ＬＳＤの安価かつ合法的な代替品だと謳われたのである。

ユナイテッド・フルーツの高名な先駆者たちがバナナ価格を押し下げ、大衆消費市場を作り出したとき、後にこのような事態になるとは想像もしなかっただろう。バナナでハイになれるという話がデタラメであったかどうかはともかくとして、この話題はアメリカ中で市場を席巻した。この時期に人気を博すようになり、主流にもなりつつあった反主流メディアは、自分でバナナをかき集め、煮込んで焼き上げる方法を記したレシピを発行した。このようなレシピは、ユナイテッド・フルーツの家政学部門が発行してきたものとはまったく異なるものだった。一部の人々の話では、このレシピに基づいて加工したバナナは肥料のような味がしたというが、それでも会社がかつて勧めたバナナ＆ベーコンのレシピに比べればはるかに成功した。サンフランシスコのヘイト・アシュベリーからボストンのハーバードスクエアに至るまで、全米各地で「バナナ・ブーム」が起こった。

バナナはポピュラーカルチャーにも入り込んだ。歌手のドノヴァンが「メロー・イエロー」を発表し、アンディ・ウォーホル《62》がアルバム『ヴェルヴェット・アンダーグラウンド・アンド・ニコ』のジャケットにチャックのついたバナナを描いた。現代っ子たちはこれを見て大いに喜んだ。一方、興味本位でこのバナナをより詳しく見つめた年配者はさぞ驚いたに違いない。チャックを開けると出てくるのは無垢な白い果物ではなく、ピンク色をした物体であった。ユナイテッド・フルーツにとってみれば、こうした悪ふざけをするような連中は不快きわまりなかった。

ユナイテッド・フルーツはこのジョークが理解できず、時代に乗り遅れた。会社はつまらない情報を並べ立てて、「愛と平和」の運動に協賛しているのではないかとする主張をことごとく否定した。バナナには危険な神経化学的特性がないという自社の主張を裏付けるために、政府や有名大学が出した報告書を引用した。時代状況をうまく把握できなかったユナイテッド・フルーツは、カウンター・カルチャーは悪い人々のものだと思い込んでいた。だが実際は、そうした人々を正しいとする見方が急速に広まっていた。彼らは明確に表現することに長けており、知性があり、そして将来性を備えていた。彼らのように物事を捉えることが定着した考え方になりつつあり、その意見に耳を傾けることが求められるようになっていた。このように、新たな思想家らが社会内部のメカニズムを支配する勢力に加わろうとする中で、ユナイテッド・フルーツは周縁に追いやられていった。


ユナイテッド・フルーツの取締役は、自分たちの縄張りでイーライ・ブラックと会った。彼らはボストンのコモンウェルス通りに立つアルゴンキン・クラブへと向かった。このクラブはチャールズ川を臨むバックベイに並ぶブラウンストーン造りの邸宅に囲まれていた。その中でもフラットグレー調の石造りのクラブは目立つ存在で、周辺の邸宅よりも「ワンランク上質の」、古風な佇まいを演出していた。クラブの書庫は暗い色調の天井で覆われ、まるで墓地のような静寂に包まれていた。そして、そこにはクラブの歴代会長の肖像画が飾られていた。

ワスプの取締役らは、ブラックがどういう人物かおおよその見当をつけていた。じっとしていられない気質のニューヨーカーで、おそらくは船が静かに行き来する港町ボストンに強引に入り込みたいと思っている「自信満々」でやかましい男だろう、と。この日の朝、ブラックはユナイテッド・フルーツに電話を入れ、会社の株を大量購入した謎の人物の正体は自分であると伝えていた。それまでの数日間、取締役らはこの株の動きに不安を抱いていた。かくして、ブラックがボストンにやって来ることになったのである。

到着したブラックは少しも動揺することなく、彼を迎え入れた取締役らと同様に礼儀正しい控え目な態度で臨んだ。彼は、ユナイテッド・フルーツが伝統を断固として守ろうとする、誇り高い会社だということを承知していた。ブラックは果たして会社の価値観を維持してくれるのだろうか。取締役らは夕食を終えてもそのことが気がかりでならなかった。

ブラックが後継として浮上する前に、ユナイテッド・フルーツは信頼できる企業の中から身売り先を探そうとしていた。ニューイングランドの大手コングロマリットのテキストロンが有望視された。一時は、売却後の社名について意見を交わすところまで話が進んでいた。当時は企業イメージ関連のサービスを提供する広告会社があらゆるところから続々と出てきており、ユナイテッド・フルーツもそうした会社の一つに多額の金を払って社名の考案を依頼している。広告会社の担当者らは構想中だった新しい会社の名称として、パンオメガ、メトロメガ、コーポラドなどといった候補をあげた。だが、どれもしっくりこなかった。加えて、売却自体が白紙になった。テキストロン以外の売却先候補も、あれこれと理由をつけてユナイテッド・フルーツの買収を辞退している。その理由は、彼らがバナナ産業についてよくよく調べていくうちに、産業につきまとう病害や関連コストの存在を知ってしまったからである。最初のうち物事は単純明快のように思われていた。実際、ある候補者は「たいしたことないじゃないか。年に一回ホンジュラスの大統領とディナーすればいいだけだ」と述べていた。だが、気づけば、最後に残った候補はブラックただ一人だった。

ブラックはここで交渉の表舞台からいったん退いた。根っからのセールスマンだった彼は、すでに売り込みを済ませていたのだ。後は黙って相手方が対応に苦慮するのを見ていればよかった。ブラックの行動をめぐって市場で憶測が飛び交う中、彼が購入していた株の値は上昇し続けた。仮にユナイテッド・フルーツがブラックの提案を断ったとしても、彼が株で大儲けできることに変わりはなかった。もっとも、しばらくしてから会社が提案を受け入れることが明らかになった。あのブラックが古いユナイテッド・フルーツに新たな息吹を吹き込む。ウォール街では人々が心を躍らせた。容赦ない「資産管理者」として知られるブラックが長年にわたって資産をずさんに管理してきたユナイテッド・フルーツを掌握し、きっと物事を正してくれるはずだ。ある専門家が述べたように、「仮に彼がバナナの草本と観葉植物を区別できないとしてもほとんど関係ない」と考えられた。この頃、ブラックによるユナイテッド・フルーツ株の大量購入には裏があるという噂が立っていたが、それは興奮に包まれたウォール街では無視された。

マスコミはユナイテッド・フルーツが新たな時代に入ることを後押ししたが、その際に会社の「卑劣」な過去を取り上げる報道もあった。それによれば、南北戦争の終結後、奴隷を売り買いしたり、搾取したりする者がユナイテッド・フルーツを創立し、彼らはそのいかがわしい才能を発揮できそうな分野を探しているうちに、たまたまバナナに目をつけたというのである。ニューヨークの『フォーチュン』誌の記事は、ユナイテッド・フルーツの先駆者らは「コンキスタドール」〔中南米を支配したかつてのスペイン人征服者〕も同然であり、「歴史上最も野蛮で強欲な男たち」だと主張した。さらに、その男たちが犯した罪は枚挙にいとまがなく、「タイムズスクエアの書店に立ち読みをしにきた人々の好色な目さえも引きつけるほど」であろうと述べている。しかし、現在のユナイテッド・フルーツは名の知られた巨大企業に成長しており、中米最大の雇用者数を誇る、現地の人々のために病院や学校を建設するような企業に変わったのだとされた。

注目を集めた一つの懸念材料は、ユナイテッド・フルーツがそう遠くない昔に裁判で争っていたことであった。会社はグアテマラでの事業をめぐって厳しい反トラスト訴訟を起こされていた。その結果、会社の所有地は競合会社に分配され、マイナー・キースが敷設した鉄道の独占的支配権も剥奪されていた。ユナイテッド・フルーツにとって問題だったのは、この訴訟により会社の情報が「記録」されてしまったことであった。これにより、先々に何か不都合が生じた場合、訴訟がふたたび取り上げられる可能性があったからである。これは司法当局が容疑者を法廷に引っ張り出すために用いる常套手段であって、ユナイテッド・フルーツは実に魅力的な容疑者だった。この会社は問題の多い過去を抱える疲弊した老人のようなもので、ジャングルのハイエナたる司法当局にとって格好の餌食であった。政治家にしても、マスコミにしても、大衆にしても、何かあったときは、誰かもしくはどこかの機関が公に責任を追及されるだけで満足であり、実際に悪事を犯した者が処罰を逃れても気にはしなかった。それで一件落着とされ、みんなが事件を忘れるのがつねであった。

イーライ・ブラックの指揮の下、ユナイテッド・フルーツはよいスタートを切ったように見えた。

会社は中米で事業を継続する傍ら、アメリカ国内でも事業を展開した。たとえば、カリフォルニア州ではレタスなどの農産物の栽培を行った。セサル・チャベス〔ヒスパニック労働者の権利のために闘ったメキシコ系運動家〕は会社の畑で労働するメキシコ人らの組合の代表者であった。彼は、低賃金で働かされ、概して酷使されていた労働者のために新たな契約を結ぶよう会社に要求した。ブラックはこの要求を受け入れると述べ、自社の経営陣を大いに驚かせた。これにはアグリ・ビジネスの汚い世界を牛耳る大企業も失望を隠せなかった。一方、このようなブラックの行動を評価するとともにそれに衝撃を受けた人々は、次のように思った。自分は啓蒙された新生ユナイテッド・フルーツを目のあたりにしているのではないか。

とはいえ、ユナイテッド・フルーツにはいまだ昔日の面影が残っていた。一九六九年にホンジュラスとエルサルバドルの間でいわゆる「サッカー戦争」が勃発した。両国は長期にわたって国境問題を抱えており、熾烈なサッカーの試合が引き金となって紛争が勃発したのである。エルサルバドルはユナイテッド・フルーツの旧友たるホンジュラスに侵攻したが、その際、会社が太平洋上の輸送業務を管理するために使用していた無線設備をあえて奪った。エルサルバドル政府は、皇帝のごとく君臨するユナイテッド・フルーツと対決したことを題材にして、つかの間のプロパガンダを行った。これに対し、ユナイテッド・フルーツは自社とホンジュラスとのために関係する各方面に電話を入れた。すると間もなくして、米州機構が停戦を実現させた。ブラックがいれば、会社はかつての栄光をいくらかでも取り戻せるかもしれない。そう期待されたのである。

ブラックは自らのことを学者、つまり知識豊富な文化人として見ていた。彼の自慢はその書庫だった。しかし、彼が読書家であったとは考えにくい。普通、企業の最高経営者にはそのような時間的余裕はないからである。そのため、ブラックは一九七〇年に刊行されたガブリエル・ガルシア・マルケスの著書『百年の孤独』の英訳を読めなかったのかもしれない。その後、ユナイテッド・フルーツはその最期に近づく中で、さまざまな災難に見舞われることになる。それらの災難は、『百年の孤独』で描かれた疫病、戦争、聖書における暴風雨を彷彿させるものであった。

事の発端は地震だった。一九七二年、クリスマス二日前の深夜、ニカラグアの首都マナグアが破壊された。この地震により大聖堂を含む首都中心部が壊滅的被害を受け、倒壊を免れた建物はわずかだった。ブラックはこの災害がユナイテッド・フルーツにとってチャンスになることにすぐに気づいた。ブラックは会社の社会奉仕活動の伝統に沿って——彼自身はこれを意識していなかったかもしれないが——、食料、避難施設、水、医薬品やその他の必需品が緊急に必要だということを理解した。彼は中米の他の地域に展開する事業所の土木技師らをただちに災害現場へ向かわせている。アメリカの新聞やラジオ、テレビ各局の放送で、ニカラグア地震緊急募金（ＮＥＥＤ）への支援を求める広告が出された。そうした広告に、ＮＥＥＤの寛大なスポンサー企業の名前が登場したことは言うまでもない。

ユナイテッド・フルーツは『クレムリンがバナナを嫌う理由』の製作以来離れていた映画製作にふたたび挑戦した。イーライ・ブラック主演の短編映画を製作し、マナグアにおける会社の救援活動の様子を撮影した。ニカラグア地震とそれへの対応は、会社の年次報告書の目玉となった。会社は立派な活動を行ったのであり、そのことに誇りを持つべきだ。そして、努力次第で制約の多い窮屈な商業の世界から抜け出して社会に貢献できるということの範を他の大企業に示すことになったというわけだ。このように、ユナイテッド・フルーツは「私たちの社会的責任」を高らかに掲げたのであった。

だが、すぐにブラックの自殺につながる一連の出来事が始まることになる。一九七三年、不吉にもブラック・シガトカ（黒シガトカ）病と名付けられた病害がプランテーションを襲い、ユナイテッド・フルーツの弔鐘を鳴らした。知られるかぎり、この新種の病害には対処法がなかった。さらに同年、バナナの売り上げで他社に初めて抜かれたことでユナイテッド・フルーツの士気は急落した。後にドール・コーポレーションとして知れ渡ることになる、スタンダード・フルーツに追い抜かれてしまったのである。

一九七三年秋に勃発した第四次中東戦争により、ＯＰＥＣが原油価格の大幅な引き上げに踏み切った。同様に、バナナ生産国の間でも独自のカルテルであるＵＰＥＢが組織されることになった。こうした動きを通じて、中米諸国が数々の悪行を働いてきたユナイテッド・フルーツに対する報復の準備を進める中、猛威をふるう自然もこの会社との戦いに復帰してきた。一九七四年春に発生したハリケーン「フィフィ」が、ホンジュラスのプランテーションに壊滅的被害をもたらした。ブラックの運勢が傾くにつれ、ウォール街ではユナイテッド・フルーツの乗っ取りをめぐる疑惑が再浮上し始め、不正な取引が行われたのではという見方が出てきた。また、マスコミが、ブラックがホンジュラスの軍事政権に贈った賄賂についてのネタを掴んだという噂も広まった。事業の失敗、そしてその失敗を埋め合わせるための、後に言語道断とみなされることになる行動。これらを通じて、ブラックは不名誉を被る羽目になったのである。

ブラックはオフィスの窓越しにどんよりした冬の夜明けを見つめた。そして、ずっしりしたスーツケースでその窓ガラスを打ち破った。ケースには書庫から選んだ本を詰め込んでいた。それを外に放り投げたブラックは窓台に登り、自ら身を投げた。このようにして、一世紀にわたって陰謀と計略をめぐらせたユナイテッド・フルーツの世界は、一人の錯乱した男の最期とともにその幕を閉じたのであった。

第12章　闇の旧勢力

一九七〇年代前半の激動を経験した西側諸国と資本主義は救いを必要とした。今何が起こっていて、誰が関わっているのか。これは、憎めない悪党たちの悪ふざけとして容易に看過できることではなかった。腐敗した政府と大企業の結託は中米ではよくある話だが、自由の名の下に戦う大規模で強大な国家においてということになると話は別であった。今や世界中が「ユナイテッド・フルーツ的」な様相を呈しつつあったが、その世界から当のユナイテッド・フルーツ自身は退場させられる羽目になったのだ。

ウォーターゲート事件として知られるようになるスキャンダルは一九七二年半ばに発生し、その二年後にリチャード・ニクソン大統領が失脚に追い込まれた。この事件をめぐる陰謀の物語は、かのユナイテッド・フルーツをも満足させるほどのものだろう。そして、ここでまたしても、この会社の旧友であるＣＩＡのハワード・ハントが浮上する。

ハントは一九五四年のグアテマラ・クーデタではユナイテッド・フルーツのためによい働きをしたが、一九六一年のキューバのピッグス湾侵攻ではたいした成果を上げられなかった。ピッグス湾の危機を通して、ハントはカストロ政権から逃れた亡命者たちの忠誠を得ていた。彼らは仕事を求めていたので、終わりのない共産主義との戦いにおいてハントから与えられた任務を何でも引き受けた。彼らはハントの指示でワシントンにあるウォーターゲート・ホテルに侵入した。このホテルのスイートルームには来たる選挙に向けて民主党本部が置かれていた。当時、共和党の現職大統領だったニクソンが再選を果たすと見られていたが、彼の下で働くスタッフは民主党の内部事情が把握できれば勝利はより確実なものになると考えた。侵入したキューバ人らは現場で取り押さえられたが、それだけではない。彼らの所持品の中から赤いカツラが見つかったのだ。それがどういう意味を持つか、そのときはまだ誰にもわからなかった。結局、キューバ人らは「反共産主義」的な目的のために自分たちが単独で侵入を計画したとだけ供述し、そのまま刑務所に送られた。それ以外では彼らは沈黙を貫いた。そうすれば褒美をやるとハントから言われていた。もっとも、ハント自身も実刑判決を受けることになるのだが。

最終的に捜査はニクソンまで及んだ。もともと彼は侵入計画については知らなかった。だが事件のことを知ると、自分のスタッフの関与を隠蔽しようとした。大統領の最大の敵はアメリカのマスコミ、なかでも『ワシントン・ポスト』が雇った二人のジャーナリスト、ボブ・ウッドワードとカール・バーンスタインであった。彼らは事件の真相に迫るべく大規模なキャンペーンを展開した。同時に、このようなメディアの動きは、一八年前にユナイテッド・フルーツが引き起こしたプロセスの結果でもあった。一九五四年のグアテマラ・クーデタに際して会社はメディア操作に心血を注ぎ、成果を上げていた。しかし一方で、それは後に大きな反発を呼ぶことになり、次世代のジャーナリストらはもはや公式発表に基づく情報を信用しなくなっていた。フィデル・カストロはアメリカのメディアによる好意的な報道のおかげもあって、山に潜む小者の盗賊としてのイメージを払拭し、一九五九年に権力を掌握することができた。それからおよそ一〇年が経ち、今度はメディアがベトナム戦争に対してきわめて批判的な態度を取るようになっていた。そんな中でメディアが疑惑の目を向けたのは、言うまでもなくその戦争を主導する「トリッキー・ディック」ことリチャード・ニクソンだった。ニクソンは、威圧されたマスコミが言われた通りのことを報道していたかつての欺瞞の時代にもてはやされた人物だった。彼は第二次世界大戦後の時代において、共産主義者のあぶり出しを掲げる小さな政治集団の一人として名を馳せた。その集団は人々が想像もしないような場所から共産主義者を探し出すことで知られていた。一九七〇年代のベトナム反戦運動が展開される状況において、ウォーターゲート侵入事件は、政府がかつての被害妄想にとらわれ、ニクソン率いる共和党が今度は民主党内で「アジテーター」の監視を行ったことを意味した。ニクソンは国民に向けたテレビ演説の中で「私はコソ泥ではない」と主張したが、マスコミにより大統領はクロ〔有罪〕だという世論が作られていった。結局ニクソンは一九七四年八月に辞任した。

ところでこの頃、南米チリでは、ＩＴＴ社のおかげで「中米的なやり方」が導入されていた。もともと、中米から何百キロも離れたチリはユナイテッド・フルーツの勢力圏外にあった。チリの人々は自分たちの社会が「熱帯的」ではないこと、つまり腐敗も混乱もしていないことを誇りに思っていた。地中海地域のような温暖な気候に恵まれ、健全な民主主義の伝統を持つチリであったが、突如としてバナナ共和国と同じ道を歩む羽目に陥った。一九七〇年に選出されたサルバドル・アジェンデ大統領の政権が、ピノチェト将軍のクーデタにより転覆されたのである。ピノチェトによれば、自由とキリスト教的価値観を守るために何千もの人々が殺されたり、投獄されたりしたという。このクーデタへのＣＩＡの関与を疑う者はほとんどいなかったが、ＩＴＴも片棒を担いでいたことが後に明らかとなった。

ＩＴＴはコングロマリットとしてユナイテッド・フルーツ以上の成功を収めた。チリの国有電話会社の株式を多数取得したのに加え、国際的なホテル事業、航空事業、カーレンタル事業などを展開した。ＩＴＴの社長ハロルド・ジェニーン（友人からは「ハル」と呼ばれた）は、ＣＩＡと協力して一九七〇年の選挙でアジェンデの当選を阻止しようとしたが失敗していた。ジェニーンは会計士で、後に上院の公聴会において帳簿の精査に基づいてチリが混乱と共産主義に陥っていると非難する旨の発言を行った。ジェニーンとＣＩＡは結託してピノチェトに政権を奪取させることで、彼らの考える秩序と均衡を取り戻そうとしたのである。

ＩＴＴの活動はそれだけにとどまらなかった。ウォーターゲート・スキャンダルに加え、ハワード・ハントとともに、ディータ・ビアードと「赤いカツラの男」をめぐる一件にも関わっていた。ビアードは広い人脈を持つワシントンのロビイストで、ＩＴＴのために働いていた。彼女はウォーターゲート事件の捜査中に、ＩＴＴがニクソン大統領率いる共和党に四〇万ドルを寄付していたとの声明を発表した。この声明は、寄付金がＩＴＴに対する反トラスト訴訟を取り下げてもらうための賄賂だったことを暴露したものと捉えられた。だが、声明に関する報道が出るや否やビアードは病に倒れ、表舞台から忽然と姿を消した。彼女の親族は居場所を知っているのは自分たちだけだと思っていた。しかし、彼女の兄が病院に見舞いに訪れると、病室で見知らぬ男に遭遇した。正確に言うと、ビアードの兄は、病室にいる人物は、下手な化粧をした、被っている赤いカツラのずれた男だと思った。間もなくしてディータ・ビアードはITTが共和党に金銭を渡したとする先に発表した声明を撤回し、それがまったくの捏造だったと主張した。彼女の病床に駆けつけた謎の人物はハントであった。彼の赤いカツラは、後にウォーターゲート・ホテルでキューバ人の侵入者らが拘束されたときに押収された。

こうした話が真実だとするならば、もはや人々の政府への信頼はまったく失われ、大企業のやりたい放題になっていたことを意味する。泥棒男爵どもが民主的な政府に取って代われば、人類社会の秩序はたちまち崩壊する。実際に、一九三〇年代には財界の大物らがローズヴェルト大統領を失脚させようとした。さらに遡れば、一八七三年の恐慌が起こった際、アメリカが「民主的すぎる」と漏らした財界人もいた。それから約一世紀が経ち、第四次中東戦争が勃発した。それにより浮き彫りになったのは、国民国家および人々が疲弊していく一方で、巨大な「トラスト」がかなり儲けているということであった。

一九七三年一〇月に第四次中東戦争が勃発すると、大企業一般の評判は石油会社の大幅な増益と反比例するように急落した。石油会社は悪いのは自分たちではないと言い張った。つまり、産油国からなるOPECのカルテルが減産に踏み切ったのが原因であって、自分たちは思わぬ恩恵を受けたに過ぎないと。だが、このような主張に理解を示す者はほとんどいなかった。それはまるで、金持ちは繁栄する代償として断罪されるのに対し、従順な庶民は苦労を強いられる代わりに救われるのだとする、聞き覚えのあるもっともらしい台詞のようだった。

実際は、石油価格の急騰は貧富の差に関係なく弊害をもたらした。アメリカでは、ヘンリー・フォードの「革新的」ラインで量産されたT型フォードが登場して以来自動車への依存が進んでおり、人々は自動車なしでは日常生活をまともに送れなかった。他方で第三世界では、すでに困窮していた国々がますます破綻に近づいた。そして西ヨーロッパの社会民主主義国では、専門家らが険しい顔で「福祉国家の死」について語った。石油価格の急騰により公的予算が削減されれば、人々がよりどころにしてきた学校、病院、その他公共サービスは立ち行かなくなると専門家は解説した。資本主義とは悲惨で残酷なものなのである。

資本主義を主導する大手石油会社には誰も手出しできなかった。それらの会社はあまりに強大で、罵詈雑言を浴びせられることはあっても、それ以上の被害を受けることはなかった。激しい非難に耐え抜いた石油会社は、今度は物事を好転させようとした。その支持者らは、こんな先行きの見えない時代でも石油会社ほどの立派な機関がかくも好調であるというのはよいことだと述べている。銀行もまた業績好調であった。OPECのアラブ諸国やイランのシャー〔国王〕などから流れ込んできたオイルマネーのおかげで、かなりの利益を上げていたのである。当時ますます勢力を失っていた自由放任主義者らに言わせれば、これこそが物事のあるべき姿であった。以前はまるで中世の砂漠の王国さながらであった未発達な国家が、今は助けを借りながら繁栄と発展の道を歩んでいる。もっとも、このような弁明を聞いて納得する人などほとんどいなかったが。

誰かが責任を背負わなければならなかった。そんな中、ユナイテッド・フルーツは無防備だった。ユナイテッド・フルーツは石油価格の急騰とUPEBからの圧力にさらされていたが、会社のために闘ってくれる勢力はもういなかった。いや、むしろまったく反対の状況であった。

ユナイテッド・フルーツが自ら災難を招いた面もある。二〇年前、会社はグアテマラでただの感想や偏った情報、そして嘘をあたかもニュースのように流したが、ついにそのツケが回ってきたのである。今やジャーナリストらはどんなネタでもその裏事情を突き止めることに躍起になっていた。ウッドワードとバーンスタインの成功に影響されて、ジャーナリストはみなそれぞれの「ウォーターゲート」級スクープを追い求めた。規制当局者や役人なども自分たちの潔白を証明しようと必死だった。

ユナイテッド・フルーツはすっかり弱体化していた。「真の支配者」として社会を牛耳る見えない政府の一員ではもはやなかった。むしろ、そうした勢力の意向に服従させられる立場だった。ブラックが自殺し、ホンジュラス大統領と蜜月だったことが発覚すると、ユナイテッド・フルーツはいっそう人々の関心を引いた。同社はすでにかつての力を失っていたものの、強大だった頃の記憶はまだ残っていた。そのため、誰にも咎められることなくこの会社を切り捨てて、同時に世間を驚かせることもできたのである。ユナイテッド・フルーツへの処置をめぐりさまざまな問題が指摘された一方で、その処置を通じてビジネス界は道徳的でまともな行動をとることができると示した。

何かの陰謀があったわけではなく、物事が自ずと進んでいった。それは実に神秘的な現象で、ユナイテッド・フルーツが自然淘汰の結果として消滅したかのようだった。市場ではユナイテッド・フルーツ株が大量に売られ、会社の市場価値は暴落した。すぐさま当局が介入し、会社の帳簿を押さえて訴追しようとした。かくして、ユナイテッド・フルーツはまるで中米の暗殺部隊に連行されてゆく哀れな犠牲者のように、表舞台から引きずり下ろされた。かつてこの会社自身が中米での流血事件を助長していただけに、皮肉な末路である。

アナスタシオ・ソモサ大統領はシェルター内で狼狽した。自分の一族はユナイテッド・フルーツとは古くからの友人であり、何世代にもわたって正義の陣営の一員として戦ってきたはずだ。そして一九三〇年代にアメリカ海兵隊が撤退してからニカラグアと中部アメリカの平和を守ってきたのも自分の一族とその軍隊であるはずだ。それなのになぜ自分は共産主義者の手に落ちようとしているのか。ときは一九七九年。ソモサはすでに七年前のマナグア地震を受けてシェルターを建設していた。それは、低く作られた一連の防空施設からなる軍事基地で、地震で倒壊を免れたほぼ唯一の建造物であったインターコンチネンタル・ホテルの隣に位置した。ソモサは建設業や銀行業をはじめ地震救援金が流れ込むビジネスであれば何にでも手を出した。その一方で、彼自身はシェルターに閉じこもり、ますます閉鎖的になった。マナグアとは名ばかりの首都で、シェルターから一歩外に出ればそこは瓦礫の街だった。街の中心部では再建はほとんど進んでいなかった。そのうえ、武装したゲリラから幻滅した金持ちにまでが含まれる反ソモサ連合が形成されていた。

シェルター内の閣議室には黒光りする会議テーブルがあり、ソモサ大統領はその端に座った。彼の背後の壁には、ニカラグアの鷲が描かれたパッチワークキルトのようなものが掛かっていた。近くでよく見てみると、以前このテーブルに座った人々が自分たちのイニシャルや落書きをそこに書き残していたことがわかる。大統領の目の前でどうしてそんなことができたのか。大統領は喋っているうちにしばしば自分の世界に入り込んだというが、それが関係しているのかもしれない。

ソモサの口から聞かれたのはありきたりな話だった。それによれば、自分は遠く離れた山のアジトに身を潜める盗賊どもから攻撃を受けていて、そこに過激化した神父らが加わったという。彼らは本来政治には関与すべきではなかったが、残念なことに惑わされていた。だがソモサに言わせれば、自分が貧しい人々のために強欲な金持ちに立ち向かったことを神父らは理解していなかった。一方、ときのアメリカ大統領ジミー・カーター(29)に対しては、ソモサは怒りを隠せなかった。カーターのもとでアメリカ政府は正気を失い、共産主義への道を開いてしまったと断じたのである。

だが私の理解では、ソモサの言葉とは裏腹に、彼に抵抗したゲリラは首都からパンアメリカン・ハイウェイを北に進んで数時間の重要な街を占拠するだけの力を有していた。また、過激化した教会の人々についても現実は違った。私が以前ホンジュラスのテグシガルパから移動の際に一時行動をともにした二人の女性は、どうやら過激化した人々の部類に入るようだ。二人はアメリカ中西部からやって来た年老いたシスターで、親切にも私をジープに乗せてくれた。彼女らはアメリカを後にし、自分たちの慈善活動がもっと必要とされる場所に向かっていたのである。ソモサ自身が述べたように、彼が強欲な金持ちと対立していたのは事実かもしれない。ただし、それはあくまで、マナグア地震後にソモサが儲かるビジネスを独占したために金持ちが彼に不満を抱いていた、という意味においてである。一方アメリカでは、カーターが人権を軸とした外交政策を展開した。これは当初はソ連に対するものであったが、その後ソモサなどの独裁者にも向けられたのである。

かつてのユナイテッド・フルーツであれば、電話を何本かかければすぐに助けてもらえたに違いない。中米では、ユナイテッド・フルーツが撤退するとともにアメリカの影響力が弱まった。そしてその空白に乗じて別の勢力が台頭した。伝統的には、このような勢力は極端な左翼か右翼のいずれかだと考えられた。ユナイテッド・フルーツにしてもアメリカ合衆国にしても、中米における穏健派勢力の育成とはほぼ無縁であったことはたしかである。しかしながら、今では中米のいくつかの政権に対する抵抗運動は、従来のバンダナを巻いて武装した男女だけでなく年配者の間にまで拡大していた。以前は保守派として知られていたサンサルバドル教区大司教オスカル・ロメロもその一人であった。大司教はエルサルバドルの首都にある大聖堂で行っていた説教の中で、祖国の政府と軍部への批判を強めていたのである。

カーターはラテンアメリカ版ニューディール政策を掲げて一九七七年に大統領に当選した。大統領はパナマの指導者であったオマル・トリホス将軍と条約を結び、アメリカが二〇世紀中にパナマ運河の支配権をパナマに譲渡することで合意した。(30) トリホスは、パナマ運河とユナイテッド・フルーツを「ヤンキー」帝国主義の象徴であるとして厳しく非難していた。また、バナナ生産国のカルテルたるUPEBの主要なまとめ役として、この会社からさらに金を搾り取ろうとした。彼はユナイテッド・フルーツを崩壊させた一人だったのである。

カーター大統領が中米各国への軍事支援を停止したことをきっかけに、問題はさらに深刻化し始めた。抵抗勢力が強権的な政府の打倒を目指して立ち上がり、分裂、暴動、ゲリラ活動などがニカラグアを中心に周辺地域全体に拡大していった。エルサルバドルでは「一四家族」と彼らの軍隊が攻撃にさらされた。グアテマラのインディオ高地では、昼は正規軍、夜はゲリラと占領者がころころ変わる街もあった。一方、ホンジュラスでは、私が訪れたユナイテッド・フルーツの古いプランテーションが労働者らによる共同経営に切り替わっていたが、それ以外は比較的平穏だった。

ワシントンは「ドミノ効果」の話で持ちきりだった。少し前に東南アジアでベトナム、カンボジア、ラオスが相次いで戦争に引き込まれた際に、「ドミノ効果」への対応をめぐってさまざまな戦略的構想が案出された。だが、中米は東南アジアとは異なりアメリカにもっと身近な場所だった。

ニカラグアのソモサは一九七九年七月に打倒された。ゲリラが山地から大挙して出撃し、パンアメリカン・ハイウェイを進んでマナグアに入ったのである。ソモサはシェルターを出て国外に逃れた。かくして彼はたいしてバナナを生産しないバナナ共和国の権力の座から引きずり下ろされ、ニカラグア新政府は国のイメージを変えるための改革に着手した。一方、ワシントンのアメリカ政府はこの危機的状況に衝撃を受けていた。

ニカラグアを逃れる際、ソモサは自分がこうなってしまったのは「共産主義者どもの介入」のせいだと述べたが、これは曖昧な主張だった。パナマ運河の支配権を主張してラテンアメリカに混乱を招いたパナマのトリホスから、ゲリラに武器を供与したとソモサが考えた中国共産党にいたるまで、誰もが「共産主義者」に含まれ得たからだ。ソモサ自身はすでに失脚したものの、彼と似たような考えを持つ者もいた。

ロナルド・レーガンは一九八〇年の選挙で大統領に選ばれた。共産主義者やそのアジテーターがふたたび台頭しており、彼らの主張はそれぞれ違っても、アメリカが間違っていたことを示す点で共通しているというのがレーガンの考えだった。

一九七九年初頭にイランのシャーがイスラーム原理主義者により王位から追われた。また、同年の終わりまでに、自国内のイスラーム地域における過激主義の拡大を恐れたソ連が狂信者を匿ったとして隣国アフガニスタンに侵攻し、占領した。ソモサの失脚はちょうどイランとアフガニスタンにおける出来事の間に起こった。一九五四年のグアテマラ・クーデタのときと同じように、中米はそれ自体で問題を抱えた地域ではあったが、同時にアメリカが超大国に返り咲くにあたってどう行動すればよいのかという課題を解決してくれる地域でもあった。

ニカラグアはアメリカを裏切ったので、孤立させてさらなる革命を阻止しなければならなかった。このことをレーガンは庶民に向けたわかりやすい言葉で次のように表現した。ニカラグアに負けを認めさせて、「参りました」と言わせなければならないと。何名かのカトリック教会の聖職者がニカラグア新政府の役職に就いていた。これに対し、聖職者は政治に関与すべきではないとして、教皇ヨハネ・パウロ二世率いるバチカンから圧力がかかった。

ニカラグアの北方に位置するエルサルバドルでは、レーガンは苦境に立たされた「一四家族」を救うべく軍事支援を強化した。同国はすでに内戦状態に陥っており、一九八〇年初めにはロメロ大司教が祭壇の前で軍の暗殺部隊により銃殺された。

アメリカはグアテマラに対しては精神的な支援しかできなかった。一九五四年のクーデタ以来、グアテマラの軍部は自国がバナナ共和国と呼ばれることに対して敏感になっていたので、軍事支援を拒んでいた。グアテマラの軍隊はインディオ高地を荒し回り、ゲリラを見つけられなかったときは住民を手当たり次第に殺害した。一方、軍の暗殺部隊は都市部の問題を処理した。国際社会から非難の声があがったとき、レーガンはグアテマラ指導部を擁護して人権蹂躙という批判は「濡れ衣」だと述べた。

アメリカの圧力はニカラグアの南に位置するコスタリカにも及んだ。すなわち、中米地域でより大きな役割を担うということだけでなく、再軍備することまで求められたのである。だが、コスタリカ人はこれを拒否し、中立な立場を守るとした。他方パナマでは、指導者のトリホスがユナイテッド・フルーツ的な世界を嫌っていたため、アメリカによる干渉は困難だったのかもしれない。だがアメリカにとって好都合なことに、トリホスは一九八一年に飛行機事故で亡くなり、脅威ではなくなった。

一九八三年、アメリカの実力を示すチャンスがレーガン大統領に訪れた。その舞台はカリブ海の島国グレナダであった。トリニダード島やベネズエラ沿岸部にも近いウィンワード諸島南部のこの島国は、かつてユナイテッド・フルーツの勢力圏内にあった。とはいえ、バナナへの依存度はさほど高くなく、多様化した農業経済が存在したため、他に比べれば楽園のようなところだった。当時、左派ナショナリストだったグレナダのモーリス・ビショップ首相が、左翼として不十分だとして閣僚らにより失脚させられ、その後に殺害されるという事件が起こったばかりであった。この事態を収拾するためにアメリカの空挺部隊がグレナダに入り込んだ。空挺部隊の広報担当官によれば、これは侵略ではなく「夜明け前の戦術的部隊投入」だったという。実際にグレナダ人はアメリカ軍を歓喜して迎え入れたので、彼らを解放軍として捉えていたようだ。

レーガンの仕事はまだ完了していなかった。動かすべき駒が一つ残っていた。それはすなわち、ニカラグアの北西に接するホンジュラスである。この国は昔から静かな僻地で、鉄道すら持たないその首都テグシガルパは中央高原に位置する孤立した都市だった。一九一一年にバナナマン・ゼムライが侵攻して以来、ホンジュラスはユナイテッド・フルーツのもっとも従順な友人であり続けた。レーガンとしては、あとは駐ホンジュラス大使を魅力的なポストと感じてくれる人物さえ見つければよかった。

レーガン政権により大使に任命されたジョン・ネグロポンテ(31)は立派な経歴の持ち主で、仕事のできる人物として定評があった。彼には東南アジアで厳しい仕事をこなした経験があったので、中米にのんびりしに来たわけではなさそうだった。しかも彼は自ら電話に出る人物だった。かつて私は、その日が感謝祭だということを知らずにホンジュラス大使館に電話をかけたことがある。そのとき電話に出たのは大使自身で、彼以外に出勤していたのは海兵隊警備員一名だけだった。大使に招かれて雑談しにいくつもりで大使館に赴いたが、結局一時間ほど話し込んだ。その中で大使は、自分がホンジュラスを「武装拠点」にしているというアメリカメディアの主張に反論した。

そのような計画はないと大使は断言した。さらに、自分がプロの外交官であり家庭人でもあると付け加えた。それが会話の内容と何の関係があるのかわからなかったが、おそらく自分がマスコミの描くような好戦的な人間ではないと言いたかったのであろう。いずれにしても、なかなか面白いインタビューだった。それほど踏み込んだ話はできなかったものの、大使は信用できる人物だと感じた。その後、ネグロポンテは外交官として順調にキャリアを積んでいった。二〇年後のイラク侵攻の際には、退官していたにもかかわらず国務省から声がかかり、アメリカの国際連合大使に就任した。さらに、占領下のイラクを任されることにもなったが、その後、発見できなかった「大量破壊兵器」をめぐる非難が飛び交う中でワシントンに戻った。イラク侵攻における「情報活動の失敗」について調査するために戻ってきたのである。ちなみに私も以前情報活動に失敗したことがある。それは、一九八三年にアメリカが中米に干渉したとき、ホンジュラスが平穏さを失うことはないという大使の発言を鵜呑みにしてしまったことである。

ホンジュラス各地に武装拠点が作られたが、とりわけ首都から遠く離れたモスキート海岸沿いに多かった。この海岸は、マイナー・キースやサム・ゼムライの時代、さらにはもっと前の海賊たちの時代からアメリカが冒険を繰り広げてきた場所である。これらの武装拠点では、ニカラグア新政府の打倒に向けてコントラと呼ばれる反革命武装部隊が訓練を受けていた。世間は、奇抜な「イラン・コントラ」計画の取りまとめを任された野心的なアメリカ軍将校オリバー・ノース中佐の活動について知ることになった。レーガン政権が秘密裏に敵国であるはずのイランに武器を輸出し、イランが武器の代金をそのままニカラグアのコントラに流すという構図になっていた。アメリカはこのような方法によってニカラグアに圧力をかけ、一九八〇年代末に革命は頓挫した。

アメリカは中米への干渉を通じて、属国からの脱却を目指すこの小さな農業国がもたらす脅威を封じ込めることに成功した。同時に、アメリカが世界の支配者として復権したことを、より強大な敵に知らせることもできた。冷戦最後の戦いは、ユナイテッド・フルーツのかつての縄張りである中米で繰り広げられたのである。

冷戦終結後、バナナ業界の「ならず者たち」は繁栄を迎えた。ベルリンの壁が崩れ、東ベルリンの人々が『バナナ・ランド』を歌いながら行進した。東ヨーロッパの市場が開かれたことで、大手バナナ企業が久しぶりに新しいプランテーションの整備に資金を投入した。他方でバナナ企業に対する訴訟も起こされた。大量の化学肥料や殺虫剤にさらされてきた労働者たちが、生殖不全からガンに及ぶさまざまな健康被害を訴えたのである。

そんな状況にもかかわらず、バナナ企業はひたすら前進し続け、今度は自分たちで画期的な訴訟を起こすことになる。資本主義が勝利したことで、その拡大とともに世界中どこにでもビジネス進出できるようになった。「グローバリゼーション」――これは新しい用語だった――の進展は順調に進むものと思われた。あの共産主義的な中国や官僚主義的なインドさえもが、起業に積極的な海外在住の自国民に促されて資本主義を取り入れたのである。その他の国や地域では、いくつかの障壁を取り除けば済む話だった。「ならず者たち」は先頭に立ってこれを推し進めた。

ところで、一九七〇年代末の話に戻るが、イーライ・ブラックの不祥事をめぐって、ユナイテッド・フルーツを手に入れたユナイテッド・ブランズ社に対する訴訟は静かに決着していた。わずか一万五〇〇〇ドルの罰金が科せられただけであった。これは、不法行為が当初言われていたほど重大なものではなかったことを示している。それと同時に、支配体制を支えてきたユナイテッド・ブランズの功労が認められた結果でもあった。過去を清算してより謙虚でスリムになったユナイテッド・ブランズは、その後、本部を移転し社名を改称した。喧騒の街ニューヨークから中西部のオハイオ州シンシナティに移転した。そこは静かで、まじめな働き者の多い街だった。この街の初期のドイツ系移民らは、運河があるとの理由で鉄道の建設を断った。代わりにシカゴに鉄道が引かれ、シンシナティは同じく鉄道を持たないテグシガルパと似て取り残された存在となった。しかも、シンシナティにはスパイスを使う伝統もあった。どういうわけか、シンシナティ料理ではチリがふんだんに使われるのである。冷戦も末期に入り、新たな自信をつけ繁栄を享受したユナイテッド・ブランズは「チキータ」と社名を改めた。これは昔のよき思い出を呼び起こしてくれる名前だった。

一九九〇年代半ばにチキータと他の「ならず者たち」はアメリカ政府に対してロビー活動を行った。そのような芸当はバナナ会社の遺伝子に組み込まれていた。バナナそのものの遺伝子について言えば、状況はあまり芳しくなかった。世界中の消費者はこのことを知らず、より多くのバナナを求める一方だった。「ならず者たち」は、彼らもその一部であった支配体制と同じように、つねに成長し、販路を拡大し続けなければならなかった。だが、それを邪魔するものがあった。そこでアメリカ政府はバナナ企業のために、設立されたばかりのグローバル化社会の最高裁判所、すなわち世界貿易機関（WTO）への提訴に同意した。

問題はヨーロッパだった。かつての敵である東ヨーロッパではなく、西ヨーロッパとそこの社会民主主義国にいる資本主義の「偽りの友人」が問題であった。アメリカが第一次世界大戦に参戦し、ボリシェヴィキ革命が起きた一九一七年以来、アメリカは西ヨーロッパの社会民主主義国とある種の同盟関係にあった。だが、この期に及んでさえ、西ヨーロッパ諸国は共産主義と資本主義のどちらを採るかを決めることなく、それらの中間で現実逃避を続けることができると考えていた。それらの国家を屈服させ、「参りました」と言わせることが不可欠であった。

「ならず者たち」を激怒させたのは、西ヨーロッパ人たちがライバルを排除する市場を作り、そのうえ価格まで決定していたということである。これはまったく救いようのない行為だった。こうした保護市場は、カリブ海の島々を含むヨーロッパの旧植民地のために作られたものであった。西ヨーロッパ人たちによれば、旧植民地の発展を助けるという目的で、自由市場における価格よりも高値で生産者から作物を買っていたのだという。そして彼らは、保護市場で栽培されたバナナを「フェア・トレード」バナナと呼んだのである。

このようなやり方は、「ならず者たち」にしてみれば根本的に間違っていた。バナナ企業はいずれも自由貿易の由緒ある伝統を受け継いでいた。それは、ユナイテッド・フルーツが長年にわたりその飛び地において培い、守ってきた伝統に他ならなかった。暗雲が立ち込め始め、バナナをめぐる紛争の両陣営が警戒態勢に入る中、南北アメリカの大企業は自分たちのバナナを「フリー・トレード」バナナと名付けた。

「フリー・トレード陣営」は、自分たちの主張が間違いなく正しいと考えた。なぜなら、バナナをいくらで消費者に売るか、そして労働者に対していくら支払うかは、いずれも自由競争の厳しい条件のもとで決定されていたからである。たしかに、最近になって労働者の賃金は大幅に低下していた。一九九〇年代において、コスタリカのプランテーション労働者の賃金は日額約三ドルから二ドル五〇セントに下がった。コスタリカの労働者にとって、この五〇セントの差はかなり大きかった。ただし、これに関しては二つの重要な点に留意する必要があった。一つ目は、プランテーション労働者たちは仕事をありがたく思っていたこと（でなければ彼らは出勤しなかったはずだ）。二つ目は、自由市場とはそういうものであるということだ。物事を左右するのは市場の見えざる手であって、人間による干渉ではない。このような状況を端的に言い表す言葉があった。「君個人に恨みはない、これは単にビジネスだ」。

自由主義精神を持つフリー・トレード陣営から見れば、敵対するフェア・トレード側の立場にはまだ他にも問題があった。彼らの考えはこうだった。「フェア・トレード陣営」は博愛を掲げているが、親切にしているつもりで残酷なことをしているだけで、旧植民地の人々の成長を妨げている。外の世界がジャングルなのはたしかで、情勢はますます厳しくなっている。そのため、旧宗主国のくびきを振り払わないかぎり、旧植民地の人々は自分で自分の身を守れない。また、まだ旧宗主国の庇護下にあるというのは、歴史的に見れば異常なことであった。アメリカは一八二三年のモンロー教書を通じて外国勢力に、アメリカ両大陸には干渉せず、そこの人々が自由に発展することを妨げないよう求めていた。帝国主義の名残は黙認されるかたちでこの地域に見られたが、それを一掃するチャンスがやって来た。ヨーロッパ人はここに自分たちの居場所はないことを理解すべきである。ここはアメリカの飛び地なのである。

面白いことに、アメリカ側のこのような考え方は、十数年前の一九八三年に起こったグレナダ侵攻の際にもヨーロッパ側に伝わっていた。「夜明け前の戦術的部隊投入」[63]によりアメリカ軍兵士がグレナダに降り立ち、すぐに同国を支配下に置いたとき、マーガレット・サッチャー首相は友人のロナルド・レーガン大統領にグレナダはイギリスの勢力範囲であると不満を伝えたが、大統領はこれを丁重に無視して作戦を進めた。グレナダはイギリスだけのものではなく、ユナイテッド・フルーツの勢力範囲でもあったのだ。

一九九〇年代に本当の戦争が勃発した。ＷＴＯを舞台にくり広げられた、いわゆる「バナナ戦争」

である。アメリカが訴えを起こし、当初はバナナをめぐる小競り合いだったのものが全面的な貿易戦争へと発展した。アメリカとヨーロッパは互いに対し、バナナからコーヒーそして雄牛の精液に至るまでの何百種類もの貿易品を輸出入禁止にしたり、関税を課したりした。その後二〇〇〇年代に突入すると、ヨーロッパはグローバル世界の現実を突きつけられ屈服した。旧植民地への優遇措置を段階的に廃止することに合意したのである。

こうしてユナイテッド・フルーツの歴史を継承したバナナ企業が戦いに勝利した。その戦いは、「人々の自由」のための戦いであった。これは、かつてユナイテッド・フルーツがいつも唱えていた大義名分であった。他方、中米のバナナ生産国にはほとんど選択の余地はなかった。国民を失業させるわけにはいかず、チキータをはじめとする企業を支持したのである。

ヨーロッパは、引き下がったとはいえアメリカに恨みを抱かずにはいられなかった。アメリカ政府が崇高な目的を掲げて偽善ぶる一部の企業の利権のために動いたと考えられたのである。もっとも、この種の癒着は新しいものではなかった。あるヨーロッパ人はこう述べている。これが「闇の旧勢力」であると。

ひょっとすると、舞台の背後に潜む黒幕ユナイテッド・フルーツが、カーテンを揺らしながら笑い声を上げていることに気づいたのかもしれない。

エピローグ――ユナイテッド・フルーツの世界

ユナイテッド・フルーツは生き続けた。この会社は辺獄へと追いやられ、喜びも悲しみも感じることのできない宙ぶらりんの状態のまま放置された。現体制にこれ以上の恥をかかせないために、そしていつか天国に呼ばれる日を待つために。ユナイテッド・フルーツは単なる企業を越えた存在だった。それ自体が一つ理念であり、その時々に応じて変化する存在であった。あるときは遠い辺境で戦うための実行組織として、またあるときは資本主義の暴走を食い止めるための装置として、この会社は多岐に及ぶ役割を演じた。近年、ユナイテッド・フルーツの精神が息を吹き返し、未征服の地域に資本主義を持ち込むために使われている。

グローバリゼーションが進展するに伴って、純然たる自由資本主義が復活しつつある。一九世紀末以来、資本主義は批判的な世論にさらされたので、その活動を規制するために法令が出され、福祉国家の財源を確保するために税が導入されてきた。その間、自由資本主義は、その教義を忠実に守る熱心な支持者の下で、ユナイテッド・フルーツの中米における飛び地のような隔絶された地域で生きながらえた。

今日私たちは国境のない世界に住んでおり、論理的に言えばグローバリゼーションを推進する役割を担うべき存在は多国籍企業だという意見が多数派である。一方、国民国家はそれぞれの国境の枠内に閉じ込められているので、グローバリゼーションにおいてほとんど役に立たない存在とみなされる。このような主張によれば、多国籍企業のみがグローバル文化を理解でき、「グローバリゼーションの言語に精通している」のだという。

たしかに、ユナイテッド・フルーツは多国籍精神の先駆者的存在であった。しかしながら、マイナー・キースのスペイン語能力に疑問があったのと同じように、現代の多国籍企業が「グローバリゼーションの言語に精通している」のかどうかは疑わしい。というのも、実際にコミュニケーション能力を求められているのは企業側ではないからである。大企業を引き止めるために交渉したりよい条件を提示したりする責任を負う人々がいるのだ。一方、多国籍企業はいつでも手を引くことができる。このことは、一〇〇年前にユナイテッド・フルーツが鉄道をめぐってグアテマラ政府と行った交渉にもよく表れている。

多国籍企業が優位に立つ今日の世界は、ユナイテッド・フルーツの時代のそれとよく似ている。大規模な現代企業の支持者たちは、繁栄するにはスリム化と合理化をさらに進めるしかないと説く。すなわち、減税をするべきであり、企業活動を制限する厄介な法令は撤廃するべきだという。そうする以外に、中国やインドなどの新興国と競争することはできないだろう、と彼らは問いかける。ユナイテッド・フルーツは、税も規制もほとんどない世界をさぞかし気に入っていたことだろう。この会社は、そんな世界を実現するためにずっと戦ってきたのだから。

このような新しい世界を支持する人々はイギリスの哲学者ジョン・ロックを援用する。ロックは一六九〇年に発表した『統治二論』の中で、コロンブスが見た初期のアメリカ大陸とはどんなものだったかと思いをめぐらせた。ロックの想像では、コロンブスが見たのはきっと未開の楽園、法や税を通じて干渉する国王とも王朝とも無縁な、一から作り上げることのできる世界だった。このような見方は、一九世紀末にコスタリカ内陸部の渓谷を眼下に見下ろしながら、そこから広がる自分の未来を思い描いたマイナー・キースのそれと似ていた。今日の空想家たちも、かつてのロックと同じように私たちが新たな発見の瞬間に立ち会っているのではないかと考える一方で、キースの考え方を何とかして地球規模で捉えようとしている。要するにグローバリゼーションの過程とは、ユナイテッド・フルーツの飛び地の拡大版なのである。

理想家たちによれば、私たちはさらに発展できるという。多国籍企業の精神を持ってすれば人類は可能性に満ちた新たな世界へと踏み出すことができるそうだ。たとえば、分子生物学の力を利用することで人は身長を何インチか伸ばすことができたり、天に届くような歌声を手に入れたりと、どんな望みも叶えることができる。つまり、人類は自らの遺伝子をも超越できるというわけだ。だがここで、コスタリカの青々とした汚れのない渓谷を眺めた後キースの身に起こったことを思い起こすべきだろう。彼は巨大なバナナ・プランテーションをいくつも作り上げたが、それらはすぐに病害に冒された。バナナが抱えていた問題の一つは、繁殖ができないことによる深刻な活力不足であった。現在人類が持っているとされている可能性がいかに大きいものであれ、バナナは自らの遺伝子を超越することは結局できていないのである。

ユナイテッド・フルーツは、あまりに多くの人々を恐怖のどん底に陥れた。その結果、ついに自身が表舞台から退場させられることになった。問題がいわば忘れ去られるまで、人々はユナイテッド・フルーツの話題を避けた。この会社を話題に上げると、大企業一般のよからぬ活動について誤った印象を与えかねないと恐れたからである。

ユナイテッド・フルーツが社会から隔離されていた時期がどんなものであったかを知りたければ、同社の後身にあたるチキータ社のホームページを閲覧すればよい（前述のように、シンシナティに移転して再起した際にチキータに社名を変えている）。チキータは過ぎし時代のユナイテッド・フルーツとは別の組織で、果敢に過去と向き合っている。ホームページには「当社の複雑な歴史」への言及があるが、この「複雑」という言葉は苦痛や苦悩の表れである。同時にそれは、旧ユナイテッド・フルーツが得意とした控えめな表現でもある。というのも、チキータが掲載している会社沿革には複雑さとは無縁と思われる箇所が見られるからである。たとえば、一九二〇年代末に起きたサンタマルタ虐殺事件〔シエナガの虐殺事件のこと〕について「正確な人数はわからないが、コロンビア軍が当社従業員を多数殺害」と簡潔に述べられている。また、ユナイテッド・フルーツの「グレイト・ホワイト・フリート」がキューバでピッグス湾侵攻作戦に参加した一九六一年の出来事に関しては、「ユナイテッド・フルーツ、日本へのバナナ販売を開始」と述べてうまく収めようとしている。一九七五年から一九九〇年まではさらにわかりやすい時期で、ほとんど何も起こらなかったかのようである。

イーライ・ブラックの死から、チキータがその輝かしい新社名を手に入れた年とされる一九九〇年までの一五年間、何事も起こらなかった。一方でこの時期は、多国籍企業の将来について楽観的な見通しを立てることができるようになったよき時代の始まりでもあった。一九九〇年はすでにベルリンの壁が崩壊しており、東西を問わず世界中の人々がバナナ・ランドに向けた行進に加わっていたのである。

ユナイテッド・フルーツは、まだ賞賛すべきものとは見なされていない。この会社は行方のわからないリヴァイアサン〔旧約聖書に登場する怪物〕のままであり、それが存在した証拠をアメリカにおいて発見することは難しい。ニューヨークのブラックが投身した場所に、追悼碑は立っていない。ニューオーリンズの波止場に、「五〇束だ、五〇束もらおう!」と声を上げる商売人サム・ゼムライを称える記念碑は見当たらない。かつてユナイテッド・フルーツは、一八七一年にアンドリュー・プレストンとロレンツォ・ベイカー船長が初めてバナナ貨物船を乗り入れたのを記念する大看板をボストンのロングワーフに立てたことがあった。だが、看板は知らぬ間に何者かにより撤去された。一九七〇年代にボストン湾岸地区の再開発が行われた際、早い段階で撤去されたのかもしれない。ジェントリフィケーション〔街の高級化を目指した再開発〕と庶民的なイメージのあるバナナはふさわしくない組み合わせと思われたのである。一方、マサチューセッツ州の観光当局は、ユナイテッド・フルーツの記憶を蘇らせることに関心を示している。この会社の創生期に、ベイカー船長はボストンの喧騒を離れカリブ海に移り、ケープコッドとジャマイカにホテルを建設した。これによりベイカーは両地域における観光業の発展に大きく貢献したと、観光当局は指摘している。

ユナイテッド・フルーツの遺産をたどりたければ、他の場所、とりわけ中米に目を移す必要がある。中米では、一九八〇年代の戦争で数万人もが犠牲になり、およそ一〇〇万人が家を失った。この戦争の影響でアメリカへの不法移民が大幅に増加し、ロサンゼルスをはじめとする都市の貧困地区における社会問題が悪化した。一方、祖国に残った人々は多くの場合犯罪の急増などによる社会混乱に苦しめられた。その最たるものが暴力的かつ残忍なことで知られ、一〇代前半の構成員さえ擁したサンサルバドル市のギャングである。

もちろん、すべての責任がユナイテッド・フルーツにあるとは言えないが、この会社が穏健派勢力や民主主義勢力をほとんど後押ししなかったことは事実である。むしろ、そうした勢力の台頭をつねに阻害することで、軍事政権が支配し、その暗殺部隊が好き放題できるような状況を作り出したのである。私は一九七〇年代末にグアテマラで、息抜きがてら少し話でも聞きに行こうかと思い社会民主党員のマヌエル・コロム・アルゲタにインタビューを行ったことがある。ジミー・カーター大統領から将来のグアテマラ民主政府のリーダーにふさわしいと期待されていた人物だ。コロム・アルゲタとは数時間にわたってさまざまな話題について話した。グアテマラにおける土地所有制度とその問題を扱った自分の博士論文のコピーも渡してくれた（主にユナイテッド・フルーツについて書かれていたことは明らかだった）。さらに、インタビューが終わると車で事務所から街の中心部まで送ってくれた。しかし、ユナイテッド・フルーツの世界に住む社会民主党員に危険は付き物である。インタビューの一二日後、コロム・アルゲタは暗殺部隊の手により白昼に車中で殺害された。

このような過去を乗り越えて政治的安定を確立することは困難である。それに加え、ユナイテッド・フルーツの旧勢力範囲は経済的および通貨上の依存状態から抜け出せていない。バナナがある地域において大きな影響力を持った場合、その地域の人々はいずれドル通貨へ移行させられることが多い。パナマでは随分前から日常的な取引には米ドルが使用されている。また、バナナが不気味にも経済的不安定をもたらす中、近年ではエクアドルとエルサルバドルが自国通貨を放棄し、グアテマラもその方向で検討を進めている。

ユナイテッド・フルーツは、自分たちが中米において独自の実績を残すことができたと考えていた。たとえば、コスタリカで鉄道を建設したこと、リモン県で沼地を干拓したこと、首都サンホセに街灯をともしたことなどだ。ロマンチックな景色一面に広がるバナナの草本。ユナイテッド・フルーツはそのバナナを通じて自ら町を建設し、そこに雇用や商売を生み出し、土曜の夜のダンスパーティーに必要な電力をも提供したのである。

とはいえ、多くの場合、ユナイテッド・フルーツが去った後に残されたのは荒廃した大地であり、それはまるで冷酷な嵐が通過したかのようであった。ハリケーンはバナナ産業につきまとう危険であるが、ユナイテッド・フルーツ自身もある種のハリケーンであった。破壊されたプランテーションを放棄してはすぐに次のプランテーションに移るというくり返しであった。不要となった鉄道や橋はそのまま放置され、そうした場所は「雑草の高原」と化したという。ユナイテッド・フルーツが建設したホンジュラスの町テラなどは、存続こそしたものの『百年の孤独』の舞台となる寂れたバナナの町「マコンド」の面影を今なお残している。会社が以前使用していた下見板張りの事務所はボロボロだ。マラリアル・イエローのペンキで塗り直せば少しよくなるかもしれないが。

ユナイテッド・フルーツの歴史の原点とも言うべきコスタリカの鉄道さえもが閉鎖されている。中央盆地から大西洋沿岸のリモン市まで伸びるこの路線は維持コストが高く、その無人の線路には古びた青い機関車が放置されたままになっている。鉄道というのは国家による財政支援がないかぎり維持するのは難しい。他方で、たとえばグアテマラにおいても、マイナー・キースにより敷設され拡張された鉄道はすっかり荒廃している。中米における公共交通のあり方はアメリカのそれと似ている。つまり、富裕者は飛行機に乗り、貧者はバスで移動するのである。もっとも、そもそも移動すらできない貧しい者もいるのだが。

中米におけるユナイテッド・フルーツの負の遺産として、コミュニケーションの壁が挙げられる。今でも大西洋沿岸と太平洋沿岸の人々はコミュニケーションを避ける傾向にある。というのも、コスタリカ、ニカラグア、グアテマラの太平洋沿岸のコミュニティでは英語が比較的多く使われるのに対し、それ以外の地域ではスペイン語が主流だからである。

アメリカで奴隷制が廃止されたのを受け、ユナイテッド・フルーツは奴隷同然の労働条件を海外に「輸出」するのに加担した。そう考えるならば、その後、この会社はアメリカに逆輸入できるような方法や慣例を作り出したと言える。中米のプランテーションや波止場では、貨物船が到着すると労働者たちを招集するサイレンが昼夜を問わず鳴り響いていた。仕事が終わると労働者たちは次の招集まで一時帰休を命じられた。現在こうしたやり方を取り入れ始めている業界（たとえばファストフード）が先進国にもある。それは今や、現代の柔軟性に富んだ労働力にとって不可欠な要素と見なされるようになっているのだ。

ユナイテッド・フルーツが表舞台から消え去ると、その物語は金庫にしまい込まれ保管されるように人々から忘却された。マサチューセッツ州ケンブリッジにあるハーバード大学ビジネス・スクールに足を運べば、今でもユナイテッド・フルーツの歴史の一部に触れることができる。同スクールのべイカー図書館の保管庫に、見事な写真のコレクションが所蔵されている。ユナイテッド・フルーツの歴史を収めたこの包括的なコレクションを通じて、この会社が中米においていかに権力を享受していたかを垣間見ることができる。ベリーズやコロンビアなど各地でプランテーションを闊歩する長靴の男たち。貨車にバナナの茎を運び込む労働者への指示を出すベスト姿の監督者たち。コレクションにはジャズ・バンド「バナナ・シックス」の姿さえ残されている。髪型はオールバック、シャツはカフスボタン付きの長袖という出で立ちで、さまざまな楽器と一緒に映っている。この写真が撮られたのは一九三〇年代、ユナイテッド・フルーツが病害の蔓延したホンジュラスの港町プエルト・カスティージャから撤退する少し前の頃であった。その四半世紀後に撮られた写真では、ボストンから来た会社の重役たちの前にバナナに代わる商品がずらりと並べられている。それらの種々の果実や植物の中にコカの葉も確認できる。ユナイテッド・フルーツは一九六〇年代には、バナナに幻覚作用があるとの考えを否定することに躍起になっていたが、一方でコカイン・ビジネスへの参入を前向きに検討していた時期もあった。だが熟考の結果、バナナ・モノカルチャーに専念することに決めたのである。

この写真コレクションは細部まで丹念に作られている。このことは、ユナイテッド・フルーツが自らの記憶を後世に残したかったことを示している。今はこの願望に寄り添ってあげてもよいだろう。

ユナイテッド・フルーツは一九一一年のホンジュラス侵攻や一九五四年のグアテマラ・クーデタなどの戦いに直接参加した。また、一九二八年のコロンビアでのサンタマルタ虐殺事件などのように、他人に代理で戦ってもらうこともあった。スメドリー・バトラー少将は一九三〇年代に自分と指揮下の海兵隊員が関与した中米諸共和国への「レイプ」に言及した。それは一部の人間の商業的利益を追求した行為であったが、国際社会に非常に大きな影響を与えた。グアテマラでの作戦の成功を一九六一年のピッグス湾侵攻でも実現しようと試みた結果、一九六二年にキューバ危機が勃発してしまう。ピッグス湾に侵攻すればフィデル・カストロが失脚するだろうという思考パターンは、四〇年後のイラク侵攻のときにもみられた。アメリカはイラク侵攻を歓迎し、祝賀の声が上がるのを期待していた。それは、かつて一九八三年にユナイテッド・フルーツの勢力下にあったグレナダへの介入に成功したときと同じことが起こると考えていたからだろう。

ユナイテッド・フルーツは自らの帝国を拡大していく中で、いつも棍棒を片手に他国に押し入ったわけではなかった。国家が大企業に依存してしまう場合もあった。ユナイテッド・フルーツは招聘されるかたちでコスタリカ社会やグアテマラ社会に入り込んでいった。それは、会社がそれらの国が欲する資本を有していたからである。

現代の多国籍企業と同様に、ユナイテッド・フルーツも生き残りのために必要に応じて協力関係を結んだ。その際、取引に応じてくれる政治家や復権をうかがう亡命中の大統領など、操りやすそうな相手を選んだ。ユナイテッド・フルーツが政権への返り咲きを手助けすることさえあった。こうした企業努力からもわかるように、本国アメリカにおける道徳規範から著しく逸脱しないかぎり、この会社は海外でほとんど何をしても許されたのである。一九二〇年代におけるホンジュラスへの巨額の賄賂はアメリカ議会で議論を呼んだ。しかし議論の末、中米ではビジネスを行う際に賄賂を送るのが一般的だという結論にいたっただけだった。

ユナイテッド・フルーツの実践は、今日のビジネス界においても重宝されている。ユナイテッド・フルーツのスピン・ドクター〔情報操作の達人〕であったエドワード・バーネイズの時代には「プロパガンダ」という言葉は普通に使われた。この露骨な言葉は現在ではあまり使われないが、代わりにこの活動を「広報」と呼ぶのが通例となっている。広報活動の目的は需要を作り出すこと、そして消費者に商品の内容よりも見た目を重視させることである。これはユナイテッド・フルーツの得意分野だった。バナナは一世紀にわたって「パッケージング」の代表例であり続けている。すなわちバナナはその天然の包装から健康的なイメージを醸し出しているが、じつのところ根っこは病害に冒されているのだ。一九五〇年代にセニョリータ・チキータのラベルをバナナに貼り始めたとき、ユナイテッド・フルーツはいまだ未発達だった「ブランディング」の分野を一つ上のレベルに進めたのである。

ユナイテッド・フルーツは、その言葉が一般化する前から「好感度」の重要性を説いていた。「若者の取り込み」を目指して学校に入り込んでいった。一九五四年に製作した映画はグアテマラ・クーデタを後押しするための効果的なプロパガンダであった。一九六九年の時点でもなお、この会社は学校にバナナに関する教材キットを送り続けており、しかも一個四ドルで販売して利益を得ていた。ユナイテッド・フルーツはまた、アメリカの主婦たちに対して、一日三食という習慣をやめてバナナを「おやつ」として子どもに与えるよう促した。これはかなり時代を先取りした戦略だった。「時間に関係なくいつでも食べる」という習慣が一般的になった頃、すでにユナイテッド・フルーツは表舞台から姿を消していたが、他の企業のための道筋を用意したことはたしかである。

政治的ロビー活動の極意を会得していたユナイテッド・フルーツは、まず真っ先に「強い影響力を及ぼしうる人物」と接触するようにしていた。そして次に、「内部」の一員となって政府の中枢とのつながりを維持することに心血を注いだ。こうしたロビー活動は現在も行われ続けている。ジョージ・W・ブッシュ[64]大統領は、大手エネルギー企業エンロン社のトップだった故ケネス・レイを「ケニー」と呼ぶ仲であった。もっとも、レイは二〇〇一年にエンロン社が不祥事を起こすとお払い箱になったが。

私たちは「多国籍企業」と聞くと不安になる。これはユナイテッド・フルーツが存在したからこそである。一体、アメリカの大手軍事企業はイラクで、石油会社はナイジェリアでどんな役割を果たしているのか。こうした大企業がユナイテッド・フルーツのようにクーデタや侵攻を企むはずなどないだろう、と考えるのが普通である。だが、二〇〇三年に石油の豊富な西アフリカの小国赤道ギニアでクーデタ未遂事件があり、何人かの投機家が権力を掌握しようと画策した。彼らはクーデタが成功しさえすれば各国政府や利益団体がきっと後押ししてくれるはずだと考えていた。これは、一九一一年にホンジュラスへの侵攻で手柄を上げたサム・ゼムライ、リー・クリスマス、マシンガン・モロニーらと同じやり方であった。

ユナイテッド・フルーツは「卑劣なトラスト」の代表格であり、この会社があったからこそ大企業を規制する法令が制定されたようなものだ。しかし、こうした規制は財界人を苛立たせる。彼らからすれば、それは懐疑的に過ぎるのだ。以前とは状況が変わっていて、企業の水準は改善され、多国籍企業のトップはまともな人々だと彼らは言う。だが、そうした空想の世界では、衝撃的な出来事が突然発生することがある。こうした出来事は往々にして、経済状況の悪化に伴って時代の価値観が見直されるときに起きるものだ。どこかの企業や尊敬を集めるその代表者が、誰も予想しなかったような不正の嫌疑をかけられ、結果的に人々は裏切られたと感じる。イーライ・ブラックのときも、エンロン社のケネス・レイのときもそうだった。

ブラックは間一髪のところでビルから飛び降りた。彼が自ら死を選んだとき、他の大企業や泥棒男爵もかつてのユナイテッド・フルーツのように不正に手を染め抜いていたのである。一九七〇年代半ば、人々は思い悩んでいた。大企業がこのようにふるまい続けたらこの世界は一体どうなってしまうのか、そして大企業の暴走を抑えるにはどうしたらよいのかと。政治家たちも国民国家のために支配権を取り戻すときが来たと考えた。自国経済の「舵取り役の座を奪い返す」必要性に言及する政治家さえいた。

大企業が赦しを得るまでには時間を要したが、贖罪の行脚はすぐに始まった。矢面に立たされたのは国際石油会社だった。第四次中東戦争による石油価格の上昇を受けて、一九七五年の中頃までにインフレが危機的なレベルに達していた。一例を挙げるならば、この時期のイギリスのインフレ率は二五％を記録している。当時も指摘されたように、これはバナナ共和国のインフレ率を彷彿させるものだった。

経済評論家たちは思い切った政策転換が必要だと結論づけた。とりわけ学校や病院をはじめとする社会福祉の分野における歳出の削減が求められた。このような考え方は、高尚なシカゴ学派のミルトン・フリードマン[65]教授が提唱したマネタリズム（物価を左右する主要因は貨幣供給量にあるとし、政府の介入を最小限にとどめ、私企業の経済活動を市場機構に委ねるべきだとした）の理論に沿うものであった。当初マネタリズムはたいへん不評で、それを実践するには厳しく統制された環境が必要とされた。ユナイテッド・フルーツが中米の自社プランテーションでも実現したいと羨むほどの、厳しく統制された環境である。そうした状況を実際に用意したのが、ユナイテッド・フルーツさながらのクーデタで権力を掌握したチリのアウグスト・ピノチェト将軍だった。彼は、ユナイテッド・フルーツが中米でそうしたように、自分の国を資本主義経済の実験場に作り変えたのである。

マネタリズムは、一九七九年にイギリス首相に選ばれたマーガレット・サッチャーがそれを取り上げたことで、民主主義国家においてある種の地位を得た。とはいえ、マネタリズムが生き残るためには戦争が必要だった。もし一九八二年のフォークランド紛争でアルゼンチンに大勝利していなければ、おそらくサッチャーは次の選挙で負けていただろう。この紛争を通じて、サッチャーはアルゼンチンと対立する隣国チリのピノチェト将軍と連携をとった。一九八一年にレーガンがアメリカ大統領に就任すると、すぐにサッチャーと緊密な協力関係を築いた。一九八〇年代末までに冷戦は西側の勝利に終わり、自由市場の思想が優勢になった。

しかし、マネタリズムが存続するにはまだ試練が待ち受けていた。経済の落ち込みを受け、レーガンの後を継いだブッシュ・シニア（ジョージ・H・ブッシュ）はお馴染みの手段によって国民の支持を得ようとした。中米におけるユナイテッド・フルーツの旧勢力範囲に侵攻したのである。もっとも、ブッシュは一九八八年にパナマのマヌエル・ノリエガ将軍〔66〕の無法な政権を排除することに成功したにもかかわらず、次の大統領選挙には勝てなかった。ビル・クリントン〔67〕は「重要なのは経済だ、この愚か者」というスローガンを掲げて新大統領に就任し、資本主義を見直す必要があると主張した。彼は、好景気と不景気の間を行き来する無秩序な経済システムを何とかするべきだと提案した。たとえば、計画性を持って臨んではどうか、と。だがその後、クリントンはこうした取り組みをやめた。計画には労力がかかるばかりで、経済を早く軌道に乗せるのが先決だと判断したのだ。かくしてアメリカと世界は、無秩序な剥き出しの資本主義、すなわちグローバリゼーションの道を選んだのであった。

二〇〇〇年代に入り、バナナ業界の「ならず者たち」はWTOでヨーロッパのフェア・トレード勢に勝利した。自由貿易に基づく新しいやり方を支持する人々はこの勝利にすっかり陶酔していた。そして、多国籍企業こそが世界のグローバリゼーションを牽引する人気スターとみなされるようになった。多国籍企業と呼ばれる組織は驚くべき変貌を遂げてきており、今日では、それがかつて問題視される存在だったとは想像もできないほどだ。二五年前には資本主義社会ののけ者として扱われた多国籍企業が、今や経済システムの救世主とみなされる存在に生まれ変わっているのである。

このように多国籍企業が社会を牽引する状況において、国民国家は新たな国家形態に取って代わられるだろうと支持者たちは考えている。やがて時代遅れの福祉国家はその保護や保証、そして自由市場への干渉とともに消え失せるはずだと。福祉国家に代わる国家の候補として、きわめて競争的な性格を持つ「市場国家」なるものが多くの支持を集めつつある。この市場国家では、束縛から解放された多国籍企業が、その力を最大限に発揮できるだけでなく、人類の有する潜在能力をも最大限に引き出すことができるとされる。

現在の価値観に照らして、これは極端な思想というわけではない。アメリカにおける「市場国家」

の主要な支持者であるフィリップ・ボビット《68》は、民主党ならびに共和党政権下で政府の助言者として活動してきた。彼は『アキレスの盾』と題するその著書の中で、世界はどう統治されるべきかという巨大な問題に取り組んでいる。大まかに言うと、アメリカとその大企業が統治すべきである、というのが彼の出した答えである。アメリカは世界で最も「市場国家」に近い存在であり、その点で他国をリードしている。したがって、アメリカは、自国の多国籍企業の成長を促す政策が実行できるように戦略を練っていかなければならないというのだ。

これが何を意味するのか、中米諸国の人々はすでに本能的にわかっているはずだ。それもそのはずで、自由市場による支配は、他のどの地域よりもユナイテッド・フルーツの旧勢力範囲において長期間行われてきたのである。市場国家は自国民の福祉を保障しない。それは各国民が自分でやるべきことだからだ。この新たな秩序は「各社会と個人の機会を最大化する」ものであり、間違いなく刺激的なものとなるだろう。

そうなれば、多国籍企業は減税を受け、自由な企業活動を妨げる規制を撤廃してもらえることになるだろう。その後の企業活動は法によってではなく、成熟した自己規制によって制御される。心配しなくても、こうした自己規制のメカニズムはすでに現実のものである。それは「企業の社会的責任」というかたちで、新時代の多国籍企業の間で定着した考え方となっている。

「企業の社会的責任」は今や流行語となっており、企業関係者の誰しもがそれに関わっている。ビル・ゲイツ《69》はマイクロソフトで儲けた金を何十億ドルも慈善活動に投入している。スターバックスはケニアのコーヒー農家を支援している。チキータの事例はじつに興味深い。同社は、ニューヨークに本拠を置く自然保護団体で、ビジネス活動を通じて環境保全を目指すレインフォレスト・アライアンスに協賛しており、そのことで『フィナンシャル・タイムズ』誌や他の有名メディアから称賛を受けている。これを踏まえて、次のように結論づけることもできよう。あのユナイテッド・フルーツを前身に持つ企業でさえ社会的責任を持って活動できているのだから、どんな企業でもそうできるはずであるし、実際すでにそうしているのだろう、と。

しかしながら必ずしもそうではない。現代にふさわしい社会的責任を持って行動規範を遵守すると「約束」しているのは、一握りのよく知られた企業に過ぎない。大半の企業は、とりわけ途上国において、ユナイテッド・フルーツ的な手法を採り続けている。私たちがそのことを知るのはスキャンダルが起きたときだけだ。たとえば、アメリカの熱心な労働機関がホンジュラスまで赴いてゴミ処分場を漁って、奴隷労働に近いような賃金の実態を示す給与明細を発見するかもしれない。あるいは、セレブが動揺した様子で記者会見に姿を現し、自分の名前の入ったTシャツやトレーナーがじつは搾取的な労働条件下で製造されていたことを知って悔しさでいっぱいだ、などと話すかもしれない。

だがじつのところは、社会的責任を果たしている企業もユナイテッド・フルーツのようにふるまっている。それぞれの企業は高潔な意図を持って活動しているかもしれないが、こうした伝統を作り出したのは他ならぬユナイテッド・フルーツ自身であった。キリグアのマヤ遺跡から瓦礫に埋もれたマナグアに至るまで、ユナイテッド・フルーツは多くの社会奉仕活動を行った。女性の大学進学、子どもの保護、中米の農業家向けの高等教育機関などに対して寄付を行った。「私たちの社会的責任」に言及したのは、一九七二年のニカラグア地震の被災者に救援物資を届けたイーライ・ブラックだった。

現在ここまで一般に広まっているこの言葉は、ほとんどブラックが作り出したようなものなのだ。

ユナイテッド・フルーツはまた、いつももっとも優秀な人材を起用するようにしていた。ボストンの名家出身者やアメリカの国際連合大使、情報機関のトップ、高位聖職者、国務長官だった人物も含まれていた。たとえば、そのうちの一人であるジョン・フォスター・ダレスはたいへん多くの尊敬を集めた国際的政治家であり、そんな人物が卑劣なトラストとして一蹴されるような企業に協力するはずはなかった。その当時、ユナイテッド・フルーツは企業の社会的責任を体現する存在であった。同社の活動を踏まえれば、企業の社会的責任という概念そのものを生み出したのは自分だと主張したとしてもおかしくはなかった。とはいえ、このことでユナイテッド・フルーツが不正を働かなくなったかというと、そうではなかった。

今でも私たちは何かが起こるといつも驚いてしまう。私たちは財界人が信用できると思い込んで、彼らを理想化したり、大統領との交友関係をもてはやしたりする。だから「騙された」ことがわかるとショックを受ける。そして、今まで信じていた自分が恥ずかしくなると、ユナイテッド・フルーツのときもそうだったように、そのことを忘れ去ろうとするのだ。

多国籍企業をさまざまな束縛から解放するべきだと主張する人々は、意図的ではないかもしれないが、巨大なグローバル権力に対して「参りました」と、私たちに言わせようとしている。私たちはそのグローバル権力をコントロールする手段として、市場の一消費者として行使できるごく僅かな影響力以外に何も持たない。したがって、そのグローバル権力を信用し、企業の社会的責任という曖昧な概念に則って活動してくれることを祈るしかない。ユナイテッド・フルーツは、企業の社会的責任の忠実な実践者を自負していた。多国籍企業による支配を擁護する人々にとって、私たちの世界はまさにバナナ共和国なのである。

コスタリカは分別のある国の一つだ。近隣の中米諸国はバナナ共和主義に陥ってしまった。そこから脱却しようと試みたものの、激しい抵抗に合い頓挫した。グアテマラやニカラグアがその好例である。コスタリカは福祉国家を確立することでバナナ共和主義の手を逃れることができたが、結局グローバリゼーションの圧力によってまたバナナ共和主義に吸い寄せられる羽目になった。

コスタリカは一九五〇年代以来、中米社会一般にみられる数々の困難とは無縁な安息の地へと変容を遂げてきた。この国は貧困状態に置かれている人々の割合を全体の半分から五分の一まで減少させた。教育や医療をよりよいものにし、労働者を守るための法令も制定した。識字率は九六％に上昇し、より豊かな国々と比肩するまでになった。平均余命は七八歳で、アメリカのそれをも凌ぐ。

しかし近年、グローバル市場で競争する必要に迫られる中で、コスタリカ社会に変化が現れている。政府は公立病院などの施設への支出をカットしている。コスタリカで重視されてきた社会的平等も崩れつつある。最富裕層の所得が一九八〇年代末以降倍加してきた一方で、最貧困層の所得は一〇％も伸びていない。物乞いは中米各国で広くみられるが、コスタリカだけは別だった。だが、コスタリカでも街で物乞いを目にすることが多くなってきており、娼婦も同様だ。ギャンブルも増加をたどっている。コスタリカは森林、国立公園、野生動物保護区に恵まれた自然の楽園として一番よく知られているかもしれない。こうした保護地域は国土のおよそ四分の一を占めている。環境保護活動家たちは、今後保護地域がどの程度まで「合理的」な経済開発にさらされるかについて懸念している。

コスタリカ人が特に心配を寄せているのは、市民生活のきわめて重要な要素である政治家の清廉潔白さについてである。これまで政治腐敗がないのはあたりまえのことだと思われてきた。だが最近、有力政治家をめぐる汚職疑惑が相次いで浮上している。そのうちの一人はスイスに高飛びしたが、他の者は横領や多国籍企業から賄賂を受け取った容疑で捜査を受けている。

これは一昔前のコスタリカではない。かつてユナイテッド・フルーツという巨獣を相手に勝利したこの国の将来の見通しは、悲観的なものである。現地のある評論家は次のように述べている。「私たちはふたたび中米の一員になりつつある」と。

ユナイテッド・フルーツが世界にもたらした商品の運命こそが、この会社の所業や手口を今に伝える決定的な証拠である。クローンであるバナナは、極度の遺伝的脆弱性を抱えている。大量栽培とモノカルチャーはバナナに大きすぎる負担をかけてきた。過去一〇〇年の間に作られてきた巨大なプランテーションのせいで、病害が広範囲にわたって蔓延し席巻するようになった。バナナは一種類しか栽培されないため、病原菌は新たな別の状況に適応する必要もなく悪さを続けることができた。

今から二〇年ほど前、バナナ企業は新種のバナナを発見するための試行錯誤を諦めた。バナナを冒す病原菌を強力な化学物質で制することに注力するようになった。世界と競争するために低価格を維持しなければならない中で、バナナを繁殖させるのに適した種を探し出すのは困難でコストもかかり過ぎる、というのがバナナ企業の主張だった。病気持ちのバナナそれ自体が深刻な福祉問題を引き起こしていたのである。

民間企業は、死にゆくバナナを貧困にあえぐ国々に押し付けることにした。遺伝子組換えに精通した科学者らに招集がかかり、彼らは喜んでそれに応じた。最近になってバナナ企業は、今度こそ本当に病気に耐性を持つバナナを見つけたいという共通の願いを胸に種子や新種の開発を再開している。だが新発見の知らせはまだない。

バナナの販売のあり方を考える際、「フリー・トレード」なのか、それとも「フェア・トレード」なのかは重要ではない。むしろ、バナナの販売自体が果たしていつまで続けられるかを考えるべきである。今日の世界の発展を見るかぎりでは、私たちの進むべき方向は見えざるメカニズムの支配者たちによってすでに決められているようだ。不思議なことに、私たちはバナナと同じような方向に進んでいる。バナナがその起源である密林に帰って行くように、私たちもバナナ・ランドへ、そしてユナイテッド・フルーツ的な「ジャングル・キャピタリズム」すなわち弱肉強食の資本主義の世界へと向かっているのだ。

原注

(1) ユナイテッド・フルーツ最後の社長。一九七五年に起こった彼の自殺は、ユナイテッド・フルーツに対する激しい反発を誘発した。

(2) 「ザ・オクトパス」(タコの意味。スペイン語では「エル・プルポ」)という呼び名で有名な巨大多国籍企業。イーライ・ブラックの死後、不可解なことに消滅した。

(3) ユナイテッド・フルーツの奨学金で教育を受けたキューバのゲリラ兵士。彼の父親は、ユナイテッド・フルーツから土地を借りてサトウキビを栽培していた。一九五九年に政治権力を掌握したとき、カストロはこの会社をキューバにとって「重大な社会問題」と見なした。

(4) ノーベル文学賞受賞作家。一九二八年、「サンタマルタの虐殺」が起こっていたちょうど同じ頃、ユナイテッド・フルーツがコロンビアに有していたバナナ生産地帯で誕生した。

(5) 一九七九年に追放されたニカラグアの独裁者。その一族は長い間ユナイテッド・フルーツと親密に付き合い、さまざまな利益を共有することができた。

(6) 一九三〇~四〇年代の「善隣外交」時代、アメリカで絶大な人気を博したブラジルのエンターテイナー。彼女の影響で多くの女性が「トゥッティ・フルッティ・ハット」をかぶるようになった。

(7) 一九世紀のコスタリカ大統領。妻パシフィカ・フェルナンデスはコスタリカ国旗をデザインし、娘クリスティナはユナイテッド・フルーツ代表のマイナー・キースと結婚した。

(8) 欧米資本を導入しつつ近代化を目指した一九世紀末のコスタリカ大統領。一八七〇年代のコスタリカに鉄道をもたらし、偶然にもユナイテッド・フルーツ設立につながる道を切り開いた。

(9) コスタリカにおけるユナイテッド・フルーツの商店経営者で、「王冠なき中米の王」として二〇世紀初頭までユナイテッド・フルーツを指導した。

(10) 一八九九年にマイナー・キースと提携し、マサチューセッツ州ボストン市の本部からユナイテッド・フルーツを運営した。

(11) 一八九八年にグアテマラの政権を掌握し、二二年間にわたって恐怖政治をしいた独裁者。ユナイテッド・フルーツに対して政治的に大きく譲歩した。

(12) 「バナナマン」と呼ばれる。一九一一年のホンジュラスへの軍事侵攻を計画し、四〇年以上にわたってユナイテッド・フルーツの事業に関わる中心人物だった。

(13) 二〇世紀初頭のアメリカ大統領で、ユナイテッド・フルーツと海外膨張主義的思想を共有していた。ただし、パナマ運河建設期には、ユナイテッド・フルーツと対立した。

(14) 一九〇四年に「バナナ共和国」という言葉を作った作家。中央アメリカにおけるアメリカの存在を愛すべきゴロツキの暮らしのようだと表現した。

(15) 仲間のモロニーとともに、一九一一年のホンジュラス軍事侵攻を指揮した。戦場での豪傑ぶりを示す数々の逸話を持っている。

(16) 一九一三〜二一年にアメリカ大統領を務め、ユナイテッド・フルーツやその同盟者であるボストンのエリート層と剣を交えた。国際連盟の設立などを盛り込んだ「十四か条の平和原則」は、アメリカ国内では批准されなかった。

(17) 第一次世界大戦以降、中央アメリカにおけるユナイテッド・フルーツの事業に密かな関心を寄せており、後にこの企業の法律顧問となった。一九五〇年代に彼がアメリカ国務長官となったとき、弟のアレン・ダレスもアメリカ中央情報局（CIA）の長官となっていたが、この二人の兄弟は、選挙でグアテマラ国民によって選ばれ、ユナイテッド・フルーツと敵対したグアテマラ政府を転覆させる役割を果たした。

(18) ナポレオン主義者のグアテマラ人独裁者。一九三〇年代、ユナイテッド・フルーツの支配地域が中米地峡を渡って大西洋側から太平洋側へと拡大することを認可した。

(19) 一九三〇年代、富裕層が中心となってフランクリン・ローズヴェルト大統領をクーデタで失脚させようという「ビジネス・プロット」と呼ばれる陰謀事件を暴露した。中央アメリカの諸共和国を「レイプ」したとして自らを責めた。

(20) 自らプロパガンダの権威者だと称する「広報・宣伝の父」。一九五〇年代、アメリカの世論を操り、選挙で選ばれたグアテマラ政府を転覆させるお膳立てをした。

(21) 元俳優で映画俳優組合委員長時代にマッカーシーの赤狩りに協力したタカ派。一九八〇年代、二期にわたってアメリカ大統領を務め、かつてユナイテッド・フルーツが支配した中央アメリカ地域を舞台に社会主義陣営と最後の冷戦を戦った。

(22) 一九五〇年代に「赤の脅威」について調査した反共主義者。ユナイテッド・フルーツと共通の世界観を持っていた。

(23) コスタリカの民主主義的リーダー。自国の社会福祉費を支払うようユナイテッド・フルーツに働きかけ、その金をうまく持ち出した。

(24) グアテマラ大統領としてユナイテッド・フルーツと敵対し、一九五四年のクーデタで政権から追放された。急進派の妻マリア・ビラノバによる思想的影響が強いと言われている。

(25) 神出鬼没のCIA職員。その功績は一九五〇〜六〇年代のユナイテッド・フルーツの成功に対応している。一九七〇年代、ウォーターゲート事件を起こしたかどで収監された。

(26) グアテマラの周辺部から、一九五四年のグアテマラ・クーデタの指揮をとった軽率なアメリカ大使。

(27) 一九六九〜七四年のアメリカ大統領。下院議員時代からマッカーシーと並ぶ「反共の闘士」と知られる共和党員であり、アイゼンハワー政権時代には若くして副大統領に抜擢された。大統領としては「法と秩序の回復」やベトナムからの「名誉ある徹底」を掲げて保守層に支持されたが、ウォーターゲート事件の責任を取って辞任した。

(28) キューバで権力を握るための努力を続けていたフィデル・カストロのゲリラ軍に合流する以前、グアテマラでユナイテッド・フルーツに対する武力抵抗運動を組織しようとしていた。

(29) 一九七七〜八一年のアメリカ大統領。中央アメリカにおける人権問題の改善を訴えたが、アメリカ国内では「弱い」リーダーだと見なされた。

(30) パナマ大統領として、ユナイテッド・フルーツと敵対した。交渉によってアメリカの支配するパナマ運河をパナマに譲渡させたが、一九八一年の飛行機事故で他界した。

(31) 一九八〇年代のホンジュラスでアメリカ大使を務め、ホンジュラスをアメリカの「軍事キャンプ」に変えるつもりはないと述べた。外交の専門家として成功を収めた後、一時期政界から引退していたが、二〇〇三年のイラク侵攻以降外交の舞台に復帰した。

訳注

《1》一九七〇年にチリの自由選挙で大統領に選出された社会主義者。南米における社会主義の拡大を警戒する冷戦期のアメリカ政府から危険視された。

《2》一九七三年にクーデタを敢行し、アジェンデ大統領を追放したチリの軍事独裁者。国際電話電信会社（ITT）などアメリカの企業やCIAの支援があったと言われている。民主主義を否定し、一九九〇年まで恐怖政治を敷いた。

《3》チリ出身のノーベル文学賞作家。詩集『大いなる歌』のなかでユナイテッド・フルーツを名指しで批判する詩を発表した。

《4》グアテマラ出身のノーベル文学賞作家。小説『緑の法王』では、マイナー・キースをモデルにして、中米ジャングル地帯の支配者となる野心的なアメリカ人青年の人生を批判的に描いた。

《5》スコットランド出身のフォーク歌手。ヒット曲となった「メロー・イエロー」では、恋人に夢中の自分自身を「熟れた黄色」や「電気仕掛けのバナナ」と表現している。

《6》イギリス出身の偉大な喜劇役者。コメディ映画のなかでは、面白おかしくバナナの皮で滑ってみせた。

《7》アメリカ生まれのジャマイカ系黒人歌手。港湾で辛いバナナの積み卸し作業に従事する労働者を歌った「バナナ・ボート」が大ヒット曲となった。

《8》労働党に所属するイギリスの政治家。一九四五～五一年に首相を努め、「ゆりかごから墓場まで」と言われたイギリス社会保障制度の基盤を作った。

《9》イギリス出身のカトリック作家。その息子のオーブロンは、アトリー内閣によって配給されたバナナをめぐる家庭の様子についてコミカルに記述している。

《10》アメリカ出身の大富豪。フォード・モーター社の創設者であり、ライン生産方式で自動車を大量生産するなど、産業と交通に革命を起こした。

《11》アメリカ出身の中南米で成功した鉄道敷設業者。コスタリカでの鉄道工事を委託するため、甥のキース兄弟を呼び寄せた。

《12》アメリカ出身の傭兵。一八五六〜五七年にはニカラグアを支配して国王を自称した。失脚後、再起をかけて上陸したホンジュラスで捕まり、処刑された。

《13》アメリカ出身の実業家。蒸気機関を利用した海運業と鉄道で成功して大富豪となった。

《14》蒸気エンジンを改良して世界的な名声を博したアメリカの発明家。

《15》アメリカ出身のリアリズム作家。文芸評論家や雑誌編集者としても知られる。

《16》スコットランド生まれの発明家。一八七六年にアメリカで特許を取得し、世界で初めて電話を実用化した。

《17》アメリカ出身でイーストマン・コダック社の創業者。連続撮影の可能なロール・フィルム（基軸に巻きつけた帯状の写真フィルム）を発明した。

《18》アメリカ出身で、機械式刈取機の開発者（発明者）。

《19》アメリカ南北戦争において北軍に勝利をもたらした英雄とされ、一八六九年には共和党から立候補してアメリカ合衆国大統領に選出された。

《20》鉄道業で成功を収めたアメリカの大資本家で、長らく典型的な「泥棒男爵」（悪徳資本家）と評価されてきた。ドリューやフィスクと共謀し、エリー鉄道の株取引でヴァンダービルトに多額の損害を与えた。

《21》海運業と鉄道業で財をなした大資本家で、「泥棒男爵」の典型例とされる。グールドとフィスクの陰謀により破産に追い込まれた。

《22》アメリカの有力な株式仲買人で投資家。「泥棒男爵」の一人に数えられる。三七歳の若さで自らのビジネス・パートナーに殺された。

《23》アメリカ生まれの発明家。さまざまな機械や動力源の改良を行った。

《24》カリブ海を主なフィールドとする輸送船の船長だったが、偶然に立ち寄ったジャマイカでバナナを発見したのを機に、アメリカでバナナ業を開始。その後、プレストンと共同ビジネスを開始し、ユナイテッド・フルーツの創設にも関わった。

《25》エリザベス朝時代のイギリスの冒険家であり、カリブ海で暗躍した海賊としても知られる。一六世紀末のアルマダの海戦を指揮し、スペインの無敵艦隊を壊滅させたことで名声を得た。

《26》ドイツの細菌学者。病原菌である炭疽菌、結核菌、コレラ菌を発見したり、感染症研究の基礎を築くなど「近代細菌学の祖」と称される。

《27》イギリスの医学者。外科手術時の消毒法を開発した。

《28》フランスの細菌学者で、殺菌法の研究やワクチンの投与による予防接種の開発に貢献した。コッホとともに「近代細菌学の祖」とされる。

《29》フランスの実業家。一八六九年、地中海と紅海を結ぶ世界最長のスエズ運河を完成させて名声を得るが、その後取り組んだパナマ運河の建設工事は困難を極めて頓挫した。晩年はこのときの資金調達に絡む詐欺疑惑により名声を失った。

《30》共和党優勢の時代に民主党から立候補し、一九世紀末にアメリカの大統領を二期にわたって務めた。

《31》アメリカの著名なジャーナリストで、ヘンリー・フォードとの数々の共著で知られる。『アメリカ熱帯地方のロマンスと繁栄』（一九二九年）には、初期のユナイテッド・フルーツに関する記述が見られる。

《32》共和党員で、一八九七〜一九〇一年のアメリカ大統領を務めた。一九世紀末の大不況から回復するために金本位制を導入した。また外政では米西戦争でスペインに勝利してアメリカの対外進出の基盤を作った。任期中にアナキストに暗殺された。

《33》アメリカの劇作家。代表作である『セールスマンの死』（一九四九年）の中には、サム・ゼムライをモデルにしたと思われる人物が登場する。

《34》一九〇三〜〇七年と一九一二〜一三年にホンジュラスの大統領を務めた。いったん失脚してアメリカに亡命したが、親密な関係にあったゼムライを始め、リー・クリスマスやガイ・モロニーなどのアメリカ人傭兵に助けられて大統領に返り咲いた。

《35》南アフリカのボーア戦争にも参加した歴戦の傭兵。

《36》アメリカ五大財閥の一つであるモルガン財閥の創始者。金融業界と産業界に君臨し、二〇世紀初頭にはアメリカ政治に多大な影響を及ぼす大富豪となった。

《37》「ボストン・ブラーミン」の出身で長らくアメリカ連邦議員を務めた。アメリカの対外膨張主義を支持しており、国際連盟への加盟に徹底的に反対するなどウィルソンにとってもっとも手強い政敵だった。

《38》ウィルソン政権下で国務長官を務めた。ジョン・ワトソン・フォスター（ベンジャミン・ハリソン政権時代の国務長官）の義理の息子であり、ダレス兄弟の叔父にあたる。弁護士としてマイナー・キースの法律顧問を務めていた。

《39》一九二三〜二九年のアメリカ大統領。「ジャズと狂騒の二〇年代」の好景気に乗りつつ、減税や自由放任主義的な政策を次々と打ち出した。

《40》一九二一〜二三年のアメリカ大統領。第一次世界大戦を機に高まったナショナリズムを刺激して人気を得たが、さまざまな汚職やスキャンダルにまみれた。

《41》アメリカ生まれの弁護士であり、クーリッジ政権では国務長官を務めた。一九二八年にフランスなどとのパリ不戦条約（国際紛争を解決する手段としての戦争を放棄するという規定）をとりまとめた功績で、翌年にノーベル平和賞を授与された。

《42》現ベラルーシ出身のユダヤ人。シオニズム運動のリーダーとしてイスラエルの建国に努力し、その初代大統領となった。

《43》ジョン・フォスター・ダレスの実弟で、アメリカ中央情報局（ＣＩＡ）長官として、イランのモサデグ政権転覆、グアテマラのアルベンス政権転覆、カストロ政権の転覆を狙って失敗したピッグス湾事件などに深く関与した。

《44》一九三三～四五年にアメリカ大統領を務めた。世界恐慌を克服するために、政府が市場経済に積極的に関与し、価格決定や雇用創出を行うニューディール政策を実施した。また、第二次世界大戦への本格的参戦を決定した。

《45》オーストリアのユダヤ系家庭の出身で、精神分析学あるいは臨床心理学の祖とされる。エドワード・バーネイズの叔父にあたる。

《46》ケネディ、ジョンソン両政権で国防長官を務めた。ベトナムへの積極的な介入策をとったが、アメリカがベトナム戦争の泥沼に足を取られるようになると、その責任を厳しく追及された。

《47》民主党の政治家で、一九六一～六三年に大統領を務めた。国民的な人気を博したが、「ベルリンの壁」の建設やキューバ危機など対外的には社会主義陣営との一触即発の危機に直面した。六三年に遊説先のテキサス州ダラスで暗殺された。

《48》一九四〇～四五年と一九五一～五五年の二期にわたりイギリス首相を務めた。第二次世界大戦時にはイギリスの戦争を指導し、米ソと協力して戦勝国となった。だが、もともと反共主義者のチャーチルは、戦後に「鉄のカーテン」演説を行うなどソ連を中心とする社会主義陣営と厳しく対立した。

《49》 ファン・ペロン大統領との結婚後にアルゼンチンの政治に深く関与するようになったファーストレディ。愛称はエビータ。国民的な人気を誇ったが、三三歳の若さで病死した。

《50》 第二次世界大戦時に連合国軍最高司令官を務めた軍人。一九五三〜六一年にはアメリカ合衆国大統領として共和党政権を率いた。対外的には「巻き返し」と呼ばれる対ソ強攻策を掲げ、副大統領にリチャード・ニクソン、国務長官にジョン・フォスター・ダレスといった反共主義者を任命した。

《51》 CIA指揮官としてイランのモサデグ政権転覆のお膳立てをした。セオドア・ローズヴェルトの孫にあたる。

《52》 一九五六年にエジプト首相となり、イギリスの支配下にあったスエズ運河の国有化を宣言した軍人政治家。このときイギリスはナーセルに反感を持ったイスラエルやフランスと共に厳しく対峙し、第二次中東戦争(スエズ戦争)を誘発した。

《53》 アフメト・ゾグはアルバニアの元大統領で、一九二八年に憲法を改正して自ら王位に就いてゾグ一世と名乗った。一九三九年に国家ファシスト党率いるイタリア軍の侵攻を受け、ギリシアに亡命した。

《54》 ユナイテッド・フルーツの元広告担当者で、後にユナイテッド・フルーツの歴史とその内幕に関する著書を出版した。その日本語訳版も『乗取りの報酬――バナナ帝国崩壊のドラマ』(石川博友訳、筑摩書房、一九七九年)というタイトルで出版されている。

《55》 グアテマラの軍人。アルベンスなどの改革派に対するクーデタ未遂事件などで亡命を余儀なくされていたが、CIAに担がれるかたちでアルベンス大統領を追放する「オペレーション・サクセス」の主役となり、やがて新しい大統領に就任した。

《56》 中国共産党の創始者であり、中華人民共和国建国の立役者。一九七六年に死去するまで、突出した中国の政治指導者であり続けた。

《57》アメリカ出身のジャーナリストで、元ニューヨーク・タイムズの記者。カストロやゲバラがマエストラ山脈に潜伏し、着々と革命の準備をしていると世界に伝えた。

《58》ポーランド系ユダヤ人の家系に生まれ、アメリカへ移住後、イタリア系マフィア史上最大の大物とされるラッキー・ルチアーノの右腕として財政顧問を務めた大物ギャング。マネーロンダリング（資金洗浄）を先駆的に行った人物とも言われる。

《59》アメリカのシンガーソングライター。土着の民謡に回帰したり、社会的メッセージ性の強いプロテストソングを歌ったりするいわゆる「フォーク・リヴァイヴァル」運動における先駆者の一人。

《60》フォークやロックなどさまざまなジャンルの楽曲で人気を博するアメリカの歌手。「風に吹かれて」「時代は変わる」など初期に発表したプロテストソングは、公民権運動やベトナム反戦運動の参加者など社会変革を求める人々から絶大な支持を受けた。二〇一六年、歌手として初めてノーベル文学賞を受けた。

《61》メキシコ系アメリカ人の女性フォーク歌手。ボブ・ディランと行動をともにすることが多く、数多くのプロテストソングや哀歌を歌って社会に影響を及ぼした。

《62》アメリカのポップ・アーティスト。絵画や版画からミュージシャンのプロデュース、映画製作まで幅広い分野で活躍した。

《63》米ソ冷戦末期の一九七九～九〇年に女性として初めてのイギリス首相を務めた保守党の政治家。政府の市場への介入を抑える政策を実施した新自由主義者であり、対外的にはつねに強硬な姿勢を貫いたので「鉄の女」と称された。

《64》ジョージ・H・ブッシュ元大統領（任期一九八九～九三年）の息子で、二〇〇一～〇九年にかけて二期連続でアメリカの大統領を務めた。二〇〇一年に発生した同時多発テロ事件の後、アフガニスタンやイラクに対する侵攻を決定した。

《65》 一九七六年にノーベル経済学賞を授与されたアメリカのマクロ経済学者で新自由主義の理論家。貨幣の供給量と利子率が景気の循環を規定すると考えた。

《66》 トリホス大統領の死後、パナマに君臨した軍事独裁者。アメリカと激しく敵対した結果、一九八九年にアメリカから軍事侵攻（パナマ侵攻）を受け、拘束された。その後、アメリカで裁判にかけられ、麻薬の密輸やマネーロンダリングの罪で禁固刑を命じられた。

《67》 一九九三〜二〇〇一年に二期連続でアメリカ大統領を務めた政治家。妻は第一次オバマ政権で国務長官に任命されたヒラリー・クリントン。

《68》 アメリカの法学者・歴史学者。憲法解釈、核戦略、軍事戦略などに関する著書がある。

《69》 マイクロソフト社を創業したアメリカ人実業家。BASIC・MS-DOS・WINDOWSなどの開発によってコンピュータの世界的発展に大きく貢献し、現代人のライフスタイルを根本から変えた。

解説　バナナが中米社会を変えた

――ユナイテッド・フルーツの歴史的動向をめぐって

小澤卓也

1　はじめに――バナナを通して見えてくる世界

二〇〇四年のキト・サミットでのこと。「テロとの戦い」を声高に主張するアメリカのドナルド・ラムズフェルド国防長官は、ホスト国であるエクアドルのレネ・バルガス将軍にエクアドル＝アメリカ間のいっそう緊密な軍事統合を求めた。このときバルガス将軍は、この申し出の本当の目的がアメリカによるエクアドルの石油や水などの自然資源の支配にあることを看破し、次のように切り返した。「ラテンアメリカにテロリストはいない。あるのは飢餓と失業、そして犯罪に向かう非行者に過ぎない。我々が何をするというのだ。バナナであなたがたを叩くとでもいうのか」と。(1)

このバルガス将軍の返答には、エクアドルが世界最大のバナナ輸出国であることに引っ掛けた気の利いたジョークということでは済まされない、深遠なる歴史的皮肉が込められている。なぜならラテンアメリカにはかつて、つましい生活を営む農民や労働者たち、あるいは自立的な政治経済改革を目指す知識人たちを、まさしくバナナを振り回して激しく打ち据えるアメリカ系多国籍企業が存在したからだ。ユナイテッド・フルーツ（以下、UFCO）である。

一八九九年に創設されて以来、UFCOは中央アメリカとカリブ海を中心に巨大なバナナ・プランテーションをいくつも所有し、労働集約型の大量生産によって安価なバナナを国際市場に流通させ、アメリカやヨーロッパを中心に世界的なバナナ消費文化の拡大を促進した。この企業の成功が歴史的契機となり、人々は家庭で手軽に栄養価の高いバナナを食べられるようになったことは間違いない。こうしてバナナ市場において寡占的権力を築いたUFCOは、一九三〇年までに世界全体で取引されたバナナの全房（すべての房がついたままの大茎）一億三〇〇〇万本のうちの六五〇〇万本（約六三・一％）をも取り扱うようになった(2)。この企業はバナナで巨万の富を手中にしたのである。

UFCOの権勢は経済界にとどまらず政界にも及んだ。本国アメリカにおいてこの企業は、二〇世紀初頭に自社への反トラスト法の適用をめぐってセオドア・ローズヴェルト大統領やウッドロウ・ウィルソン大統領と激しく対立し、二〇世紀中葉にはドワイト・アイゼンハワー大統領やジョン・ケネディ大統領と提携して「オペレーション・サクセス」（国民によって民主的に選出されたグアテマラのハコボ・アルベンス政権を転覆させた一九五四年の軍事作戦）やピッグス湾事件（亡命キューバ人を利用し、アメリカがキューバのフィデル・カストロ革命政権を転覆させようとして失敗した一九六一年の事件）に深く関与したりした。

ラテンアメリカにおいては、ＵＦＣＯはしばしば寡頭政治権力や独裁者と手を結び、現地で鉄道や港湾などのインフラストラクチャーを敷設・整備しつつそれらを支配下に置き、著しい減税や免税などの特権を与えられて広大な領土を獲得した。一九三〇年までにその総面積は約一万三七六〇平方キロメートル（福島県とほぼ同じ面積）以上に及んだが、実際に耕地として利用していた土地は全体の一四％にあたる約一九二六平方キロメートル（そのうち一度に使用されるバナナ用農地は全体の五・六％〈約七七一平方キロメートル〉）に過ぎず、残りの八六％（約一万一八三四平方キロメートル）は疫病対策やライバル企業進出を妨害するため未使用のまま放置された。多くのラテンアメリカ農民が土地を所有できなかったことからすれば、ＵＦＣＯの土地所有はラテンアメリカにおける民主主義的な土地改革にとって大きな障害であった(3)。

バナナの場合、サトウキビやコーヒーのように中小土地所有者が生産において重要性を有することはほとんどなかった。ＵＦＣＯのプランテーション内は長らく現地の法律が適用されないいわゆる「飛び地」（包領）と化していたうえに、しばしば本国アメリカによる法的規制からも巧妙に逃れていたため、ここで働く現地ないしカリブ海域出身の農業労働者が法的に保護されることはなかった。サトウキビやコーヒー産業界のように組合活動も認められなかったことは、逆にＵＦＣＯの農業労働者によるラディカルな労働争議の原因となる。ＵＦＣＯ側は、そうした労働運動を地元の警察や軍部との提携、あるいは私設の治安部隊などの派遣によって、力ずくで鎮圧したのである。

このようにＵＦＣＯは、南北アメリカ地域を主要な舞台としながらバナナを通じて世界の政治経済、そして食文化に多大な影響を与えてきた先駆的な多国籍企業である。そのグローバルな権益と商業ネットワークの多くは、会社の創設から一世紀以上を経た今でも、世界最大規模のバナナ企業であるチキータ・ブランズ・インターナショナル社――もちろんUFCOとは別企業なので、会社の仕組みや経営方針がそのまま継承されているわけではない――に委譲されている。UFCOによって道筋がつけられた、巨大多国籍企業によるグローバルなバナナ市場の寡占状況について歴史的に分析することは、先進工業国と開発途上国との間で織りなされる南北問題を個別具体的に把握するうえでもきわめて枢要だと言えよう。

こうした問題意識に立脚し、日本におけるバナナの価格や流通経路の変化と大衆的なバナナ消費文化の関連性について論じた先駆的な論考として、鶴見良行『バナナと日本人――フィリピン農園と食卓のあいだ』(岩波新書、一九八二年)がある。その後のバナナ研究を大きく規定したこの書は、かつての日本人にとって高級デザートであったバナナがいかにして安価な庶民の日常食品へと変貌したかを、アメリカ系大企業がフィリピンにおいて確立したバナナの大量生産システムと関連させて批判的に論じた名著である。日本人が安価なバナナを食べられるようになったのは、劣悪な労働条件下でフィリピンの農業労働者が搾取された結果なのだとする内容は、当時の日本社会に大きな衝撃を与えた。

鶴見は読者に訴える。「バナナは、私たちがもっとも口にしてよい食品である。栄養源として、食品として、それに家計の面を考えるだけならば、まさにそのとおりだ。だが、〈ちょっと待て〉と思う。バナナは植物だから生き物だ。かれらの都合もあろう。これを栽培して暮らす人びとがいる。そんな海の向こうの〈生きとし生けるもの〉の立場まで考えに入れて、こちらの立場、つまり消費者としての主体を設計できないか。〈安い〉〈栄養価が高い〉というだけの計算では、こちらの身勝手に過ぎるだろう」と。(4) 現代人は自らの消費行動に対してつねに世界との繋がりを自覚し、ますます道徳的な行動が求められるようになっているが、鶴見はまさにこうした時代感覚を先取りした知識人であった。

もちろん、『バナナと日本人』は今から三〇年以上前に発表されたものであり、その後の日本や世界の情勢は必ずしも鶴見の予想通りにはなっていない。日本人のバナナ消費量の減少やフィリピンにおけるバナナの減産を予想した鶴見に反して、日本におけるバナナの消費量は相変わらず果実消費量で第一位の座を占めており、フィリピンにおける多国籍企業のバナナ生産量が減少することもなかった。同書の発刊以降に実施されたバナナ生産地域における農地改革や多国籍企業に対する法的規制、あるいは契約農家の増大や国際的なフェアトレード運動の拡大など、現地農民をめぐる状況も大きく様変わりしている。(5)

それでもなお、「作るものと使うものが、たがいに相手への理解を視野に入れて、自分の立場を構築しないと、貧しさと豊かさのちがいは――言いかえれば、かれらの孤立と私たちの自己満足の距離は、この断絶を利用している経済の仕組みを温存させるだけに終わるだろう」とする鶴見の問いかけは、現在の私たちが直面している食のグローバリゼーションに絡む諸問題について考察するうえで今もって決定的に重要である。(6) 豊富な現地経験と学術研究を踏まえてフィリピンにおけるバナナ農民の自立に希望を見出している中村洋子も、自著の結尾部分で「多国籍企業のマイナス面は縮小しつつあるという見方も存在する。しかし筆者がフィリピンの輸出用バナナ産業において一九八〇年代から九〇年代にかけて目にした多国籍企業の姿は異なっていた。多国籍企業の反公共的行為は本書で紹介したように、決して過去のものではない」と念を押し、その状況を改善するために、まず「日本人自身が暮らし方を変える」ことが不可欠であると切実に訴えている。(7)

食のグローバリゼーションに対する関心が高まっている今こそ、私たちはこの「ごくありふれたフルーツ」をめぐる人類史的問題と真摯に向き合い、解決を目指さなければならない。そのためには、日本に限定した一国史的な歴史研究だけでなく、グローバル・ヒストリーの視点からバナナ多国籍企業の誕生、展開、覇権の確立、形態の変化を丹念に調査し、分析することが肝要である。日本のバナナ販売企業もバナナ多国籍企業の圧倒的な影響下に置かれており、UFCOなどのバナナ多国籍企業について研究することは、日本のバナナ事情や問題点について考察するうえでも必要不可欠である。

敏腕ジャーナリストとして知られるピーター・チャップマンによる本書は、こうした課題に示唆を与えてくれる格好の本である。本書は、UFCOの盛衰の歴史をたどり、その動向をめぐって変化するアメリカとラテンアメリカの関係、それらを取り巻くEU諸国や国連などの国際組織との関係を整理し、一つの大きなグローバル・ヒストリーへと縫合しようとするじつに野心的な著作である。とりわけ印象的なのは、ジャングルを開拓して自然を破壊し、広大な土地を収奪し、その農園で貧しい農民を隷属化して進められる、多国籍企業の非情な利益追究に対する批判精神に貫かれている点である。しかも、それぞれ異なった立場に置かれた人々の間で紡がれる具体的史実に沿って問題点をあぶり出す手法を効果的に採り入れている。これらの点で本書は、食のグローバル・ヒストリーを扱ったほかの類書とは一線を画する内容となっている。

この秀作は、その後のバナナ史研究にも多大な影響を及ぼしている。その代表的な例が、日本語訳も出ているダン・コッペル『バナナの世界史――歴史を変えた果物の数奇な運命』（太田出版、二〇一二年）であろう。この本はチャップマンの議論に多くを負いながら、自然史を基軸としてバナナの歴史をたどった著作である。[8] ただし、その冒頭部分でコッペル自身が「この本を書いた目的は、バナナがいかに重要な食べ物であるか――そしていかにすばらしいものになりうるかを、できるだけ多くの人々に伝えるためである」と述べているように、この本はバナナの歴史的意味を批判的に検討しようとするものではない。[9] むしろコッペルは、貧困地域の飢餓を救済するかもしれないバナナ生産業の明るい未来や、バナナの品種改良に人生を賭ける欧米の企業・開発者・技術者を賞賛することに重きを置いている。

いずれにせよ、本書が、バナナと人間社会との歴史的関係について考えるための有益な情報と新しい分析視角を与えてくれる基礎文献であることは疑いない。この解説は、読者にチャップマンの議論をより深く理解し、楽しんでもらえるよう、ＵＦＣＯ誕生の地であり、そのバナナ生産業の中心となった中央アメリカの歴史的文脈に沿って学術的解説を補足するものである。

2　バナナ産業の現状

ＵＦＣＯをめぐる具体的な中米史の文脈について述べる前に、まず本章においてバナナ産業をめぐる世界の現状に関するデータを整理しつつ概観しておきたい（ここではおもにデザート・バナナに関するデータを扱う）。まずは二〇〇六年（本書の原著が出版される前年）の国別によるバナナの輸入量と輸出

表1　国別バナナ輸出入量上位10ヶ国（2006年）

（単位＝1000t）

	輸　入		輸　出	
1	アメリカ	3,839	エクアドル	4,908
2	ドイツ	1,292	フィリピン	2,312
3	ベルギー	1,180	コスタリカ	2,183
4	日本	1,044	ブラジル	1,943
5	イギリス	925	コロンビア	1,568
6	ロシア	894	グアテマラ	1,055
7	イタリア	646	ホンジュラス	515
8	中国	459	パナマ	431
9	カナダ	458	コートジヴォワール	286
10	フランス	408	カメルーン	256
	世界全体	15,851	世界全体	16,789

出所：John Robinson, Víctor Galán, *Bananas and Plantains*, Wallingford: CAB International, 2010, p. 3を参照して筆者が作成。

量の上位一〇ヶ国を示した表1を見てほしい。

ここに挙げられた輸入国のリストを見ると、一〇ヶ国すべてが先進国か、さもなくば近年ますます経済発展の著しいＢＲＩＣｓ諸国であることがわかる。また八位の中国以外は、基本的に自国内での消費のために十分なバナナ生産を行うことができない気候の国々ばかりである。

とりわけ一位に君臨するアメリカのバナナ輸入量は他を圧倒しており、二位のドイツの輸入量の約三倍である。アメリカは世界全体のバナナ輸入量のじつに二四・二％を担う巨大バナナ輸入国なのである[10]。別のデータを補足すると、二〇〇〇～二〇〇二年のアメリカのバナナ輸入先（国別）とその割合（年平均値）は、上位から順にコスタリカ（二九％）、エクアドル（二五％）、グアテマラ（二一％）、コロンビア（一三％）、ホンジュラス（九％）その他（三％）となっており、その九九％以上がラテンアメリカ諸国およびカリブ海諸国である[11]。しかも国名の挙がる五ヶ国のうち、エクアドルを除く他の四ヶ国は、すべてUFCOのバナナ生産業の中核を担っていたかつての「バナナ共和国」ばかりである。二〇一三年のデータでも、バナナ輸出国上位五ヶ国は、エクアドル、フィリピン、コスタリカ、コロンビア、グアテマラとなっており、この傾向がその後も続いていることがわかる(12)。

また、このバナナ輸入国リストにおいて、アジア諸国の中で最上位を占めているのが日本であることにも注目しておきたい。二〇一四年にはロシアのバナナ輸入量が日本を上回ったものの(13)、日本はこの時点では世界第四位のバナナ輸入国であり、その輸入量は世界全体のおよそ六・五％に相当する（日本の場合、輸入されるバナナの七〇％以上はフィリピン産である）(14)。日本は世界に名だたるバナナ消費国であり、マスメディアにおいてバナナに含まれる成分の健康維持やダイエットに対するプラス効果が強調されていることも手伝って、今後も日本におけるバナナ食は減りそうにない。

つぎに同表の輸出国リストに目を移すと、上位一〇ヶ国すべてがAALA（アジア・アフリカ・ラテンアメリカ）諸国であり、そのうち七ヶ国がラテンアメリカ諸国であることがわかる。BRICsのブラジルが四位にランクインしているものの、先進国は一つも含まれていない。国産資本家の影響が強い一位のエクアドルは世界全体で輸出されるバナナのうちの二九・二％を取り扱っており、これに続いて二位のフィリピンが一三・七％、三位のコスタリカが一三・〇％という割合となっている（年度によってはコスタリカが二位となる）。ただし、「バナナ共和国」のコスタリカ、コロンビア、グアテマラ、ホンジュラス、パナマの五ヶ国を合わせるとその総輸出量はエクアドルのそれを上回る。

ちなみに一九九五〜二〇〇四年の一〇年間のデータをもとに地域別のバナナ輸出量を算出すると、

ラテンアメリカ（カリブ海諸国は含まない）は年平均値で世界全体の八〇・六三％に達する。同時期のアジアとアフリカにおけるバナナ輸出量はそれぞれ一三・四％と三・八％であり、ラテンアメリカにまったく及ばない[15]。ラテンアメリカこそが、大量にバナナを生産し、世界中に輸出してグローバルなバナナ食文化を支えていると言っても過言ではない。

それではつぎに、既述のバナナ輸出量に関するデータを念頭に置きながら、表2の二〇〇六年におけるバナナ生産量の上位一〇ヶ国を列挙したリストを見てほしい。

容易に看取できるように、このバナナ「生産量」に基づく国別順位のありようは、先の表1におけるバナナ「輸出量」のそれとはかなり異なっている。世界でもっとも大量にバナナを生産しているのはインドであり、その割合は世界全体の二六％に達する。表1の輸出入国リストのどちらにも名を連ねていないことからもわかる通り、インドは基本的にバナナを自給自足している。この国にとってバナナは一二億人を超える国民の胃袋を満たすために必要不可欠な基礎食料なのである。

同じように、一三億もの人口を抱える中国をはじめ、インドネシア、タイなど、表1のバナナ輸出国リストに名のないアジア諸国がランクインしているが、巨大多国籍企業が競って進出しているフィリピンは別として、アジア諸国では国内消費用にバナナが生産される傾向が強い。このように、世界では対外市場や国内市場に向けてのバナナ生産業がますます活発化しており、二〇一二年にはついに世界のバナナ総生産量が一億トンを越えている[16]。

地域別のバナナ生産量の割合（二〇〇六年度）に関する別のデータを参照すると、アジア五七％、ラテンアメリカ・カリブ三一％、アフリカ一〇％、オセアニア二％となっており、バナナの「輸出量」では八〇%のシェアを誇るラテンアメリカに及ばないアジアが、その「生産量」では世界の中心地であることがわかる。[17] 同時にアフリカの割合が少ないことも注目される。表1のバナナ輸出国リストにはコートジヴォワールやカメルーンの名が挙がっていたが、表2のバナナ生産国リストにはアフリカ諸国が見あたらない。つまりアフリカでは国内消費用のバナナよりも、輸出用に多くのバナナを生産しているわけだ。これはこの地域の人々を悩ませている食糧問題とも無関係ではない。UNCTADの二〇一三年のデータを見ても、三位以下の順位に多少の入れかわりがあるものの三位のウガンダがランクインしている以外に大きな変動はない（ウガンダが大量に生産しているのは先進国でなじみ深いデザート・バナナではなく、主に途上国の国内で消費される調理用バナナ〈プランタイン〉である）。[18]

　つぎに、世界のバナナ貿易を動かす巨大多国籍企業について考えてみたい。表3は、UFCO消滅後、もっとも多国籍企業による市場の独占がきわまっていた時期にあたる二〇世紀末に巨大多国籍企業が世界全体のバナナ輸出入業に占める割合を明示したものである。

表2　国別バナナ生産量 上位10ヶ国（2006年）

（単位＝1000t）

1	インド	20,858
2	中国	7,115
3	ブラジル	6,956
4	フィリピン	6,795
5	エクアドル	6,127
6	インドネシア	5,037
7	コスタリカ	2,220
8	メキシコ	2,196
9	タイ	2,000
10	コロンビア	1,750
	世界全体	79,980

出所：Robinson and Galán, *op. cit,* p. 4 を参照して筆者が作成。

　表3に明らかなように、UFCOの事業を引き継ぐチキータは、ドールやデルモンテとデッドヒートを繰り広げながら世界一のバナナ多国籍企業の地位を保持してきた（一九九七年にはドールがチキータを上回って一位となり、二〇一〇年代に入るとドールが一位となることも珍しくなくなる）。この上位三社はもともとアメリカ資本

表3　多国籍企業の世界全体のバナナ輸出入に占めるシェア（1999年）

（割合＝%）

	輸　出	輸　入
チキータ	21.5	25
ドール	20.4	25
デルモンテ	18.2	15
上位3社合計	60.1	65
ノボア	9.5	11
ファイフス	2.4	8
上位5社合計	72.0	84

出所：Pedro Arias et. al., "The World Banana Economy 1985-2002," FAO Commodity Stidies 1, (http://www.fao.org/docrep/007/y5102e/y5102e06.htm); 北西，前掲論文，p. 53より筆者が作成。

の企業であり、そのバナナ貿易に関するシェアは輸出と輸入のどちらにおいても合計で六〇%を越えている。これにエクアドルの巨大企業ノボアと、イギリスのロンドンで誕生したファイフス（現在、本部はアイルランドのダブリン）を加えると、上位五社が全バナナ輸出業の七二%、輸入業に至ってはじつに八四%を仕切っていることになる。このように世界のバナナ貿易は巨大多国籍企業による寡占状況にある。ただしこの状況は二〇一三年から変化しつつあるとの見解も出ている。例えばバナナ・リンク（Banana Link）によれば二〇一三年のバナナ輸出のシェアはそれぞれチキータ一三%、デルモンテ一二%、ドール一一%、ファイフス六%、ノボア二%であるという。すなわち上位三社のシェアは三六%、上位五社のシェアは四四%に減少している。代わりに「その他」が五六%（二〇〇二年には三〇%）に急増したとされていることから、近年バナナ貿易のルートが多様化しつつあると考えられる（この傾向に関する詳細な分析検討については、また別の機会に譲ることにしたい）(19)。

続いて、三大多国籍企業がそれぞれどの地域や国のバナナ輸出業に支配的な力を及ぼしているかについて検討しておきたい。表4においてはチキータ、ドール、デルモンテによる地域別バナナ輸出量が、そして表5においては主要なバナナ輸出国におけるこれら三社による輸出量とその割合を明示す

表4　バナナ輸出地域における3大多国籍企業による輸出量とその割合（2000年）

（単位＝100万箱〈1箱≒18kg〉）

	チキータ	ドール	デルモンテ	3社合計	輸出割合
中央アメリカ	79	39	42	160	80%
南アメリカ	24	53	28	105	33%
アジア	14	23	19	56	60%
アフリカ	0	2	6	8	29%
その他	2	2	2	6	66%
世界全体	119.3	119	97	335	56%

表5　主要バナナ輸出国における3大多国籍企業による輸出量とその割合（2000年）

（単位＝100万箱〈1箱≒18kg〉）

	チキータ	ドール	デルモンテ	3社合計	輸出割合
コスタリカ	28	27	32	87	84%
エクアドル	8	37	13	58	27%
フィリピン	14	23	19	56	64%
コロンビア	16	16	15	47	51%
グアテマラ	14	4	10	28	63%
パナマ	26	0	0	26	88%
ホンジュラス	9	8	0	17	100%
ニカラグア	2	0	0	2	91%

出所：表4・表5とも Pedro Arias et. al., *Op. cit.*; 北西，前掲論文，p. 52より筆者が作成。

る。

まず、表4を見てわかるように、三大多国籍企業はすべて中南米産のバナナに大きく依存している。各社の全バナナ輸出量に占める中米と南米の占める割合をそれぞれ計算すると、チキータは八六・三%、ドールは七七・三%、デルモンテは七二・二%となり、三社のバナナ輸出業の中核が中南米にあることは明らかである。とりわけ中米で三社が関与するバナナ輸出量は全体の八〇%にのぼっており、この地域で生産されたバナナのほとんどが三大企業を経て世界の食卓に届けられてきたことがわかる。

中米に比して南米における三社の輸出割合は三三％と低いが、これは表5を参照するとわかる通り、世界最大のバナナ輸出国エクアドルで三社の輸出割合が著しく低い（二七％）ことと関連している。エクアドルでは地元企業であるノボアのシェアが大きいからである。同じようにアフリカのバナナ輸出業における三社の占める割合も二九％と低いが、これはアフリカにおける未整備なインフラストラクチャーや劣悪な政治経済状況と治安などの問題により三社が積極的な進出を控えてきた結果であると思われる。

表4で示されているように、チキータは中米で七九〇〇万箱もの大量のバナナを輸出しており、その取引量でライバル二社を圧倒している。表5に挙げられている中米諸国のデータを見ると、チキータはコスタリカでは他の二社と拮抗しながらややデルモンテの優位を許しているが、グアテマラ、ホンジュラス、ニカラグアではシェア一位を保ち、パナマにおいては事実上バナナ輸出業を独占している。

南米においてチキータは、UFCOの拠点の一つであったコロンビアでライバル二社と並び立っているものの、エクアドルのバナナ輸出におけるシェアはドールやデルモンテに及ばない。フィリピンでのバナナ輸出の割合についても、チキータのシェアは三大企業の中で最小である（三社のアジアでのバナナ産業はフィリピンに集中している）。

以上、ここまでで明らかになったように、UFCOの系譜を継ぐチキータは世界的にバナナの生産や流通に多大な影響を及ぼす立場にあり、そのバナナの大部分はUFCOの心臓部であった中米で生産され続けている。ドールやデルモンテなどと同様にチキータは、互いに競合相手を出し抜こうとバナナ産業の効率化やコストダウンをくり返すのだが、その過程で労働者の賃金カットや労働条件の悪化、あるいは農薬の使用などによる健康被害や環境破壊などの問題が表出することも少なくない。

もしも、大企業がこうした問題の解決を図るために自ら積極的なリーダーシップを発揮するならば、地球環境や人間社会へのプラス効果は計り知れない。例えば、日本におけるチキータの子会社であるユニフルーティー（旧極東フルーツ）社は、自社のホームページ上で、NPO環境保護団体のレインフォレスト・アライアンスの認証を受け、自然環境を保全しながら高品質のバナナを提供すると公言している。[20]こうした企業側の努力は不可欠であるが、それ以上に重要なことは、消費者自身が日常的に「食のつながり」について主体的に考え、生産者、消費者、そして地球環境にも優しい食のあり方を模索し、その思いや信念を現実の消費行動において実践し続けることであろう。

3　中米諸国とユナイテッド・フルーツの歴史的歩み

一四九二年のコロンブスによる「新大陸の発見」以来、ラテンアメリカの先住諸民族はスペイン人をはじめとするヨーロッパ人たちによって征服されてきた。先住民たちはトウモロコシ、ジャガイモ、サツマイモ、トマト、カボチャ、トウガラシなど多彩な食材に慣れ親しんでいたが、その食文化の中にバナナは含まれていなかった。ラテンアメリカにバナナを持ち込んだのはスペイン人である。一五一六年、スペイン人がカナリア諸島から初めてバナナをラテンアメリカに持ち込み、一五九〇年には、カトリックを布教するために先駆的な先住民研究を行ったことで知られるホセ・デ・アコスタの指導のもと、南米大陸のアマゾン川やオリノコ川で食用に適した数種類のバナナの栽培が始まった[21]。一九世紀前半にラテンアメリカ諸国が独立すると、バナナは国民の栄養源としてだけでなく、国家経済を支える輸出作物としても重要視されるようになる。とりわけ、領土が狭小で地下資源にも恵まれていないグアテマラ、ホンジュラス、エルサルバドル、ニカラグア、コスタリカなどの中米地峡諸国は、広大な南北アメリカ大陸と二つの大海（太平洋と大西洋）のつなぎ目に位置するという地理的な利点を活かして発展するために外国資本を惹きつける必要があったが、独立直後の中米諸国には植民地時代の政治経済構造が根強く残っており、外資による著しい資本主義的発展は見られなかった。

ラテンアメリカの豊富な自然資源、広大な領土、市場としての潜在能力にいち早く着目したのが、産業革命期のイギリスおよび大国への道をすでに踏み固めていたアメリカであった。この両国は南米大陸を周回せずにより短時間かつ低コストでの海上輸送を実現するために運河の建設を目論んでおり、その第一候補地として中米のニカラグアにねらいを定めていた。特に中米・カリブ地域を自国の「裏庭」と見なし、この地域の支配を自国の発展にとって必要不可欠と考えていたアメリカは、ニカラグアでの運河建設に執心していた。そうした中で、アメリカ人傭兵のウィリアム・ウォーカーがニカラグアの政権を奪取して中米全域の支配を企てると、フランクリン・ピアース米大統領もこれを承認したのだった[22]。この策謀は中米連合軍などによる激しい軍事的抵抗によって失敗に帰したが、アメリカによる中米諸国への政治経済的介入はその後もくり返されることになる。

一八七〇年頃の中米諸国では「自由主義者」を名乗る政治家――実際にはその多くは独裁や寡頭政治体制を敷いた――が次々と政権を掌握した。彼らはアメリカの野望を知りつつもその潤沢な資本と進歩的な技術を受け入れ、コーヒー生産業の発展にいそしんだ。植民地時代の主要商品であったコチニールやインディゴなどの自然染料はイギリス産の安価な人工染料の普及によって売れ行きが伸びず、トウモロコシやサトウキビなどの伝統的作物もヨーロッパ列強が支配するアジア植民地での増産の影響で旗色が悪かった。このため中米諸国は新しい商品作物のコーヒーに自国の命運をかけたのである。この結果、コーヒー産業の発展のために土地制度や労働制度の改変がなされ、コーヒーのための鉄道・道路・港が優先的に建設・整備され、資本力の高い外国企業が好待遇で誘致された。特に重要視されたのは鉄道であり、中米のバナナ産業はこの鉄道業と深く関わり合いながら成長していくことになる。

コスタリカの事例はその先駆であった。トマス・グアルディア大統領は、コーヒー生産地帯にある首都サンホセとカリブ海沿岸の港町リモンを結びつけるため、当初はイギリスの資本家たちから資金を調達して鉄道敷設計画を強力に推進した。その鉄道敷設事業を最終的に請け負ったのがマイナー・キースである(23)。キースはコスタリカ政府の借金を肩代わりしてまで鉄道敷設事業に専心し、中国人、イタリア人、ジャマイカ人など、グローバルな労働者たちを土木工事へと動員した。だが、遅延続きの工事によって財政的に困窮したキースは、当初は資金調達のための副次的な事業にすぎなかったバナナ産業にしだいに力を入れることになる。

キースは、トロピカル・トレーディング・アンド・トランスポート社を設立し、リモンとアメリカのニューオリンズを蒸気船でつなぐバナナの定期輸送も実現した(24)。一八八四年、キースはベルナルド・ソト大統領と契約を交わし、鉄道工事の完遂と引き替えに、コスタリカの国土の六％に相当する約三二三七平方キロメートルの土地――そのほとんどがバナナ生産に好適なカリブ海沿岸の低地――を譲渡され、さらに二一年間の免税と九九年間の鉄道使用権まで承認された。この比類なき特権を手に、政界にも顔の利くようになったキースは、「中米の王冠なき王」と呼ばれる権力者の道を歩み始めるのである[25]。

コスタリカの大西洋地域では、一八八四年以前から地元農民による小規模なバナナ生産業が細々と営まれていたが、キースはそれらを吸収し、さらにライバル企業も次々と併合してバナナ産業を独占していった。鉄道が完成したあと、キースはコスタリカ国内の広大なバナナ・プランテーションに加え、パナマのスナイダー・バナナやコロンビアのコロンビアン・ランドも経営するなど、さらにバナナを増産していった[26]。しかしながら、コスタリカでの鉄道経営は思わしくなく、負債はいっそうかさみ、なおかつ取引銀行の倒産により一五〇万ドルの損失を被ったため、キースには豊富な資金を提供してくれる協力者が必要になっていた。

キースがコスタリカの鉄道敷設工事を開始した頃、カリブ海ではロレンソ・ベイカーがニューオリンズでジャマイカ産バナナの販売を始め、やがて起業家のアンドリュー・プレストンと手を組んで多大な利益を上げ始めることになる。プレストンとベイカーはボストン・フルーツ社を設立し、キューバ、ジャマイカ、ドミニカ共和国へ進出してバナナの生産・輸出業を手がけたが、それに飽き足りないプレストンはさらなる事業拡大のためのパートナーを捜し求めていた。こうしてキースとプレストンが接近し、一八九九年、ボストンに本社を置き、プレストンを代表、キースを副代表とするＵＦＣＯが創設されたのである。

ＵＦＣＯは、ラテンアメリカの安い労働力を利用しているために安価で、リンゴやオレンジよりも栄養価が高く、厚い皮に包まれて持ち運びが便利なバナナを、いわばファストフードとしてアメリカ社会に定着させていった。二〇世紀初頭におけるフォード社の台頭に象徴される大量生産・消費時代を迎えていたアメリカでは、忙しく時間に追われる労働者やビジネスマンが、工場やオフィスで手軽に摂取できる健康食品を求め始めていた。バナナはそうしたアメリカ社会の変化に適合した食品でもあったのだ。

こうして一九一四年までには総計五〇〇〇万房のバナナがアメリカに輸入されるようになり、ヨーロッパ最大のバナナ輸入国イギリスで記録された六〇〇〇万房をはるかに上回った。アメリカは急速に世界一のバナナ消費国と化し、一九二〇年代中頃には国民一人あたり年間で約一〇・九キログラムのバナナを消費するまでになった。その結果、現金準備高は一八九九年の一一二〇万ドルから一九一八年には五〇〇〇万ドルへと上昇し、一九二〇年の純益も三三〇〇万ドルにのぼるなど、ＵＦＣＯは莫大な利益とこれに伴う政治的発言権を手中にしたのである(27)。

ＵＦＣＯは、台頭してきた強力なライバル企業も取り込んでいった。例えば、カナリア諸島やジャマイカなどからバナナをイギリスへ輸送していたファイフス社に対して、ＵＦＣＯは業務提携と引き替えにその株式の四五％を取得する協定を結んで子会社化した(28)。また、ニューオーリンズでの小規模なバナナ販売業者から身を起こし、ホンジュラスでバナナ生産業に取り組んでいたサム・ゼムライと提携したＵＦＣＯは、一九三〇〜三三年に彼のクヤメル・フルーツ社を吸収合併している。中米で活動しながらＵＦＣＯの攻勢をなんとか凌いだのは、スタンダード・フルーツ社（ドール社の前身）くらいである。

二〇世紀に入るとすぐに、ＵＦＣＯはカリブ海域におけるバナナ生産業を縮小し、中米地域でのバナナ生産をいっそう拡大する方針を打ち出した。その理由として、カリブ海域を襲うハリケーンによる被害が凄まじかったこと、中米の安価な土地と労働力がバナナ栽培にとって好条件であったこと、そしてカリブ海域における伝統的なイギリスの政治的影響力がＵＦＣＯの活動にとって大きな障害となっていたことなどが挙げられる(29)。こうしてＵＦＣＯは、本拠地のあるコスタリカから中米の周辺諸国へ進出していくことになった。

まず、ＵＦＣＯがねらいを定めたのはグアテマラであった。この国ではクリオーリョ（スペイン系白人）の政治家が独裁的な政治体制を敷き、国民の大多数を占める貧しい先住民農民を支配していた。コーヒー産業のためのインフラストラクチャー整備を強く望んでいたグアテマラに対し、キースはコスタリカの場合と同じく鉄道敷設事業を持ちかけてバナナ生産業を拡大する方法をとった。一九〇四年、恐怖政治で悪名高いマヌエル・エストラーダ大統領とキースは手を結び、首都グアテマラ市とカリブ海沿岸の港町プエルトバリオスを結ぶ鉄道の敷設契約が交わされた。その代償としてキースは、九九年間にわたる鉄道と港湾施設の運営権や約六八〇平方キロメートルの良好な農地（それ以前にも約二三一平方キロメートルの土地を譲渡されていたので総面積は九一一平方キロメートル）を獲得したのである(30)。一九四〇年代までにＵＦＣＯは、ラテンアメリカにおけるバナナ生産の四分の一以上をグアテマラでまかなうことになる。

さらにＵＦＣＯは、同様の「鉄道戦略」でホンジュラスへも進出しようとしたが、当初は円滑にいかなかった。この国は中米でもっとも開発が遅れており、地理的に分断された地域間の政治経済的結びつきさえ脆弱で、まだ多くの国民が自給自足の生活を営んでいた(31)。また、二〇世紀初頭までにホンジュラス政府は、バッカーロ兄弟社（スタンダード・フルーツの前身）やハッバード・ゼムライ社（クヤメル・フルーツの前身）に対し、鉄道の完成を条件にバナナの生産活動を承認していた。そこでUFCOはホンジュラスのマヌエル・ボニージャ大統領と親交の深いゼムライを抱き込んで重用し、一九一六年にはこの国をコスタリカに代わるUFCO最大のバナナ生産地に仕立て、一九二四年までには約一六一九平方キロメートル（約七〇八平方キロメートルは譲渡）の土地を獲得する(32)。だが、約束された鉄道はバナナ企業にとって都合よく恣意的に敷かれただけで、ついぞ首都テグシガルパには達しなかった。

同じ中米にあっても、UFCOはニカラグアへの進出には積極的ではなかった。ニカラグアはアメリカの運河建設候補地であったが、一九世紀末、反米ナショナリストのホセ・セラヤ大統領は、ニカラグア人自身の手による運河の建設を公言し、アメリカと激しく対立した。最終的にアメリカはセラヤを追放してニカラグアに軍事駐留することになるが、その後も反米ゲリラ活動が続いたこともあり、この国での運河建設計画を棚上げにせざるを得なかった(33)。UFCOは一八九〇年代にカリブ海沿岸で農園を経営したものの業績は上がらず、ここでもバッカーロ兄弟やゼムライと衝突した。最終的にゼムライと組んだUFCOは、一九二〇年代以降、ごく少量ながら子会社によるバナナ生産をニカラグアで続けることになる(34)。

エルサルバドルに対しては、UFCOはほとんど関心を示さなかった。この国が太平洋に面しており、中米地峡諸国の中で唯一カリブ海にアクセスできない地理的条件にあるため、アメリカのボストンやニューオーリンズへバナナを輸送することが困難だったからである。しかもエルサルバドルは、二万一〇四〇平方キロメートル（九州の半分ほど）の狭小な国土に加え、人口密度は中米で圧倒的に高く、広大なバナナ・プランテーションを展開するための余地が少なかった。そのためこの国はUFCOの直接的な支配を被らずに済んだが、後述するように隣国のグアテマラやホンジュラスで活動するUFCOの間接的な影響を受けることになる。

コロンビア領パナマは、UFCOが進出しやすい政治的環境にあった。ニカラグアでの運河建設を諦めたアメリカ政府は、一八八〇年代にフランスが途中で放棄したパナマ運河の建設権をコロンビアから買い取った。しかし、運河完成後の運営などをめぐってコロンビアと衝突したアメリカは、一九〇三年にパナマのコロンビアからの独立運動をお膳立てし、その代償としてパナマ運河の建設権とその管理・運営権を獲得した。一九一四年にパナマ運河掘削工事を終えたアメリカは、政治経済的にきわめて重要なこの運河を完全に支配下に置くことになる。[35]当初UFCOは、運河建設を急ぐT・ローズヴェルト大統領とカリブ系の労働者の獲得をめぐって対立したが、やがてバナナ・プランテーションと港をつなぐ鉄道を敷設すると、しだいにバナナの生産量を高めていった。

中米地峡の南北に隣接する二つの国家へのUFCOの進出に関しては、明暗がはっきり分かれる。南接するコロンビアでは、UFCOのプランテーションがさらに拡大していった。この国では、一九世紀末までにイギリスの企業がバナナ生産地帯に鉄道を敷設していたため、UFCOはその権益を尊重しなくてはならなかった。そこでUFCOは既存の鉄道に接続するかたちで支線を敷設することにしたが、やはりそれらはコロンビア政府が求める国家経済の発展のための線路ではなく、自社のプランテーションから輸出港までのバナナ輸送を容易にするためだった[36]。

これに反して中米地峡に北接するメキシコでは、UFCOは思うように権力を確立することができなかった。この国では一九一〇年にメキシコ革命が勃発し、革命派が独裁者のポルフィリオ・ディアスを追放するとともに、彼と結託して鉄道業や地下資源開発業を独占し、メキシコ人労働者を虐げていたアメリカ人資本家を排除しようとしていたからである[37]。革命の過程で成立した新憲法（一九一七年）には、外国人資本家による土地所有の禁止、大土地所有の抑制、農地改革などが盛り込まれ、指導層は自立的・民族的資本主義の発展を目指した。しかもこうしたメキシコ革命の記憶が、多くのメキシコ人の国民的アインデンティティと深く関わっていたため、UFCOの活動は大幅に制限されることになった[38]。加えて、中米よりも多様な作物を栽培するメキシコ人は、バナナ輸出経済に依存する必要はなく、すでに水路や陸路などアメリカとの商業ルートが確立していたため、UFCOが得意とする鉄道戦略も通用しなかった。一九二八年、UFCOはこの国へ進出するもののすぐに挫折し、自らの子会社をスタンダード・フルーツへ売却してこの国から撤退することになる[39]。

以上のように、一九三〇年までにUFCOは、グアテマラ、ホンジュラス、コスタリカ、パナマといった中米地峡諸国、そして南米のコロンビアにまたがる「バナナ共和国」（実態は「帝国」と呼ぶほうがふさわしかったが）を築き上げた。世界恐慌（大恐慌）による打撃を受けつつも、新たな指導者となったゼムライの下でふたたびUFCOの快進撃が始まりつつあった。これに対してバナナ農民たちはUFCOに対する反発を強め、給与体系の見直しや労働条件の改善を求める労働者や共産主義者などが入り乱れて、ますます激しい労働運動を展開するようになった。

ところが、一九三〇～四〇年代の中米では、こうした運動を暴力で粉砕する右派の軍事政権が林立する。グアテマラのホルヘ・ウビコ、エルサルバドルのマキシミリアーノ・エルナンデス、ホンジュラスのティブルシオ・カリアス、ニカラグアのアナスタシオ・ソモサ＝ガルシアらは、民衆を徹底的に弾圧した（こうした恐怖政治を免れたのは、政府が共産党を政権内に取り込んだコスタリカだけであった）。なかでもグアテマラのウビコとホンジュラスのカリアスはUFCOと緊密な同盟関係にあり、UFCOからの資金提供と引き替えに、そのプランテーション内における労働運動の武力による鎮圧も請け負った。

第二次世界大戦後のアメリカ政府は、反共で共通するこれらの軍事政権やUFCOの支配を事実上認めていた。冷戦期に緊張が高まると、アメリカは中米の共産化を神経質過ぎるほど警戒するようになり、現地の情報に通じたUFCOと提携して中米諸国の政治にいっそう介入し始めた。一九五〇年代前半、アメリカ国内でジョセフ・マッカーシーを中心とした異常な「赤狩り」（共産主義者追放）の嵐が吹き荒れていたまさにそのとき、グアテマラの国民投票で大統領に選出されたのがアルベンスだった。自国のアメリカからの経済的自立、大土地所有の見直しと農地改革、社会福祉制度の充実を目指したアルベンスは、UFCOが所有する土地の買収やバナナへの課税に踏み切ったのである。そのためUFCOはアルベンスを「共産主義者」として危険視していたドワイト・アイゼンハワー政権と結託し、謀略をめぐらしてアルベンスを国外に追放したのだった。

これ以降、グアテマラでは親米的な軍事政権による恐怖政治が復活し、これに反発する民衆武装組織との間で長い内戦状態が続くことになる。他の中米諸国でも不穏な政治状況が恒常化することになり、アメリカ政府と手を結んだ反共的な軍事政権がラディカルな反政府武装組織と血みどろの争いを重ねた。一九四九年の新憲法によって常備軍を撤廃したコスタリカだけには流血の軍国政治は出現しなかったが、このときから一九七五年まで共産党（一九四三年に民衆前衛党と改名）の活動が非合法化されるなど中米全域に蔓延する政治的な反共主義からは逃れられなかった。

こうした反共の気運を利用しながら自社の特権を守ろうとしたＵＦＣＯは、一九五〇年の時点で合わせて約一万二一四一平方キロメートルの土地を所有もしくは借り受け、そのうちの四・六％に相当する約五六二平方キロメートルを農地として利用し、距離にして合計二四一四キロメートルに達する鉄道と三六隻の貨物船を所有しており、その純資産総額は三三〇億ドルにのぼった[40]。一九五〇年代にアメリカがテレビ時代に突入すると、潤沢な資金を誇るＵＦＣＯをはじめとした巨大企業は宣伝広告戦略でもイメージを高め、ミス・チキータ（セニョリータ・チキータ）などのキャラクターを通じて自社商品のブランド化にも成功した。

それにもかかわらず、実際にはＵＦＣＯの圧倒的な権力にはかげりが見え始めていた。まず猛威をふるっていたパナマ病によってＵＦＣＯに多大な損失が出ていた。例えば、ホンジュラスにおいてＵＦＣＯは、一九三九〜五三年の間に約一六二平方キロメートルの病原菌に汚染された農地を放棄し、約五六・七平方キロメートルを新たな農地として整備しなくてはならなかった。さらに、主力商品のグロスミッチェル種からより免疫力の高いキャベンディッシュ種への切り替えについても、ＵＦＣＯはスタンダード・フルーツに後れをとり、大きく動揺し始めた[41]。

一九五〇年代前半、パナマ病による被害を免れたエクアドルが世界一のバナナ生産国となったことも、UFCOにとって打撃となった。UFCOはエクアドルに一〇〇〇平方キロメートルのプランテーションを購入し、現地農民を雇用してバナナを栽培させていた。しかし、その地はもともとカカオ栽培地帯であり、地元農民たちが独特の共同体意識を共有していたうえに、フルテリア・スダメリカーナ社などチリ系多国籍企業の影響も強かった。そのためエクアドル農民は堅固な農業組合を結成し、土地への権利を主張してUFCOと衝突をくり返し、一九六二年には農民による組織的なプランテーション占拠事件へと発展する。これを機にUFCOは、この国における直接的なバナナ生産業を諦めざるを得なくなった(42)。こうしてエクアドルのバナナ利権の多くは、地元企業のノボアに継承されることになる。

一九五〇年代末には中米でもっとも穏健的な政治社会的状況にあったコスタリカにおいてさえ、暴力的支配を続けるUFCOに対する農業労働者たちの抵抗運動が激化した。一九五九年、コスタリカの国会議員はこうした動きを受けて、給与の増額などを含む労働条項を制定してそれまでのUFCOの特権を敢然と切り崩しにかかった(43)。また、コスタリカ政府はUFCO以外の多国籍企業にもバナナ産業への参入を認可して競合させたため、不利な立場に立ったUFCOはバナナ以外にもコスタリカの国内市場向けにヤシ油、ラード、マーガリンなどを製造しなくてはならなくなった(44)。

同じ一九五九年には、カリブ海でUFCOやアメリカ政府を震撼させる事件が勃発した。キューバ革命である。アメリカが半世紀以上も傀儡政権を通じて支配下に置いてきたキューバが自立し、共産主義国の道を歩み始めたのだ。革命指導者のフィデル・カストロは過去の事例から学び、アメリカ政府による度重なる軍事工作を巧妙に退け、やがてすべてのアメリカ系企業を国有化した。広場を埋め尽くす聴衆の前で国有化対象の企業名を順に読み上げたカストロが、二四番目にスペイン語なまりで「ユナイテッド・フルーツ・カンパニー」と叫んだとき、その表情はひときわ誇らしげだった。UFCOのサトウキビ・プランテーションで財をなした父を持つカストロが、UFCOの土地を国有化したことはまさに歴史の皮肉である。このとき没収されたUFCOの資産額は合計で一五〇万ドルであった(45)。

キューバ革命の成功はUFCOにとって決定的なダメージとなった。キューバ人の闘いぶりは、急進的な労働組合やマルクス主義者たちにとって「闘争のモデル」となった。既述のエクアドルにおけるUFCOのプランテーション占拠事件の際にも、参加者たちは「キューバ万歳」「農地改革万歳」とくり返し絶叫していたのである(46)。彼らにとってUFCOは、自国民のみならずすべてのラテンアメリカ民衆にとっての敵だったのである。

UFCOへの批判はアメリカ国内でも高まった。一九五〇年代にふたたび急速な経済発展を遂げたアメリカ社会では、テレビの普及を通じてますます大衆的な文化や世論が形成され始めていた。徹底した広告・宣伝戦略にもかかわらず、しだいにUFCOは人々に古い体質の独占企業と見なされ始めていた。マッカーシー旋風が収まると、上院ではUFCOが反共意識を利用して中小企業の利益を損なっているのではないかとする批判が高まり、一九五八年、アメリカ当局は国内におけるバナナの販売業・熟成業・小売業を他社に任せること、また海外ではカリフォルニア・パッキング社（デルモンテの前身）やスタンダード・フルーツと共存することをUFCOに約束させた(47)。こうして、チキータ、ドール、デルモンテの三社が競合する時代の幕が切って落とされることになる。

一九六四年には、スタンダード・フルーツがパイナップル産業で有名なキャッスル&クック社に買収されていっそう巨大な企業となり、一九六七年にはカリフォルニア・パッキングが西インドフルーツ社を買収後にデルモンテと改称して事業を大幅に拡大した。これに対抗して、UFCOも一九七〇年に新たな事業展開を模索してアメリカン・シールカップ社（AMK）と合併し、イーライ・ブラックを代表とするユナイテッド・ブランズ社（UB）として生まれ変わった。しかし、UBがその後も反トラスト法にさらされたり、ホンジュラスのバナナ・プランテーションが作物を枯らすシガトカ病による大打撃を受けたりするうち、一九七三年にはキャッスル&クック（現ドール社）がアメリカ市場において四〇・八%のシェアを記録して第一位のバナナ企業（UBは三四・六%で二位。デルモンテは一五・六%で三位）となった。[48] さらに追いうちをかけるように、一九七四年にはホンジュラスのUBプランテーションがハリケーンの甚大な被害を受け、そしてその翌年にブラックが自ら死を選んだことは、本書冒頭にも印象的に記されている通りである。

4　ユナイテッド・フルーツがもたらした中米社会の変質

(1) 広がる新たな食文化

UFCOのプランテーションにおけるバナナの増産は、当然のことながら中米の食文化を変えていった。もちろん、日本でもよく知られるデザート・バナナ（たとえばグロスミッチェルやキャベンディッシュなど）は今や現地の市場において欠かせない食べ物であるが、特に注目すべきは生食用には向かないがより安価な、スペイン語でプラタノ（英語ではプランテーン、あるいはプランタイン）と呼ばれる調理用バナナが大衆の食卓に広く定着したことである。

例えば、ニカラグアやコスタリカにはガジョピントという大衆的な料理がある。これはコメとフリホール豆と香草類の混ぜご飯であるが、そのつけ合わせには炒りたまごや野菜、そして焼いたプラタノが添えられているのが一般的である。このように中米およびカリブ海諸国の食卓では、焼いて甘みを引き出したプラタノがさまざまなメインディッシュに彩りを与えていることが多く、一般家庭に広く普及している。

特にコスタリカでは一般家庭でプラタノがよく食される。焼くだけでなく、まだ緑色のプラタノはまるでイモのような食材として蒸して調理されることもあるし、熟したものはスライスし、カラッと揚げておやつ感覚で食べることもできる。その他にも、人々がファストフード感覚で口にするエンパナーダ（具入りのペイストリー）の具材に入っていることもあるし、セビーチェ（魚介類のマリネ）のアクセントに使用されている場合もあるじつに使い勝手のよい食材である。(49)

面白いことに、革命によってＵＦＣＯを国外へ追放したキューバの食卓においてさえ、現在ではプラタノは欠かすことができない。例えば、全部で三五〇ものレシピを収めたラケル・ロケによるキューバ料理のレシピブックの中でも、プラタノを用いたいくつもの料理が紹介されている。その中でロケは、キューバでもっとも人気のある野菜はプラタノで、プラタノを使用した料理はキューバ人にとってなくてはならないものであり、自宅の庭に育つプラタノもキューバにおけるきわめて日常的な光景だと解説している。[50]

二〇一〇年公表のデータによれば、国別でもっともたくさんプラタノを生産しているのはアフリカのウガンダ（九〇五万四〇〇〇トン）で、続いて南米のコロンビア（三四〇万トン）、アフリカのガーナ（二九〇万トン）、ナイジェリア（二七八万五〇〇〇トン）、ルワンダ（二六五万三〇〇〇トン）、南米のペルー（一七七万二〇〇〇トン）と続く。[51]品質の高いデザート・バナナが海外輸出用に栽培されるのに対し、プラタノは経済的に余裕のない国内の消費者に向けて生産される傾向にある。ラテンアメリカではコロンビアやペルーといった所得格差が大きく貧困層の多い地域で多く生産されているのもこのためであろう。

ちなみにこのプラタノ食はアメリカ合衆国のヒスパニック系住民の間でも一般的である。ラテンアメリカ出身者は友人や家族を頼ってアメリカへ移住した後も、慣れ親しんだプラタノを食している。このため現在のアメリカは、その数量こそデザート・バナナにはまったく及ばないものの、エクアドル、コロンビア、グアテマラ、ペルー、コスタリカ、ニカラグアなどからプラタノを輸入（二四万六〇〇〇トン／二〇一〇年）しており、その輸入量は国別では圧倒的な世界第一位である。[52]

このように、ラテンアメリカで特徴的なプラタノ食文化は、UFCOの拠点であった中米を起点にして南北アメリカ大陸に広く行きわたっている。

（2）反アメリカ帝国主義文学の高まり

圧倒的な権力を誇る巨大企業のUFCOは、中米の反帝国主義的な改革主義者、ナショナリスト、反米主義者、共産主義者などにとって駆逐すべき最大の敵と見なされた。ＵＦＣＯに対する怒りや批判精神に突き動かされて、いくつもの優れた文学作品が誕生している。コロンビア出身のガブリエル・ガルシア・マルケスによる『百年の孤独』やチリ出身のパブロ・ネルーダによる『大いなる歌』はよく知られたところであるが、ここでは共産主義思想に共鳴した中米の代表的な反アメリカ帝国主義作家を二人紹介したい。

コスタリカ出身のカルロス・ルイス・ファジャスは、リモン県にあるＵＦＣＯのプランテーションで実際に働き、労働者組合を組織した経験を持つ作家である。のちに彼はコスタリカ共産党の創設においても中心的な役割を果たし、一九四〇年代にはこの党から国会議員にも選出されている。彼の発表した小説『マミータ・ユナイ』（一九四一年。ユナイとは労働者たちがＵＦＣＯを呼ぶときの通称である）は、自らの体験をもとにした、直接的にＵＦＣＯを批判する反アメリカ帝国主義文学の代表作の一つである。この小説は「革命的な内容」だとして一九五〇～七〇年のコスタリカで発禁処分を受けたが、のちにネルーダによる紹介を通じて広く世界に知られるようになった(53)。

この小説の中では、ＵＦＣＯのプランテーションはダンテ『神曲』に見られる地獄のような場所として、そしてこれを取り仕切る「ヤンキー資本家」と現地の権力者は恥ずべき存在として描写されている。とりわけ黒人労働者をめぐる状況は劣悪であり、あたかも歴史から忘れ去られてしまったかのようである。物語の主人公はこのように貧しく抑圧された人々を組織し、自らの解放を目指して現地政府やアメリカの差し向けた軍隊に立ち向かっていく。一九三〇年代のソ連で奨励されたような、典型的な社会主義リアリズム（社会主義や共産主義を称賛し、これを人々に広める教育的な目的を持ち、人民に

よる革命成功の過程を平易に描き出そうとする文学・芸術の表現方法）に貫かれた作品である。(54)

印象的なのは、厳しい労働によって病を得、苦しみにのたうちながら死んでいった同僚について語られる部分である。「彼はようやく寝られるようになった。心安らかに、永遠に。もう明け方の三時半に叫ぶ者はいない。そして、きっと彼は生前にあれほど欲していた美女にも会うことができだろう。彼の朽ちた肉体は、黄金色をしたバナナの甘い果肉へと変わっていく。きっとブロンドの髪をしたアメリカ女性の青い瞳で愛でられ、口紅で彩られたその唇で愛撫されることになるだろう」(55)。ＵＦＣＯの劣悪な労働条件下で生産されたバナナがアメリカ人のデザートとして消費されているという、労働者側からすれば悲壮きわまる現実を、ファジャスは皮肉を込めつつも画趣たっぷりに表現している。

他方で、グアテマラ出身でノーベル文学賞受賞者のミゲル・アンヘル・アストゥリアスも、学生時代にＵＦＣＯのグアテマラへの進出を手引きしたマヌエル・エストラーダ大統領の独裁政治に対する闘争を展開したことに象徴されるように、きわめて政治性の強い作家である。改革派のファン・アレバロ大統領とハコボ・アルベンス大統領の時代には、グアテマラの文化公使として外交にも携わっており、「オペレーション・サクセス」後には一時的にアルゼンチンへの亡命を余儀なくされた。そのマジックリアリズム的作風と、文学と反帝国主義思想を結びつけた先駆的な表現スタイルは、後世のラテンアメリカ文学に多大な影響を及ぼした。『強風』（一九四九年）、『緑の法王』（一九五四年）、『死者たちの目』（一九六〇年）の三部作はとくに有名であり、アメリカの資本家たちによって中米地域に構築された、「経済帝国」の実施する無慈悲な戦略に対する激しい怒りに貫かれている。(56)

この三作品では、現地の農民は協同組合を作り、腐敗した政治家や軍人と結託して彼らに圧力をかけてくるアメリカのシカゴ・マフィアに対し勇敢に抵抗する。しかし、やがてアメリカ人のジオ・メイカー（この主人公はUFCOの野心的なリーダーたちを彷彿させる）が、土地の買収、村落の破壊、恐喝、賄賂、殺人、メディア・コントロールなどを通じて、緑に囲まれた巨大な熱帯帝国を築き上げ、金に目がくらんだ卑俗的な中米の「法王」のごとく絶大な富と権力を手中にしていく過程を批判的に描いている(57)。

『緑の法王』の中でアストゥリアスは、かつてスペイン人がインディオの宗教や文化を破壊したように、今度はアメリカ資本が中米のあらゆる宗教を破壊していったとし、その結果として「別の宗教がやってきた。一つは米ドルであり、もう一つは〈棍棒〉である」と綴っている。もちろんこの「棍棒」とは、圧倒的な武力による威圧を背景としたT・ローズヴェルト以来の強圧的なアメリカ政治を意味している。アメリカの経済力と軍事力を背景とした政治的圧力によって現地社会が完全に支配されてしまったというのである(58)。

さらにこの小説の中である登場人物が次のように語っている。「ヤンキーどもはこの時代を定義する言葉として〈繁栄〉という言葉を使っている…。私にとって〈繁栄〉という言葉の意味は、経済的に成功した者は繁栄するけれどもそれ以外の人々は苦しむということだ(59)」。この言葉が、当時顕在化していた世界の南北問題を背景に、中米の貧しい農民から搾取し、莫大な利益をあげているUFCOなどのアメリカ企業を明確に批判したものであることは言うまでもない。

このように、アメリカ帝国主義の象徴と見なされたUFCOに中米人は怒ると同時に、農民、労働者、人種・民族的少数派などをめぐる過酷な現実を活き活きと創作に昇華させ、連帯ならびに組合運動や革命による現状打破を呼びかけるという、きわめて政治性の強い新たな文学ジャンルを生み出したのである。

(3) 先鋭化する人種・民族的対立

UFCOのバナナ・プランテーションには、現地人だけではなく、外国のさまざまな人種や民族の労働者が動員された。その結果として、中米では各国のナショナリズムと複雑に絡み合いながら人種・民族間の社会・文化的対立が生じることになった。

一九一〇～二〇年代、ホンジュラスのカリブ海に面した北部沿岸地帯では、バナナ・プランテーションを経営するUFCO、スタンダード・フルーツ、クヤメル・フルーツが、その労働力として英語を話せる西インド諸島出身の黒人や一八世紀末以来中米のカリブ海域に居住しているガリフナ（カリブ系先住民とアフリカ系黒人の混血民で、密商者、傭兵、日雇い労働者として生活する者も少なくなかった）を動員した。その結果、一九二〇～三〇年代にはこの地域の人口の一〇%以上が黒人系となり、とりわけガリフナの人口は一九三五年までに二万二九七九人へと急速に増加したと推計されている。この黒人系人口の増加は、レンカ族を中心とする先住民とスペイン系住民との間の混血・メスティソであることに国民アイデンティティを見出していたホンジュラスの民衆にとって深刻な脅威と見なされた(60)。

黒人系移民の入植に対していち早く反対の声を上げたのは、当代を代表する詩人、記者、反米主義者、労働組合運動家として知られるフロイラン・トゥルシオスであった。一九一六年以降、彼はマスメディア上で黒人を「不必要な移民」と見なしたり、その「劣等な血」が混じることでホンジュラス国民がサンボ（黒人と先住民の混血）化する危険についてくり返し訴えた。一九二三年になると黒人移民排斥の気運はさらに高まり、自由党議員とホンジュラス労働者連盟が結託し、アフリカ系黒人とクーリー（アジア系単純労働者）の移民を禁ずる法律の制定を試み、さらにUFCOなどバナナ企業に対して、これまでに連れてきた黒人やクーリーの労働者を一年以内に国外に退去させるよう要請することも検討した。自由党に敵対するホンジュラス社会主義同盟さえもこの動きを明確に支持している。[61]

結局この法案は、バナナ企業、アメリカおよびイギリス大使館の反対に遭って実を結ばなかった。しかし、その直後の一九二六年、ホンジュラス国会はレンカ族の伝説的英雄レンピーラの栄誉を讃え、その名を国家の新しい通貨単位に採用している（一九三五年にはレンピーラを讃える祝日も制定される）。一五三〇年代にスペイン人征服者と戦った死んだ先住民首領を新たな国民のシンボルとすることで、黒人差別とメスティソ・アインデンティティに立脚したナショナリズムの高揚をねらったのである。こうして一九二九年、ついにトゥルシオスと懇意であった自由党のビセンテ・メヒア大統領は新しい移民法を成立させ、黒人移民を厳しく制限して白人移民の流入を促進した。[62]

このように外資系バナナ・プランテーションで働く黒人労働者の存在は、ホンジュラスに広く普及していたメスティソ国民意識を脅かしてナショナリストの動きを活発化させ、それと同時に黒人への人種差別意識を急速に高めたのだった。外国人移民であっても、ホンジュラス人と同じようにスペイン語を話すメスティソのエルサルバドル人労働者（二〇世紀末に一万二〇〇〇人）が円滑に現地社会に受容されたこととは対照的である。[63] トゥルシオスのような、反米帝国主義者で労働運動にも深く関わっていた知識人が、ホンジュラスの国民意識の統合のために、実際には被差別者であった先住民イメージをナショナリスティックに操って黒人を差別化した点が興味深い。

一九一九年以降、労働力不足に直面したパナマやコスタリカのカリブ海沿岸のUFCOプランテーションでも、ジャマイカ人など英語を話すカリブ系黒人の流入は現地社会を動揺させた。パナマでは、アメリカの直接的な影響がきわめて強く、同時期のアメリカ南部やパナマ運河地帯でもそうであったように、有色人が労働現場における地位、賃金、労働条件に関して差別されるのは当然のことであった。[64]白人系住民が多く、二〇世紀初頭までに中心都市部で「白人国民」意識が広く共有されるようになっていたコスタリカでも、「野蛮人」と見なされた黒人などの有色人移民は人種差別を免れなかった。[65]それでも一九二七年までに一万九一三六人のジャマイカ人が暮らすようになっていた。[66]

パナマやコスタリカのUFCOプランテーションでは、一九三〇年代まで人種隔離政策が公式化されていた。黒人は白人に対して礼儀正しく接しなければならず、黒人が白人の土地へ立ち入ることは厳禁とされた。人種隔離は娯楽施設、船上の食堂、寝室、病院、墓地にいたるまで徹底されていた。新聞や出版物上の人種主義的言説とあいまって、こうした政策は人種間の軋轢を強め、ときに刃傷沙汰に至っている。このことを反映するように、一九二六年のパナマでは黒人を始めとするスペイン語を母国語としない有色人の流入を禁止し、コスタリカでも白人系住民が多く暮らす太平洋側地域における黒人の居住や労働は認められず、黒人を「外国企業が連れてきた外国人」として蔑視し続けた。[67]

しかしながら、こうした農園内の人種的階級とは逆に、黒人労働者の職業的、経済的階級はラテンアメリカ系労働者よりも高いことが少なくなかった。アメリカ人上司に絶対服従すべしという前提はあるものの、すでに一九三〇年代末には経験豊富で有能な黒人の特権的労働者も存在しており、彼らはラテン系労働者よりもよい労働条件や高賃金を享受していた。識字率の高かったジャマイカ人労働者は、自分の名前さえ書くことができない多くのラテン系労働者を蔑んでおり、自分たちを手助けしてUFCOや中米政府に政治的圧力をかけてくれたイギリスにしばしば戦略的に帰属意識を見出し、自らの優越性を実感していた(68)。

ジャマイカ出身のマーカス・ガーヴィーが万国黒人地位改善協会（UNIA。アメリカ・ニューヨーク市のハーレムに本部）を結成し、黒人の尊厳を説く議論が南北アメリカの黒人共同体に影響を与えるようになると、UFCOで働くジャマイカ人の結束意識はさらに高まった。一九二〇年代に入ると中米のUNIA支持派が過激化したため、この状況に危機感を抱いたガーヴィー自身はむしろ保守的となり、彼らにUFCOとの全面対決を回避するよう警告し、新聞紙上でUFCOを「よい独占企業」の例だと発言している(69)。

ところが、黒人労働者のこうした動きが、プランテーションや現地社会における完全な人種的平等を勝ち取るように進展することはなかった。白人側の根強い有色人差別や優れた黒人労働者への評価がUFCOのプランテーション内でのみ見られる現象だったことに加え、職業的・経済的に成功した黒人がさらに賃金や労働環境の良いアメリカやパナマ運河地帯に移住したり、土地を取得した黒人は自ら従業員を雇って小土地所有者と化したりしたため、必ずしも黒人間の堅固な結束が維持されなかったためである(70)。

さらに、プランテーション内の人種対立は、UFCOに対する労働運動が弱体化する原因ともなった。一九三四年にリモン県で勃発したUFCO従業員のストライキは、共産主義者の参加もあって大規模なものとなったが、黒人たちの中には共産主義を「文化レベルの低いスペイン系」の移民がもたらす悪魔的価値観だと見なし、この争議から離脱する者も少なくなかった。こうした黒人の反応に対し、ストライキに参加したラテン系労働者は「黒人たちは自分たちをグリンゴ（アメリカ人の蔑称）だと考えている。つねにイギリス的システムの下で暮らしてきた彼らには何も期待できない」と吐露している。(71)この意味で労働者の結束を阻む人種間分裂は、むしろUFCOにとっては望ましいものであった。

（4）女性への性差別

グアテマラやホンジュラスにおけるUFCOプランテーションの拡大は、UFCOによる直接的な進出を受けず、バナナ・プランテーションが拡大することのなかった隣国エルサルバドルへも多大な影響を及ぼしている。もちろん、既述のようにホンジュラスのUFCOプランテーションに出稼ぎにきた男性エルサルバドル人労働者は多く、当時の比較的容易な国籍取得手続きにより「ホンジュラス国民」として定住する者も少なくなかった。しかし、それよりも興味深いのは、直接的なバナナ生産業以外の目的でグアテマラのバナナ・プランテーション周辺へ移住したエルサルバドル女性の動向である。

バナナ生産業に投入されるのは基本的に屈強な男性労働者であり、遠い外国から単身出稼ぎに来ている者も多かったため、プランテーション内における女性の比率は著しく低かった。そのためUFCOの男性労働者向けに娼婦を売りつける専門の商人が存在しており、動員された女性のほとんどは一五〜一六歳のエルサルバドル人少女であった。当時のエルサルバドルは人口増加が著しく、町には失業者があふれかえるほど景気が悪かったため、仲介商人たちはその状況につけ込んで少女たちをリクルートしたのである。生きるために稼がなければならなかった彼女たちにとっても、どうせ身売りをしなければならないのなら、顔見知りのいないグアテマラの方が都合がよかったのである(72)。

彼女たちはティキサテなどの娼館で働いており、土曜日の午後になるとUFCO労働者たちの相手をした。女性たちは娼婦から抜け出す一番の近道として客との恋愛結婚を望む傾向にあり、客側もときに娼婦たちに恋愛感情を抱いた。そのため、特定の娼婦をめぐる労働者同士のケンカは日常茶飯事であり、彼らの痛飲の習慣とあいまって殺人事件に発展することも少なくなかった。こうした娼婦をめぐる暴力沙汰は、バナナ・プランテーションにおける単調な労働に疲れ切っていた労働者にとっての気晴らしですらあった(73)。

もちろん、女性に対する蔑視や性的搾取が、UFCOのバナナ産業のみに起因するわけではない。二〇世紀末のデータを見ても、女性の経済活動人口の六五％が給食、清掃、看護などに関わる厳しい条件のインフォーマル・セクターで働いており、そのうちの八二％が母子家庭（全家庭の五七％が母子家庭）であるなど、エルサルバドル女性をめぐる状況はその後も改善されていない。一九九二年のデータによれば、五六四件の婦女暴行事件が記録されているが、実際にはその二〇倍の記録に残らない事件が起こっていると見られ、その被害者の多くが未成年である。さらに男性パートナーから暴力を受けた経験を持つ女性は、全体の五七％にのぼっている(74)。女性への蔑視や暴力といった問題はエルサルバドル社会の病理であるかもしれないが、UFCO労働者に性目的の女性を供給するビジネスの発達やその容認が、エルサルバドルを含む中米社会における女性差別をさらに悪化させた側面も否定できない。

ＵＦＣＯの支配地域に見られた種々の暴力や差別は、めぐりめぐってＵＦＣＯが直接的に進出していないエルサルバドルの女性にまで及んだと言えるだろう。

5 むすび――ユナイテッド・フルーツ研究の現代的意義

以上のことを踏まえて私は、バナナという商品によって結ばれた世界のありようについて考えるうえで、ＵＦＣＯに関する研究のさらなる深化が不可欠であると主張する。現在のグローバルなバナナ貿易に携わる輸出国や輸入国、あるいは生産国や消費国をめぐるさまざまな事情や流通システムの特色の多くは、ＵＦＣＯの圧倒的な影響下で形成された。バナナをめぐる南北問題のルーツもこの企業に絡んで創出された。ＵＦＣＯこそが現代へとつながる巨大多国籍企業の時代を導いた先駆者であり、政治闘争や広告宣伝戦略を通じてアメリカを巨大なバナナ消費国へと変貌させ、その圧倒的な影響を受けながらヨーロッパ諸国や日本のバナナ消費文化も開花していった。今や日本でもバナナは食卓を彩る重要な日常食である。

しかしながら、多くのラテンアメリカのバナナ生産者にとってＵＦＣＯは、しばしばアメリカの経済力と軍事力に守られ、自分たち住民の人権を無視して横暴かつ暴力的な支配にしがみつく金の亡者と見なされた。現地の貧しい農民や労働者は、しばしば登場する自国の独裁政権、そしてこれと手を組んだ外国企業のＵＦＣＯから二重に搾取されるという憂き目にあった。この非民主主義的な状況を覆すための民衆運動や革命もくり返し勃発したが、そのほとんどはＵＦＣＯの圧倒的な「豪腕」によってねじ伏せられることになった。歴史的に見ると、とろけるように甘いバナナが、苦々しい経験を積み重ねた労働者の血や汗を吸った大地で栽培されてきたと言えよう。

このＵＦＣＯを歴史的に位置づけるためには、まずもってグローバルな視点で南北アメリカを中心に多国間関係史を丁寧にたどり、同時に各国における歴史的な特殊性をも十分に考慮しつつ、柔軟かつ多角的にその動向を分析していかなければならない。本書は、まさしく私たちがこうした一筋縄ではいかない大きな課題に取り組むうえでのたしかな手がかりと指針を与えてくれる。チャップマンの著作が示唆するバナナをめぐるグローバル・ヒストリカルな問題意識は、コーヒーや砂糖などその他の作物について考察するうえでも大いに役に立つだろう。

本書ならびにこの解説において整理された現代のバナナ流通をめぐるデータやＵＦＣＯをめぐる大きな南北アメリカ史の文脈を参考にし、さらにＵＦＣＯが中米諸国にもたらした食文化、文学、人種・民族そしてジェンダー意識の変化に関する情報をもとにより具体的なイメージをふくらませていただいて、チャップマンの描くバナナのグローバル・ヒストリーの素晴らしさを再確認してくだされば、訳者の一人として恐悦至極である。

注

（1）Bruce Finely, "S. America Balking at Terror War," *Denver Post*, November 18, 2004.（グレッグ・グ

ランディン『アメリカ帝国のワークショップ——米国のラテンアメリカ・中東政策と新自由主義の深層』松下冽監訳、明石書店、二〇〇八年、二七六頁に引用。）

（2） James Wiley, *The Banana: Empires, Trade Wars, and Globalization*, Lincoln and London: University of Nebraska, 2008, p. 29.

（3） Ibid., pp. 15, 29. 一九三〇年までにＵＦＣＯが所有していた土地の総面積を三四〇万エーカー（p. 15）とすると、その一四％はWileyのいう「四五万エーカー」（p. 29）ではなく、正しくは四七万六〇〇〇エーカーである。この計算間違いを修正した上で、筆者自身が再計算した数値がここでは記述されている。なお、国土交通省国土地理院によれば、福島県の面積は約一万三七八四平方キロメートルである（国土交通省国土地理院「平成二八年全国都道府県市区町村別面積調」〈www.gsi.go.jp/KOKUJIYOHO/MENCHO/201610/07_fukushima.pdf　二〇一八年一月二八日アクセス〉）。

（4） 鶴見良行『バナナと日本人——フィリピン農園と食卓のあいだ』岩波書店、一九八二年、二一七頁。

（5） 詳しくは、オルター・トレード・ジャパンａｔ編集室編『クォータリーａｔ』九号、太田出版、二〇〇七年、および中村洋子『改訂版　フィリピンバナナのその後——多国籍企業の操業現場と多国籍企業の規制』七つ森書館、二〇〇八年を参照されたい。

（6） 鶴見、前掲書、二二四–五頁。

（7） 中村、前掲書、三四一、三四四頁。

（8） ダン・コッペルの原著（Dan Koppel, *Bananas: The Fate of the Fruit That Changed the World*, Hudson Street Press）の初版が発行されたのは二〇〇七年一二月二七日である。これに対してチャップマンの原著初版（当初は *Jungle Capitalists: A History of Globalization, Greed and Revolution*『ジャングル資本主義——グローバリゼーション、貪欲さ、そして革命の物語』というタイトルで Canongate 社から出版された）は二〇〇七年四月二六日に刊行されており、こちらの方が八ヶ月ほど早く出版されている。だが、コッペルはチャップマンの著書を参考文献に挙げていない。

コッペルの言及する物、事件、イベント、文学、映画、エピソードの多くは、チャップマンの著述内容に酷似するものがいくつも見られる。例えば、コッペルの著書を構成する全六部の著述内容に酷似している。例えば、コッペルの著書を構成する全六部のうち、3部と4部、そして5部の後半部におけるユナイテッド・フルーツに関する記述には、明らかにチャップマンの議論の影響が見てとれる。ここでその内容について逐一列挙することはしないが、一例を挙げると、第5部29節においてコッペルは、チャップマンが本書冒頭部分で記したユナイテッド・ブランズのイーライ・ブラックに関する情報を、彼の自殺時にとった衝撃的な行動の詳細に至るまでほぼそのままに掲載している（ダン・コッペル『バナナの世界史――歴史を変えた果物の数奇な運命』黒川由美訳、太田出版、二〇一二年、二三〇－八頁）。

また、コッペルは自著の第3部12節に「バナナマン・サム」という本書第5章のタイトル「バナナマン」に酷似したタイトル（コッペル、前掲書、一〇五頁）を付しているだけでなく、この節のサム・ゼムライに関する記述内容までかなり似通っている。

（9）　コッペル、前掲書、一八頁。ここでチャップマンとコッペルの歴史解釈の違いについて、例を挙げて言及しておきたい。例えば、グアテマラでUFCOとアメリカ政府が引き起こした「オペレーション・サクセス」を取り上げてみよう。チャップマンは民族主義的改革者のアルベンスがグアテマラ国民によって民主的に選ばれた正当なる大統領であることを前提とし、彼の目指した農地改革や税制改革によって従来の特権的利益の喪失を恐れたUFCOが、反共主義者で固められたアイゼンハワー政権と結託し、グアテマラとアメリカの両国で徹底的な情報操作を行った上で、アルベンスを「危険な共産主義者」と決めつけて政権を転覆させた過程をきわめて批判的に描いている（本書第8～9章を参照されたい）。チャップマンは、UFCOとアメリカ政府がグアテマラ国民の望んだ民主的改革を打ち崩し、その後のグアテマラ政治を血なまぐさく不安定なものにした責任について示唆している。

これに対してコッペルは、「アルベンスは本当に共産主義者だったのか、グアテマラの政変にユナイテッド・フルーツはどの程度関与したのか、そして、あの一連の軍事行動はすべてCIAがお膳立てしたものだったかについては、長年にわたって激しい論争が続いている」と書き、バナナ業界やアメリカ政府の立場に配慮してこの事件の原因に関する明言を避けている（コッペル、前掲書、二一一頁）。またコッペルは、国外追放以降のアルベンスとその妻子の波乱に満ちた人生を悲劇として詳述しているものの、この悲運が単なる「運命のいたずら」であったかのような文章表現がなされている（コッペル、前掲書、二〇七－一一〇頁）。

（10）ただし、二〇〇四年の地域別バナナ輸入量に関する別のデータを紹介すると、ヨーロッパは世界全体のバナナ輸入量の四三％（旧EC諸国は二七・三％）を占めているので、地域別で見るならばヨーロッパが世界でもっとも多くバナナを輸入する地域だと言える。これに対してアメリカとカナダを合わせた北アメリカの地域別シェアは三一％である（Pedro Arias et. Al., "The World Banana Economy 1985-2002," FAO Commodiry Studies 1. http://www.fao.org/docrep/007/y5102e/y5102e06.htm 二〇一二年三月一四日アクセス）。

また、一九八五～二〇〇二年のアメリカにおけるバナナの卸値を比較すると、一キログラムあたり一・一五ドルから〇・九五ドルへと下がっている。アメリカの消費者は、ますます安い値段でバナナを購入できるようになっているのだ。ちなみに同じ一九八五～二〇〇二年の日本の数値を比較すると、卸値は一キログラムあたり〇・八五ドルから〇・八七ドルとほぼ横ばいであるが、小売値は一キログラムあたり一・三七ドルから二・三五ドルへと上昇している（Ibid.）。

（11）Ibid.

（12）FAO, "Banana Exports and Imports,"（www.fao.org/economic/est/est-commodities/bananas/banana-exports/en/ 二〇一八年一月二九日アクセス）

（13）FAO, "Banana Exports and Imports," op. cit.

（14）中村、前掲書、一八八頁。例えば、一九九九年の日本におけるバナナの輸入先は、輸入量の多い順番にフィリピン（七四％）、エクアドル（二〇％）、台湾（四％）となっている。

（15）北西功一「バナナ産業と多国籍企業（一）――一九九〇年から二〇〇六年におけるバナナ産業構造の変化とチキータの対応」『研究論叢』（第一部）五七号、山口大学教養学部、二〇〇八年、四八頁の表１「地域別のバナナ輸出量」に基づき筆者が計算した。

（16）FAO, "Banana Market Review and Banana Statistics 2012–2013,"（www.fao.org/docrep/019/i3627e/i3627e.pdf 二〇一八年一月二八日アクセス）

（17）John Robinson, Víctor Galán, *Bananas and Plantains*, Wallingford: CAB International, 2010, p. 4.

（18）UNCTAD, "Banana,"（www.unctad.org/en/PublicationsLibrary/INFOCOMM_cp01_Banana_en.pdf 二〇一八年一月二八日アクセス）

（19）Banana Link, "Multinationals Lose Grip Global Banana Exports,"（www.bananalink.org.uk/multinationals-lose-grip-global-banana-exports 二〇一八年一月二九日アクセス）

（20）ユニフルーティー社ＨＰ「ユニフルーティーのＣＳＲ活動」（http://www.unifrutti.co.jp/csr/ 二〇一二年三月一九日アクセス）。

（21）Ciro Cardoso, Héctor Pérez, *Centro América y la economía occidental (1520–1930)*, San José: Editorial de la Universidad de Costa Rica, 1977, p. 275.

(22) Héctor Pérez, *Breve historia de Centroamérica*, Madrid: Alianza Editorial, 1985, p. 93.

(23) マイナー・キースの叔父ヘンリー・メイグスが、コスタリカのグアルディア大統領に一〇万ポンドの賄賂を手渡して鉄道敷設工事を受注した（Charles Brockett, *Land, Power and Poverty: Agrarian Transformation and Political Conflict in Central America*, Boulder: Westview Press, 1998, p. 29）。

(24) 中米産のバナナが初めてアメリカへ定期的に輸送され始めたのは一八七〇年のことである。マイナー・キースとは無関係のアメリカ企業であるニューオーリンズ・アンド・ベイアイランド社の働きかけによって、ホンジュラスの港とアメリカのニューオーリンズを結ぶバナナ輸送の定期便が開通したのである。このアメリカ企業は、一八七七年の巨大ハリケーンによって自社所有の農園が壊滅してすぐに操業停止となるが、蒸気船や冷蔵装置の著しい技術発展を背景に、その後同様のアメリカ系バナナ企業が中米やカリブ海域に次々と進出してくることになり、その中からキースが頭角を現すのである（Cardoso y Pérez, op. cit., pp. 275–6）。

(25) Wiley, op. cit., p. 7.

(26) Víctor Acuña, Iván Molina, *Historia económica y social de Costa Rica (1750–1950)*, San José: Editorial Porvenir, 1991, p. 141; Cardoso y Pérez, op. cit., p. 276.

(27) John Soluri, "Banana Cultures: Linking the Production and Consumption of Export Bananas, 1800–1980," Steve Striffler and Mark Moberg (editors), *Banana Wars*, Durham: Duke University Press, 2003, p. 58.

(28) Steve Striffler, Mark Moberg, "Introduction," Striffler and Moberg, op. cit., p. 11.

(29) Ibid., p. 13.

(30) Brockett, op. cit., p. 30; Wiley, op. cit., p. 9.

(31) Cardoso y Pérez, op. cit., p. 177.
(32) Brockett, op. cit., pp. 29-30; Wiley, op. cit., p. 10; Mario Posas, "La plantación bananera en Centroamérica (1870-1929)," Víctor Acuña (editor), *Historia General de Centroamérica IV*, Madrid: Sociedad Estatal Quinto Centenario y FLACSO, 1993, p. 125.
(33) 小澤卓也『先住民と国民国家――中央アメリカのグローバルヒストリー』有志舎、二〇〇七年、七〇－二頁。
(34) Cardoso y Pérez, op. cit., p. 280; Posas, op. cit., p. 117.
(35) *Prensa* (de Panamá), 31 de diciembre de 1999, p. 51; 河合恒生『パナマ運河史』教育社歴史新書、一九八〇年、一三八－四〇頁。
(36) Wiley, op. cit., p. 11.
(37) 国本伊代『メキシコ革命とカトリック教会――近代国家形成過程における国家と宗教の対立と宥和』中央大学出版部、二〇〇九年、六頁。
(38) 松下冽『現代メキシコの国家と政治――グローバル化と市民社会の交差から』御茶ノ水書房、二〇一〇年、一三、六七頁。
(39) Wiley, op. cit., pp. 31-3.
(40) Paul Dosal, *Doing Business with the Dictators: A Political History of United Fruit in Guatemala, 1899-1944*, Wilmington: Scholarly Resources, 1993, p. 6.
(41) Soluri, op. cit., pp. 70-1.
(42) Steve Striffler, *In the Shadow of State and Capital: The United Fruit Company, Popular Struggle, and Agrarian Restructuring in Ecuador, 1900-1995*, Durham and London: Duke University Press, 2002, pp.

13-4, 110-1.

(43) Marcelo Bucheli, "United Fruit Company in Latin America," Striffler and Moberg, op. cit., p. 91.

(44) イバン・モリーナ&スティーヴン・パーマー『コスタリカの歴史――コスタリカ高校歴史教科書』国本伊代・小澤卓也訳、明石書店、二〇〇七年、一三六頁。

(45) オリバー・ストーン監督「Comandante」DVD版、Mediaproduction 製作（二〇〇三年）、TCエンタテイメント株式会社販売（二〇〇七年）; Bucheli, op. cit., p. 100.

(46) Striffler, op. cit., p. 96.

(47) Bucheli, op. cit., p. 91; Wiley, op. cit., p. 50; James Abourezk, "Agriculture, Antitrust and Agribusiness: A Proposal For Federal Action," originally published in South Dakota Law Review 20 S.D.L. REV. 499 (1975), The national Agricultural Law Center (http://www.nationalaglawcenter.org/assets/bibarticles/abourezk_proposal.pdf 二〇一一年四月一一日アクセス), p. 505; Federal Trade Commission, "Annual Report of the Federal Trade Commission, 1956," (http://www.ftc.gov/os/annualreports/ar1956.pdf 二〇一一年四月一一日アクセス), pp. 67-8.

(48) Wiley, op. cit., p. 53.

(49) O.L.Chavarría-Aguilar, *A Bite of Costa Rica, or How We Costa Ricans Eat*, San José: Gallo Pinto Press, 1995, pp. 21, 25, 67.

(50) Raquel Roque, *Cocina cubana: más de 350 recetas típicas*, Nueva York: Vintage Español, 2007, pp. 117-8.

(51) Robinson and Galán, op. cit., p. 5.

(52) Ibid., p. 7.

(53) Carlos Luis Fallas, *Mamita Yunai*, San José: Editorial Costa Rica, 2012 (la original fue publicada en 1941), p. xix; モリーナ&パーマー、前掲書、一五六頁。
(54) Roy Boland, "The Central American Novel," Efraín Kristal (editor), *The Latin American Novel*, Cambridge: Cambridge University Press, 2005, p. 167.
(55) Fallas, op. cit., pp. 208-9.
(56) Boland, op. cit., p. 167.
(57) Ibid., pp. 167-8.
(58) Miguel Angel Asturias, *El papa verde*, Buenos Aires: Editorial Losada, 1954, p. 85.
(59) Ibid., p. 271.
(60) Darío Euraque, "The Threat of Blackness to the Mestizo Nation: Race and Ethnicity in the Honduran Banana Economy, 1920s and 1930s," Striffler and Moberg, op. cit., pp. 229-32, 239-42.
(61) Ibid., pp. 243-4.
(62) Ibid., pp. 229, 244-5, 247.
(63) Ibid., pp. 235-6.
(64) *Universal* (de Panamá), 31 de diciembre de 1999, p. 5A; Stephen Randall, Graeme Mount, *The Caribbean Basin: An International History*, London and New York: Routledge, 1988, pp. 41-2.
(65) 一九世紀末〜二〇世紀前半のコスタリカにおける白人国民意識の形成については、小澤卓也「白色化された国民——コスタリカにおける国民イメージの創設」西川長夫・原毅彦編『ラテンアメリカからの問いかけ——ラス・カサス、植民地支配からグローバリゼーションまで』人文書院、二〇〇〇年、二一六−二七頁を参照されたい。

(66) Philippe Bourgois, *Banano, etnia y lucha social en Centro América*, San José: Editorial Departamento Ecuménico de Investigaciones, 1994, p. 90.

(67) Ibid., pp. 136–7, 140–2.

(68) Ibid., pp. 122, 146–7, 156–7.

(69) Ibid., pp. 150–5.

(70) Ibid., p. 156.

(71) Ibid., p. 158.

(72) Cindy Forster, "The Macondo of Guatemala: Banana Workers and National Revolution in Tiquisate, 1944–1954," Striffler and Moberg. op. cit., p. 199.

(73) Ibid.

(74) Elsa Moreno, *Mujeres y política en El Salvador*, San José: FLACSO, 1997, pp. 183–4.

バナナのグローバル・ヒストリー
——いかにしてユナイテッド・フルーツは世界を席巻したか——

2018年5月20日　初版第1刷発行　〈検印省略〉

定価はカバーに
表示しています

訳者　小澤卓也
　　　立川ジェームズ
発行者　杉田啓三
印刷者　中村勝弘

発行所　株式会社　ミネルヴァ書房
607-8494 京都市山科区日ノ岡堤谷町1
電話代表　(075)581-5191
振替口座　01020-0-8076

中村印刷・新生製本

ISBN 978-4-623-08331-2
Printed in Japan

《原著者紹介》

ピーター・チャップマン（Peter Chapman）

イギリス・ロンドン市イズリントン区に育ち，サセックス大学とロンドン・スクール・オヴ・エコノミクスで学ぶ。*Financial Times* への寄稿や *Latin American Letters, The Guardian* およびBBCの中央アメリカ・メキシコ特派員として知られるジャーナリスト。近著に *The Last of the Imperious Rich: Lehman Brothers, 1844-2008* (Portfolio/Penguin, New York, 2010) や *Out of Time: 1966 and the End of Old-Fashioned Britain* (Wisden/Bloomsbury, 2016) などがある。

《訳者紹介》

小澤卓也（おざわ・たくや）**翻訳担当：第1章〜第9章，解説執筆**

1966年　東京都生まれ
1998年　立命館大学大学院文学研究科博士後期課程歴史学専攻西洋史専修修了，博士（文学）
現　在　神戸大学大学院国際文化学研究科教授
主　著　『先住民と国民国家――中央アメリカのグローバルヒストリー』有志舎，2007年。
『コーヒーのグローバル・ヒストリー――赤いダイヤか，黒い悪魔か』ミネルヴァ書房，2010年。
『教養のための現代史入門』（共編著）ミネルヴァ書房，2015年。
ほか。

立川ジェームズ（たつかわ・じぇーむず）**翻訳担当：第10章〜第12章・エピローグ**

1986年　イギリス・ロンドン市生まれ
2017年　立命館大学大学院文学研究科人文学専攻博士後期課程西洋史学専修修了，博士（文学）
現　在　立命館大学兼任講師，フリーランス翻訳者
論　文　「メロヴィング期における synodus のイメージと実態（511-614年）」『史林』97(2)，2014年。
「メロヴィング期における教会会議の政治的役割――クロタール２世の治世後期（613-629年）を中心に」『西洋史学』256，2014年。

索　引
（＊印は人名）

あ　行

か　行

さ　行

た　行

な　行

は 行

ま　行

や　行

ら　行

わ　行

主要参考文献

Adams, Frederick Upham. *Conquest of the Tropics: The Story of the Creative Enterprises Conducted by the United Fruit Company*. Doubleday, Page & Company, New York, 1914（本文では『熱帯地域の征服――ユナイテッド・フルーツによって行われた創造的事業の物語』と訳出。）

Amory, Cleveland. *The Proper Bostonians*. E.P. Dutton & Co., New York, 1947

Anderson, John Lee. *Che Guevara: A Revolutionary Life*. Bantam Press, 1997

Asturias, Miguel Ángel. *The Green Pope*. Delacorte, New York, 1971. Originally published 1954（エメ・ア・アストゥリアス『緑の法王』鼓直訳，新日本出版社，1971年。）

Bakan, Joel. *The Corporation: The Pathological Pursuit of Profit and Power*. Constable & Robinson, 2004（ジョエル・ベイカン『ザ・コーポレーション』酒井泰介訳，早川書房，2004年。）

Baker, Ernest H. 'United Fruit'. *Fortune*, March 1933

Bernays, Edward L. *Biography of an Idea*. Simon and Schuster, New York, 1965（本文では『バイオグラフィ・オヴ・アン・アイデア』と訳出。）

———. *Propaganda*. Liveright, New York, 1928（エドワード・バーネイズ『プロパガンダ』中田安彦訳，成甲書房，2010年。）

Bobbit, Philip. *The Shield of Achilles: War, Peace and the Course of History*. Penguin, 2003（本文では『アキレスの盾』と訳出。）

Bourgois, Philippe. *Ethnicity at Work: Divided Labour on a Central American Banana Plantation*. Johns Hopkins University, Baltimore, 1989

Bucheli, Marcelo. *United Fruit Company and Local Politics in Colombia 1900-1970*. Draft for Comments: Department of History, Stanford University, 1997

Butler, Smedley D. *War is a Racket*. Feral House, Los Angeles, 2003. Originally published in 1935（本文では『戦争はいかがわしい商売だ』と訳出）

Cabot, Thomas. *Beggar on Horseback*. David R. Godine, Boston, 1979

Crowther, Samuel. *The Romance and Rise of the Tropics*. Doubleday and

Duran, New York, 1929（本文では『アメリカ熱帯地域のロマンスと隆盛』と訳出。）

Cullather, Nick. *Secret History: The CIA's Classified Account of Its Operations in Guatemala, 1952-54.* With afterword by Piero Gleijeses. Stanford University, 1999

Deutsch, Hermann B. *The Incredible Yanqui: The Career of Lee Christmas.* Longmans, Green and Co, London, New York, 1931

Dosal, Paul J. *Doing Business with the Dictators: A Political History of United Fruit in Guatemala, 1899-1944.* Scholarly Resources, Wilmington, Delaware, 1993

García Márquez, Gabriel. *One Hundred Years of Solitude.* Penguin, 1972. Originally published in 1967（ガブリエル・ガルシア＝マルケス『百年の孤独』鼓直訳，新潮社，2006年。）

Halberstam, David. *The Fifties.* Fawcett, New York, 1994（デイヴィッド・ハルバースタム『ザ・フィフティーズ』（1・2・3），峯村利哉訳，筑摩書房，2015年。）

Henry, O. *Cabbages and Kings.* Penguin, 1993. Originally published in 1904（本文では『キャベツと王様』と訳出。）

Hunt, E. Howard. *Undercover: Memoirs of an American Secret Agent.* Berkley Publishing, 1974（ハワード・ハント『大統領のスパイ――わがCIA二〇年の告白』青木栄一訳，講談社，1975年。）

Immerman, Richard H. *The CIA in Guatemala: The Foreign Policy of Intervention.* University of Texas Press, 1982

Jenkins, Virginia Scott. *Bananas: An American History.* Smithsonian Institution Press, 2000

Karnes, Stanley. *Tropical Enterprise: The Standard Fruit and Steamship Company in Latin America.* Louisiana State University, 1938

Kepner, Charles and Soothill, Jay. *The Banana Empire: A Case Study of Banana Imperialism.* Russell&Russell, New York, 1963. Originally published in 1935

Kinzer, Stephen. 'The Trouble with Costa Rica'. *The New York Review*, June 8, 2006

Kobler, John. 'Sam the Banana Man'. *Life*, February, 1951

Litvin, Daniel. *Empires of Profit: Commerce, Conquest and Corporate Responsibility*. TEXERE, London, New York, 2003

McCann, Thomas. *An American Company: The Tragedy of United Fruit*. Crown Publishers, 1976（トーマス・マッキャン『乗取りの報酬――バナナ帝国崩壊のドラマ』石川博友訳，筑摩書房，1979年。）

McCullough, David. *The Path Between the Seas: The Creation of the Panama Canal*. Simon and Schuster, 1977

McQueen, Humphrey. *The Essence of Capitalism*. Profile, 2001

Melville, John H. *The Great White Fleet*. Vantage, New York, 1979

Munro, Dana. *Intervention and Dollar Diplomacy in the Caribbean, 1900-1921*. Princeton University, 1964

Niedergang, Marcel. *The Twenty Latin Americas* (Volume 1). Penguin, 1971

Pearce, Fred. 'Going Bananas'. *New Scientist*, January 18, 2003

Pringle, Henry. 'A Jonah Who Swallowed the Whale'. *American Magazine*, September 1933

Schlesinger, Stephen, and Kinzer, Stephen. *Bitter Fruit: The Story of the American Coup in Guatemala*. Harvard University, 1999

Solow, Herbert. 'The Ripe Problems of United Fruit'. *Fortune*, March 1959

Soluri, John. *Banana Cultures: Agriculture, Consumption & Environmental Change in Honduras and the United States*. University of Texas Press, 2005

United Fruit Historical Society. *www.unitedfruit.org*

Warner, Marina. *No Go the Bogeyman: Scaring, Lulling and Making Mock*. Farrar, Strauss and Giroux, 1998

Whitfield, Stephen. 'Strange Fruit: The Career of Samuel Zemurray'. *American Jewish History*, March 1984

Wilson, Charles Morrow. *Empire in Green and Gold: The Story of the American Banana Trade*. Greenwood, New York, 1968. Originally published in 1947